北京市哲学社会科学规划重点项目

项 目 编 号：09AbJG305

项 目 名 称：北京市节能环保产业发展与经济可持续增长研究

项目负责人：张连城

主　　　笔：张连城　王少国　段永亮

项目组成员：郎丽华　王少国　徐　雪　田新民　廖明球

马方方　周明生　王　军　汪新波　段永亮

【经济学学术前沿书系】

北京节能环保产业发展与经济可持续增长研究

张连城　王少国　段永亮◎著

经济日报出版社

图书在版编目（CIP）数据

北京节能环保产业发展与经济可持续增长研究／张连城，王少国，段永亮著. -- 北京：经济日报出版社，2016.12

ISBN 978-7-5196-0077-8

Ⅰ. ①第… Ⅱ. ①刘… Ⅲ. ①对外直接投资-影响-技术进步-研究-中国 Ⅳ. ①F832.6②F124.3

中国版本图书馆 CIP 数据核字（2016）第 316784 号

北京节能环保产业发展与经济可持续增长研究

作　　者	张连城　王少国　段永亮
责任编辑	王　攸
校　　对	徐建华
出版发行	经济日报出版社
地　　址	北京市西城区白纸坊东街 2 号（邮政编码：100054）
电　　话	010-63567683（编辑部）
	010-63516959　83559665（发行部）
网　　址	www.edpbook.com.cn
E-mail	edpbook@126.com
经　　销	全国新华书店
印　　刷	北京京华虎彩印刷有限公司
开　　本	710×1000 毫米　小 1/16
印　　张	14.625
字　　数	274 千字
版　　次	2017 年 1 月第一版
印　　次	2017 年 1 月第一次印刷
书　　号	ISBN 978-7-5196-0077-8
定　　价	48.00 元

简　介

北京市的经济发展水平在全国居于领先地位，产业结构高级化已经达到较高水平，但环境污染问题仍未得到有效治理，空气污染和废水排放量等指标在全国居于前列，已经成为制约北京市经济可持续增长的关键因素。因此，本项目就北京市节能环保产业发展与经济可持续增长问题进行深入研究而言具有重要的现实意义。

本项目在对国内外学者关于经济可持续增长、节能环保产业及二者关系方面的研究进行综述的基础上，构建本研究的研究内容、框架体系、研究方法和创新方向，主要在节能环保、要素使用与经济增长的持续性、节能环保产业对环境的影响机制、经济可持续增长的实现机理、节能环保产业对经济持续增长的作用机制、考虑节能环保投入的最优可持续增长、北京市节能环保产业影响环境压力及经济增长阶段的要素使用特征等方面进行了系统深入的理论和实证研究。具体来说，主要研究了以下方面：（1）经济持续增长与要素使用特征变化。主要在分析有关经济可持续增长研究相关理论的基础上，对中国和北京市经济持续增长过程中的要素使用特征及其变化进行了分析，并研究了各种生产要素对北京市经济增长的贡献情况。（2）经济可持续增长实现机制与北京市能源、环境现状。在对经济可持续增长机制深入剖析和对环境可持续发展分析界定的基础上，通过分析经济增长与环境可持续发展的协调途径，以及如何才能保证经济增长不损害环境可持续发展，最终求得了促使经济增长路径向可持续增长路径收敛的前提条件。结合北京市的能源消费与环境状况，比对环境库兹涅茨倒U型曲线，判断出北京市尚未进入环境自我改善的收敛阶段，并进一步分析了北京市的绿色GDP投入产出状况和主要产业部门的绿色影响力和感应度。（3）节能环保产业对环境的影响机制分析。在对节能环保产业与环保产业、节能产业、低碳经济等概念辨别分析的基础上，对节能环保产业的概念进行了界定。深入分析了节能环保产业对环境的两种影响机制：一种是可以将环境污染外部性进行内部化；另一种是可以通过节约自然资本减轻人类生产活动所带来的环境压力。（4）节能环保产业对经济可持续增长的作用机制分析。一是通过环境压力分解模型对环境压力的影响因素进行分析；二是将节能环保产业同影响环境压力的因素结合起来，分析节能环保产业对于这些因素的重要作用，说明节能环保产业可以有效地降低经济增长所带来的环境压力，促进经济增长路径向可持续增长路径收敛，对经济可持续增长具有非常重要的促进作用；三是分析了节能环保产业发展对于环境库兹涅茨曲线的影响。(5) 考虑节能环保投入的最优可持续增长分析。在新古典增长模型的理论框架下，通过将耗竭性能源资源、特别是以节约能源和减少污染为目的的节能环保投入加入到新古典增长模型中构建了一个带有环境污染约束的最优可持续增长模型，在此基础上讨论了节能环保投入对经济可持续增长的作用。分析表明，在满足一定条件的前提下，经济完全可以达到最优的可持续增长路径，而实现经济可持续增长的关键在于节能环保投入对于环境的边际贡献率能否大于一个固定值。(6) 节能环保产业运行机制及北京相关产业发展的环境压力影响。主要通过分析发达国家节能环保产业的运行机制，并结合中国和北京市节能环保产业的发展现状和运行机制进行比较，进一步对北京市节能环保产业发展对环境压力的影响进行了实证分析。(7) 环境约束下北京市实现经济可持续增长的战略选择。首先通过对节能环保产业与绿色经济之间关系的论述，说明北京市实现可持续经济增长的根本道路是通过大力发展节能环保产业走绿色经济之路；其次论述北京市发展节能环保产业的 SWOT 状况，以及北京市节能环保产业发展的阶段判断和路径分析；最后，针对决定产业发展水平的产业运营机制提出北京相应的政策体系设计。

在研究过程中，本项目运用了理论经济学、产业经济学、环境经济学、数量经济学、统计学等学科的相关理论和研究方法，并借鉴了相关学科的国内外研究成果，既注重理论演绎，又重视实证研究与归纳。在研究中进行了多方面的创新，主要包括：(1) 借助外部性理论对节能环保产业的正外部性特征进行了分析，从理论上证明节能环保产业的正外部性特征可以通过两种方式影响到环境压力：一种是可以将环境污染外部性进行内部化，另一种是可以通过节约自然资本减轻人类生产活动所带来的环境压力。(2) 将节能环保产业同环境库茨涅茨曲线联系起来，通过节能环保产业对经济可持续增长作用机制的分析，得出了发展节能环保产业可以促使环境库茨涅茨曲线的拐点向左和向下移动，从而证明了发展节能环保产业可以实现经济增长路径向可持续增长路径收敛这一结论。(3) 运用计量经济模型检验了北京市节能环保产业影响环境压力的作用方向和大小。通过模型分析证得北京市节能环保产业的发展水平同环境压力之间存在着正相关性，北京市节能环保产业的发展对于降低经济活动所造成的环境压力具有非常明显的效果。(4) 在新古典经济增长理论的框架下，通过构建单部门经济的简化模型将节能环保投入的边际贡献率同环境库茨涅茨曲线结合起来，得出节能环保投入具有规模报酬递增的特性，从而说明加大节能环保投入可以有效改善环境质量，降低环境对经济增长的约束作用，证明只要加大对节能环保产业的投资便可以促使经济可持续增长得以实现这一最终结论。（5）研究了北京市经济增长变化的阶段特征及其成因，实证结果表明了北京市潜在增长率的下降趋势，提出发展节能环保产业是北京市实现经济持续较快增长的突破口。（6）对北京市绿色GDP的投入产出状况和主要产业部门的绿色影响力和感应度状况进行了分析，为北京市发展节能环保产业提供了依据。（7）在上述研究的基础上，提出了北京市发展节能环保产业促进经济持续增长的可行对策体系。这些研究创新不但有助于揭示节能环保产业降低环境压力及对经济可持续增长的作用机理，而且有助于北京市通过发展节能环保产业来实现经济的可持续增长，为中国其他地区的发展提供经验借鉴。

关键词： 节能环保　环境友好　可持续增长

目　录

1. 绪　论

2011 年，北京市人均 GDP 已达 8.17 万元，约合 1.26 万美元，按照世界银行的标准，已经步入高收入地区的行列。同年，北京市第三产业比重高达 76.1%，第一产业比重仅为 0.8%，产业结构已经达到高级化水平，万元地区生产总值能耗为 0.459 吨标准煤，在全国处于领先地位。但另一方面，2011 年北京市的废水排放总量达 14.5 亿多吨，在全国主要城市中仅次于上海，居第二位；空气质量达到二级以上的天数占全年天数的 78.4%，仅高于乌鲁木齐的 75.6%，在全国位居倒数第二位。从这些数据可以看出，北京市经济规模在不断提升的同时，发展的可持续性却在不断下降。因此，需要积极推进节能环保产业发展，不断改善环境，加速转入经济可持续增长的发展阶段。

1.1 研究意义

经济增长通常是指在一个较长的时间跨度中，一个国家人均产出（或人均收入）水平的持续增加。形成产出需要投入劳动、资本以及自然资源等多种要素，但在生产过程中这些要素的组合比例并不是固定不变的，这意味着增加产出并不一定需要更多的自然资源投入，如果能够提高全要素使用效率，便完全可能在自然资源投入不变甚至有所减少的情况下实现产出的增加。因此，在自然资源投入减少和环境自我恢复的共同带动下，在不恶化环境的同时实现经济增长具有现实可能；反之，如果一个经济体单纯依靠增加资本、劳动和自然资源等要素的投入来实现经济增长，这种经济增长方式则极有可能导致环境恶化。自进入工业化时代以来，人类在生产过程中往往无成本地使用自然资源，在追求经济高速增长目标的作用下，自然资源被过度使用，环境遭到巨大破坏。近些年来，随着对环境重视，发达国家在取得经济增长的同时，环境质量也获得了改善。大量实证研究表明，经济增长同生态环境之间的矛盾并不是不可调和的。一般来说，提高资本、劳动、自然资源等要素的使用效率从而减少自然资源消耗和投入经济资源进行环境整治，是协调经济增长同环境可持续发展二者关系的最有效的方式，是把经济增长对环境所造成的压力控制在环境所能承受的范围之内从而实现经济的可持续增长目标的主要手段。

近年来，随着节能产业、新能源产业迅速发展，节能环保产业已成为协调经济同环境关系的第三种手段。节能环保产业在同环境的关系上，具有与其他的传统产业截然不同的特点：传统产业的生产活动往往会导致环境压力的增加，对生态环境具有负外部性；而节能环保产业恰恰相反，在产业蓬勃发展的同时，将会带来环境的不断改善，是具有正的外部经济效应的新兴产业。一是因为节能环保产品均要求符合环保规范，有利于能源的节约和利用，反映了其与生态环境和谐相处的发展理念，能够减轻人类产出活动所造成的环境压力；二是因为诸多节能环保产业的产品能够改善环境和促进污染治理，因而节能环保产业的发展不仅能够为人类提供一定的最终产品和服务，创造经济价值，同时还能够通过其正外部性，提高产业外行为主体的收益，保护和改善了人类赖以生存的生态环境，为人类实现经济的可持续增长奠定了坚实的基础。

从数据来看，自2000年来，中国每年因能源浪费、环境破坏及环境污染所造成的间接经济损失高达4000亿元人民币，① 经济增长与生态环境之间的矛盾日益激化。如何降低经济增长的环境压力，实现经济可持续增长，是中国当前迫切需要解决的问题。北京市作为中国经济最发达的地区之一，这一问题就更加突出。研究北京市节能环保产业发展与经济可持续增长问题，不但有助于揭示节能环保产业降低环境压力及其对经济可持续增长的作用机理，而且有助于北京市通过发展环保产业来实现经济的可持续增长，为中国其他地区的发展提供经验借鉴，因而具有重要的理论和现实意义。

1.2 相关研究综述

1.2.1 关于经济可持续增长的研究

1.2.1.1 关于经济可持续增长是否可行的争论

当前学术界对人类能否实现经济的可持续增长主要有两类观点：一类是以一些生态学家为代表的悲观派，另一类则是以部分主流经济学家为代表的乐观派。

悲观派主要有以罗马俱乐部为代表的经济增长极限理论。经济增长极限理论是对经济可持续增长持有悲观论调的相关经济理论的统称，主要代表理论有：经济增长的资源极限理论、经济增长的热力学极限理论、经济增长的生态学极限理论等。这些理论主要从环境资源的有限性、热力学极限、环境利用空间等不同角

---

① 参见赵媛等．可持续发展案例教程［M］．北京：科学出版社，2006：74.

度研究经济增长的制约因素，认为经济增长同生态环境的稳定之间存在不可调和的矛盾。他们认为由于生态环境对经济增长存在硬性的约束，导致经济增长的不可持续，因此要保持生态环境的可持续就必须牺牲经济增长的可持续，面对生态环境和经济增长，人类面临着鱼与熊掌不可兼得的困境。

针对悲观派的观点，更多的主流经济学家则提出了相反的观点。他们认为悲观派所主张的生态环境对经济增长的硬性约束是不存在的，因为虽然自然资源的总量是既定的，但人类的知识是在不断积累的，生产技术也是在不断发展的，这必然会带来经济效率的提高，从而会提高生态资源再生产中的边际产量，可以缓解甚至无限期推迟生态环境为经济增长所设定的限值，从而使经济增长的可持续性成为可能。首先，节能技术的发展即节能效率的提高，会提高自然资源的利用效率，提高其边际产量，而控制污染技术的发展则会降低甚至在一定意义上消除经济活动对生态环境的不利影响，降低人们对环境服务功能中废弃功能的使用；其次，市场机制尤其是价格机制会引导人们在生产活动中注重技术发展与生产创新，注重对替代能源、新材料和新技术的研发与利用，因此维持生态环境的稳定和保持经济可持续增长，两者是不矛盾的。

经济学家 Lecomber（1975）认为，无节制的生产活动会使生态环境不断恶化，但人类可以通过技术进步、优化产业结构和寻找替代生产要素来减轻生产活动对生态环境造成的压力，只要这三个因素的累加效应能够使生态环境恶化的下降速度不小于经济的增长速度，经济的可持续增长就能够得以实现。Beckerman 则指出，生态环境的恶化是在经济发展的某一阶段由于生产的负外部性而造成的自然资源配置不当，但这并不意味着需要停止经济增长，只需要纠正生产过程中的负外部性，就可以在保持环境稳定的情况下实现经济的可持续增长。

Bernstam（1991）持更为乐观的观点。他认为，在自由市场条件下人类的生产活动同生态环境的关系将随着人类工业化进程发生变化。在生产力发展水平尚不高的工业化初期，产出的增长会导致生态环境的恶化，生产活动同生态环境呈负相关的关系。但这种关系随着生产力的发展会发生变化，当生产力发展到一定程度时，生产活动同生态环境将呈正相关的关系。Bernstam 把协调人类经济活动同环境之间矛盾的作用机制称为“看不见的环境之手”。后来 Bernstam 的理论通过环境库茨涅茨理论以大量的实证的方式得到印证。

近年来主流经济学家对经济可持续增长的研究主要集中在环境库兹涅茨曲线上，由此而形成了环境库茨涅茨理论。环境库兹涅茨理论假说充分反映了经济增长同环境质量之间的一种内在的必然联系。Krueger（1989）认为经济发展水平同环境压力之间呈倒 U 型发展态势，即随着经济发展水平的提高，环境压力呈先增大后减小的变化趋势，由此可以得出经济持续增长可以实现的结论。Krueger

还在环境库茨涅茨曲线的基础上提出：尽管人类的经济增长最终会走向可持续经济增长，但是如果在环境恶化阶段不采取措施的话，人类将承担非常巨大的环境成本，甚至会走向生态崩溃。因此在经济恶化阶段采取一定的措施避免生态崩溃是必要的。

Grossman 和 Krueger（1993）通过建立环境压力分析模型证明环境压力主要受规模效应、技术效应和结构效应三种因素的影响，其中规模效应会加大环境压力，技术效应和结构效应会降低环境压力，因此他们提出要降低环境压力，实现经济的可持续增长，必须有使利于降低环境压力的技术效应和结构效应超过规模效应。在他们研究的基础上，一些经济学家进一步提出政策、外贸等因素也会影响环境压力，如 Reppelin 和 Hill（1998）等经济学家在 Grossman 和 Kruger 等人分析的基础上，通过研究贸易对环境压力的影响，发现国际贸易也是影响一国环境压力变化的重要因素。Jaffe（2001）则认为，环境政策能对技术进步产生限制或激励作用，显著影响技术进步路径，而经济活动的环境后果与技术变化的速率和方向密切相关。

近年来，主流经济学家在对经济可持续增长持乐观态度的同时更多地强调经济增长同保持环境可持续之间的关系，强调可持续增长并不是传统的忽视生态环境的经济增长，而是建立在维护环境稳定性的基础之上的、使经济增长和环境稳定能和谐共存的新型的经济增长方式。例如，经济学家 Arrow（1995）提出，政府在通过市场机制来促进经济增长的同时，应该注意采取相应的环境政策和手段，消除由于负外部性造成的市场失灵对生态环境的影响。经济学家 Pontus 和 Lennart（2000）则指出，能否实现经济可持续增长主要由单位产出的环境成本决定，而要降低单位产出的环境成本，就必须要求政府采取相应的环境手段来对生产者的生产行为进行有效的监督和约束。

从本质上看，对经济可持续增长持乐观和悲观基调的两派的分歧主要是对于经济增长是否能引起环境压力的增加的观点。乐观派普遍对降低经济增长所带来的环境压力满怀信心，认为由于技术进步和替代效应的存在使经济增长与环境压力之间并不存在正相关性，经济增长是可以脱离环境压力得以实现的。以生态学家为主的悲观派则持相反论调，他们认为由于环境资源和自然资源的有限性，经济的持续增长必然会导致生态环境的压力也相应增加，即经济增长与生态环境的压力是正相关的，即使经济增长可能会部分地同环境压力相脱离，但由于生态环境的有限性和其物理特性，脱离也不会彻底，因此经济增长必然会受到生态环境的硬性制约。那种认为经济增长会脱离环境制约的看法被悲观派看作“天使化的 GDP”，他们认为要想实现“天使化的 GDP”则我们必须让自己成为天使。因此，Daly 认为，

“‘可持续经济增长’这个词是一个错误的矛盾修饰法，应当被否定。”①

1.2.1.2 有关经济可持续增长模型的研究

近年来对经济可持续增长模型的研究，大致可以分为三种思路：一是以巴伯、达斯古普塔等为代表的强调资源和环境因素的增长研究思路；二是以罗默、卢卡斯为代表的强调知识和技术进步的内生型增长研究思路；三是以艾克赛帕（Xepapades A）为代表的将人力资本与环境因素相结合并内生化于模型之中的增长研究思路。

（1）强调资源和环境因素的经济可持续增长模型。近年来，越来越多的学者在研究经济增长问题时，逐渐接受了一些生态学家的观点，更加重视环境和自然资源的重要性。Barbier（1989）提出了一个以自然资源为约束的经济可持续增长最优模型。他为经济的可持续增长设定了两个约束性条件：一个条件是人类在从事生产活动时对再生自然资源的利用速度一定要小于它的再生速度，另一个条件是人类生产活动所产生废物的水平一定要小于环境的自净能力。达斯古普塔则以自然资源的利用和付出的劳动为中心建立了一个经济可持续增长模型，在模型中他对环境存量、人造资本、自然资本、污染减少的花费以及与这些互相关联的劳动资本进行了仔细的区别和介绍，在此基础上建立经济增长最优模型，并利用hamilton方程推导出了一个人均NNP增长率方程。②

（2）强调知识和技术进步的内生型可持续增长模型。新古典经济增长模型首先将自然资源作为一种生产要素引入到Solow模型中，该模型假定经济个体主要利用劳动、资本和自然资源三种要素安排生产，并且假定存在一个中央计划者，该计划者在模型中的作用主要是通过调整人均消费来实现效用最大化。模型主要探求的是在自然资源的既定约束下，经济能够实现可持续性增长所需的条件。对新古典经济增长模型的研究根据对可持续的定义不同大概可以分为两类：一类从经济产出的稳态增长的角度来定义可持续经济增长，主要以Heal（1973，1979）、Stiglitz（1974）、Solow（1974）、England（2000）等经济学家为代表；另一类模型则从生态环境的稳定角度来理解可持续经济增长，主要代表人物有Geldrop（2000）、Barbier（1989）、Munasinghe（1994）、Mayumi（1999）等。

经济学家Heal与Dsugta（1973）利用CES生产函数来研究经济生产的可持续性问题，他们认为生产的可持续性实际上就是维持全社会人均消费的稳定。在CES生产函数中，不可再生的自然资源作为一种生产要素，如果同劳动、资本等

① Daly. H. E. Towardsome。Perational principles of sustainability dovelopment [J]. Ecological Economics, 1990, Vol. 2: 1-6.

② Barbie. E. D. Natural-resource scarcity and development [M]. London: Eearth Scan Press, 1989: 56

生产要素的替代弹性系数小于 1，那么即便是生产过程中存在哈罗德中性技术进步，总产量必然也会受到有限的自然资源的限制，即可持续的经济增长是难以实现的。反之，如果替代弹性系数大于 1，那么生产过程中劳动和资本会在一定程度上代替自然资源，这时自然资源的有限性便难以对产出的持续增加形成限制，经济的可持续增长也便成为可能。Solow（1974）的研究过程同 Heal 和 Dsugta 的基本相同，他利用柯布—道格拉斯生产函数来研究经济的可持续问题。他认为经济的可持续增长实际上等同于持续的产出增长，在将自然资源作为一种生产要素引入到柯布—道格拉斯生产函数中后，他得出自然资源这种生产要素的产出弹性小于资本的产出弹性是保证经济实现可持续增长的必要条件这一结论。

Stiglitz（1974）的模型除了引入自然资源作为生产要素外，还考虑了人口增长的因素，在他的模型中将技术进步作为一个外生的固定值，设定为 n，设自然资源的边际产量为 m，他认为如果资本和自然资源之间的替代弹性系数大于 1，只要 n/m 足够大，那么即便是人口在不断地增长，经济也能提供相对稳定的人均产出。事实上，在 Stiglitz 的模型里面 n/m 可以看作是自然资源附加技术进步率，这个结论意味着通过技术进步可以抵消自然资源的稀缺对产出的束缚，只要技术进步的速度足够快，人类社会经济的可持续增长便可以实现。

Buamol（1986）通过对经济可持续增长条件的研究，得出结论：尽管自然资源的总量是有限的，但是生产技术的进步可以提高自然资源的利用效率，这也就相当于变相提高了自然资源的物质存量，因而实现经济的可持续增长是完全可能的。20 世纪 90 年代以来，将技术进步内生于可持续经济增长模型逐渐成为可持续经济增长研究的热点。例如，Margaret（1997）构建了一个包含自然资本的三部门经济增长模型，其技术进步率取决于投入研发活动的劳动力数量和生产率，生产函数则是扩展的柯布—道格拉斯函数。

（3）将人力资本与环境因素相结合并内生化的经济可持续增长模型。近些年来，在经济增长理论领域和环境经济学研究领域，把人力资本与环境要素相结合并内生于经济可持续增长模型正在成为研究的热点并逐渐成为主流。埃克斯帕 Xepapadeas、Agres、Michel 等都是这方面研究的佼佼者。Xepapadeas（1997）提出，如果生产所产生的废物同产出之间的比率为技术进步的函数时，环境污染带给消费者的负效应将会降低，如果技术进步能够使该比率趋向于零，则经济便可以实现可持续经济增长。原因主要有两个：一个原因是技术进步的规模报酬递增效应会使废物不断减少，另一个原因是人力资本和知识的积累会提高产出的规模报酬。[①] 另外，埃克斯帕德还提出资本的初始配置对于减少污染也是非常重要的，如果一个国家资本水平很低，那么它可能会过度地利用自然资源，从而忽视了对环境的保护，经济也就不可能实现可持续增长。Michel（1999）在强调人力资本积累对于经济增长重要性的基础上，依照卢卡斯的观点建立了一个两部门模型。在模型中，米切尔分析了环境更新能力所决定的污染流同经济长期增长之间的联系，结果证明，只要人力资本和物质资本部门是不断增加的，那么实现污染流同经济增长之间的联系就是可以实现的。总而言之，该模型认为物质部门和劳动部门以及技术进步对产出废物不断增加的影响作用是实现经济可持续增长的关键。

当前，我国学术界对经济可持续增长方面的研究基本上还处于跟踪国外研究的阶段。其中，王海健和马利民（2001）构造了一个在环境资源约束下的内生经济增长模型，该模型利用人力资本的积累表示技术进步，通过研究人类在环境资源的约束下实现经济可持续增长的技术进步和对产品的消费及环境资源递减速度之间的关系寻求实现经济可持续增长的条件。蒲勇健（2000）着眼于产业结构调整，运用内生增长模型对经济可持续增长进行了相关研究。于博、黎永亮、迟春浩（2006）基于R&D的内生增长模型，建立了同时考虑自然资本耗竭、环境阀值限制与环境治理成本的可持续增长模型，并运用最优控制方法讨论了模型的平衡增长解，在该解的基础上进一步讨论了可持续发展的必要条件的规范性特征，即能源资源耗竭速率、污染治理的投入比例与经济增长之间应该满足的动态关系。杜希饶和刘凌则通过构建一个开放经济条件下的内生增长模型，探讨了国际贸易、环境质量与经济持续增长三者的内在关系以及相互作用的动力机制。

1.2.1.3 对经济可持续增长相关研究的评述

当前理论界对经济可持续增长的研究是基于当前经济增长同生态环境之间的矛盾日益突出的情况下，逐渐产生并发展起来的。对于经济可持续增长能否实现的问题，主要分为两类观点：一类是以一些生态学家为代表的悲观派；另一类是以部分主流经济学家为代表的乐观派。悲观派以经济增长极限理论为代表，包括罗马俱乐部、经济增长热力学理论等等，悲观派认为经济增长同生态环境之间的矛盾是不可调和的，要实现生态环境的稳定必须要停止经济增长。乐观派则在同悲观派争论的基础上进一步对传统的经济学理论进行了完善和发展，如将环境资源引入到新古典经济增长理论当中，并在此基础上将环境资源内生化等。主流经济学家认为经济增长和环境压力并不一定是正相关的关系，环境压力除了受经济

---

① Xepapadeas A. Economic Development and Environmental Traps, Structural Change and Economic Dynamics [M]. Edword Elgar Press, 1997.

规模影响外，技术、经济结构、外贸和环境政策等因素也会极大地影响环境压力，技术、经济结构等因素会促使环境压力降低，由于技术进步、结构优化等因素引起的替代效应的存在使经济增长与环境压力之间并不存在正相关性，因此经济增长是可以脱离环境压力得以实现的，经济可持续增长也就是可以实现的。因此，实现经济可持续增长的关键就在于技术进步、结构优化等因素引起的替代效应能否抵消由于经济增长所带来的规模效应，主流经济学家认为在能够降低环境压力的诸多因素里面，技术进步尤其是绿色技术进步是最为关键的因素。图 1.1 为与经济可持续增长相关的主题及其关联关系。

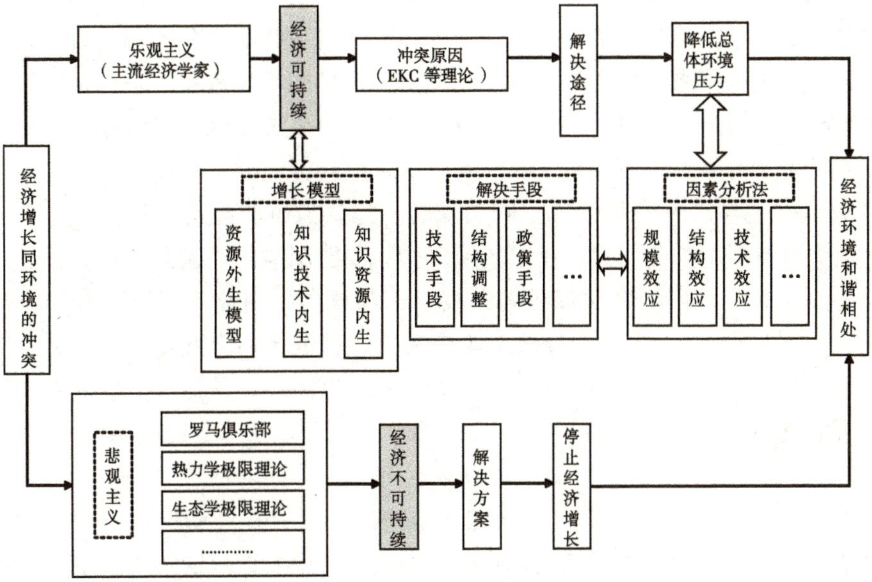

图 1.1　经济可持续增长的相关研究主题

1.2.2 节能环保产业与经济可持续增长的关系研究

1.2.2.1 国外有关节能环保产业与经济可持续增长的关系研究

最早认为环境产业的发展会促进经济可持续发展的学者是美国经济学家 Kenneth Boulding，他于 1966 年发表了“The Economics of the coming spaceship Earth”一文。在文中他依据热力学定律，提出了一个有关环境与经济发展的命题，即：根据热力学第一定律，生产和消费过程产生的废弃物，其物质形态并没有消失，必然存在于物质系统之内。在设计和规划经济活动时，必须考虑环境吸纳废弃物的容量。虽然回收利用可以减轻对环境容量的压力，但是根据热力学第二定律，不断增加的熵意味着 100% 的回收利用是不可能的。同时，他提出将经济系统视为一个闭环系统考虑。由于资源储存和废物处理能力的有限性，提倡储备型、休养生息、福利型的经济发展模式，目的在于建立既不会使资源枯竭，又不会造成环境污染和生态破坏的、能循环利用各种物质的“循环式”经济体系，以代替“单程式”经济。他还指出要实现“循环式”经济发展模式，鼓励人们遵循有利于资源节约的生产生活方式和大力发展有利于污染和废物处理的绿色产业是关键。

俄裔美国经济学家 Leontief（1970）则最早用数量工具来对两者之间的关系进行了分析，他将环境投入引入到投入产出表，分析环境投入的经济效益、支付的费用及其与经济可持续增长的关系问题。通过用现代数学方法分析国民经济各部门之间在数量上的相互依存关系，预测和平衡再生产的综合比例。后来，这种数学预测方法被用来分析通过改善环境质量所带来的经济效益，并且它还可以计算由于改善环境所需支付的费用以及对经济发展对生态环境的影响进行预测。

罗马尼亚的著名经济学家 Georgescu—Roegen（1971）运用热力学原理推导出 Daly 的稳态经济不能从根本上解决问题。他认为解决经济与资源矛盾，最终实现经济可持续增长的出路在于以环境保护和以能源节约或能源替代为目的的绿色产业的发展。从环境资源保护的角度，英籍德国经济学家 shumacher（1972）提出“小型化经济”，即小型分散工业是保护环境资源的有效途径。反之，美国经济学家威尔 Wilfred Beckerman（1972）则认为在可预见的未来发展中，社会不可再生资源短缺问题将不存在，而环境污染仅仅是一个社会和企业的管理问题。

美国经济学家 Clark（1973）从能源节约的角度分析环境保护与可持续发展的关系。他指出环境保护不仅仅是要减少人类生产中所造成的污染，更重要的是要减少人类在生产中所使用的自然资本量，减少自然资本使用量的途径有两条：一条是提高自然资本的使用效率，另一条是寻找可代替不可再生自然资本的替代资本。他指出资源保护也是资源群体在一定时间内的最优利用问题，他将资源保护理论建立在生物过程明确的动态数学模型基础上，并与动态最优问题联系起来，奠定了自然资本管理的理论基础，并提出自然资本枯竭的原因在于开发者采取高贴现率。

德国环境学家 Siebert（1987）的研究表明环境对于污染物的容纳能力是一个常量，这限定了经济的无限增长，要实现经济的持续增长必须限制生产过程中单位产出的排污量，他同时指出由于环境纳污能力是既定的，因此促进有利于减少人类污染排放的环境产业的发展是人类实现经济持续增长的关键所在。而另一些研究者则认为，环境的纳污能力与污染物的积累量之间存在两种关系：一是环境吸收和降低污染的能力是随污染积累量的增加而增加；二是环境吸收污染物的能力是污染物的积累量的严格凹函数。当第一种关系成立时，污染物积累量不构成对经济发展的威胁；当出现第二种关系时，仅当污染物积累超过某一阀值时，才可能制约经济发展。

David Pearce 和 Kery Turner 在 1990 年出版的《自然资源与环境经济学》一书中提出“循环经济”的目的，是建立可持续发展的资源管理规则，使经济系统成为生态系统的组成部分。他们构建的循环经济模型由自然循环和工业循环两部分组成，自然循环是指环境吸收、消化经济系统产生的废物，转化为可用的原材料后又进入经济系统；工业循环则指通过发展能够处置和消除废弃物的绿色产业，形成人类在整个生产活动中资源和能源的循环利用，尽可能地减少废弃物排放。两种循环都可以产生更多的资源，从而减少对原生资源的需求，此外工业循环也有利于降低对环境同化能力的压力。皮尔斯和图纳提出自然资源管理的两个规则：一是可再生资源的开采速率不能大于其可再生速率，二是排放到环境中的废物流要小于或等于环境的同化能力。

David Pearce（1993）首次提出绿色经济的概念。他认为经济发展必须是自然环境和人类自身可以承受的，不能因盲目追求生产增长而造成社会分裂和生态危机，不能因为自然资源耗竭而使经济无法持续发展，并主张从社会及其生态条件出发，建立一种“可承受的经济”，他将这种“可承受的经济”称为绿色经济。在绿色经济模式下，能源节约技术、环境保护技术、清洁生产工艺等众多有益于环境的技术转化为生产力，通过有益于环境或与环境无对抗的经济行为，实现经济的可持续增长。皮尔斯认为“绿色经济”的本质是以生态、经济协调发展为核心的可持续发展经济，是以维护人类生存环境，合理保护资源、能源以及有益于人体健康为特征的经济发展方式，是一种平衡式经济。

联合国开发计划署（UNDP）提出人类发展指标 HDI、联合国可持续发展委员会（UNCSD，1997）提出的“压力—状态—响应”核心指标框架、Wackemad（1997）的生态足迹等指标体系给出可持续发展的评价标准和评价手段，使经济与环境协调发展的结果、环境产业的贡献能够度量。但是这些指标存在“重监测、轻预警”“重技术、轻管理”“重环境、轻产业”“重理论、轻实践”等问题，难以从环境管理角度起到推动环境产业发展的作用。

1.2.2.2 国内有关节能环保产业与经济可持续增长的关系研究

当前国内学术界对于节能环保产业与经济可持续增长之间关系的研究主要是从以下三个角度进行研究的：

（1）关于节能环保产业与经济可持续增长的研究。薛占海（2008）认为节能环保产业具有能使经济、生态环境和社会效益和谐统一的特征。从提供的产品和服务角度来看，节能环保产业与其他提供产品和服务的生产部门没有什么差别。但是，从生产过程中人与自然的关系角度分析，只有节能环保产业能够使人与生态环境关系更加和谐，能够促进经济、生态环境、社会效益统一，是实现可持续发展的重要物质保障。杨文生（2009）认为节能环保产业是一个存在外部经济性的产业，节能环保产品均要求符合相关规范，或有利于节约能源或有利于改善环境，节能环保产业的发展给产业外的行为主体带来了有利的影响，在创造经济价值的同时，也带来了广泛的社会效益——保护了人类赖以生存的生态环境，为人类的可持续发展奠定了坚实的基础。

曾光辉（2004）则从环境政策手段的角度研究了环保产业和经济增长之间的关系。他认为通过对企业征收排污费等政策手段可以有效地使环境污染的负外部性内部化，从而促进环保产业的发展，最终降低经济增长所带来的环境压力，实现经济的可持续增长。彭善枝（2003）将环保产业与循环经济结合起来讨论可持续发展问题，他认为要实现可持续发展必须要实现循环经济发展模式，而实现循环经济的关键在于要使经济活动所造成的污染小于或等于环境资源的再生速度，其中环保产业的发展水平是关键。他认为只有大力发展环保产业，使环境污染速度低于环境资源再生速度和环境吸纳污染的速度，人类才可能真正地实现循环经济发展模式，最终实现经济的可持续增长。

（2）关于环境技术与经济可持续增长的研究。顾海波（2003）对环境技术创新进行了研究，认为随着环境技术的进步和发展，必然会不断推动环境产业的发展，而环境产业的发展可以有效地降低环境压力，从而有助于经济的可持续增长。陈艳莹（2004）从绿色技术与经济可持续增长的角度讨论了环保产业同经济可持续增长的关系。她认为要实现经济的可持续增长必须要降低人类经济活动所造成的环境压力，而降低环境压力的关键在于绿色技术进步。绿色技术进步可以有效地增强有利于环境压力降低的技术效应，从而有利于实现经济可持续增长。她还指出绿色技术进步是建立在绿色产业不断发展的基础上，绿色产业的发展可以有效地推动绿色技术进步，从而促使整个社会实现经济的可持续增长。韩涛（2005）也从环境技术的角度提到了环保产业与经济可持续增长的关系。他认为技术力量是推动人类社会实现经济可持续增长的最重要的力量，环境技术作为人类所有技术中同生态环境联系最为紧密的生产技术，其发展水平往往会决定着经济可持续增长实现程度的高低。闫兆万（2007）从产业环保化的角度论述了环保产业同经可持续增展之间的关系。他认为保护环境必须要降低人类的生产活动对于生态环境的影响，产业环保化是减少环境污染实现经济可持续增长的必由之路，而产业环保化的关键在于政府的环境政策和环保产业的发展水平。

（3）关于环境投资与经济可持续增长的研究。蔡宁、吴刚（2003）指出环境保护投资的优化是区域内相对最优而不是点最优，他们从阐明环保投资与环境质量和环境经济效益之间的关系特征出发，提出了满足最优经济增长条件的新的环保投资择优标准，并提出了依据这一标准的辅助决策模型来分析环保投资相对优化的问题。张坤民（2008）等分析了中国环境面临的严重挑战，论述了中国环境框架的演变和完善过程，介绍了中国环境保护的投资重点。也有研究提出了深化我国环保投资体制改革的总体目标、基本内容及其外部条件；通过对我国环境保护投资现状进行论述，就我国环保投资存在的问题，结合西方发达国家在这方面的经验及我国目前经济发展状况，对提高我国环保投资水平的途径及方向做了分析论述，从统计数据分析了经济发展与环保投资的关系，提出了环境保护投资必须与经济同步增长，投资结构必须同步优化，投资渠道必须多元化，必须与加强宏观调控相结合。黄伟新（2007）认为环境投入可以促进节能环保产业的发展，从而提高资源的利用效率和减少环境污染，降低人类经济活动所造成的环境压力，从而有助于经济实现可持续增长。

1.2.2.3 节能环保产业与经济可持续增长关系相关研究的评述

相对于经济可持续增长的研究而言，当前学术界对于节能环保产业与经济可持续增长之间关系的研究总体来讲比较少，也不成体系。由于产业划分口径的不一致，国外相关研究一般是对环境产业与经济可持续增长方面的研究，一般是从环境产业的发展可以有效地降低环境质量对于经济增长的约束角度来阐述环境产业与经济可持续增长之间的关系。因此，相关研究者多属于主流经济学家，对于环境产业有助于实现经济可持续增长的原因的解释上，主要从环境产业可以促使环境污染内化、环境技术可以有助于降低环境压力以及环境产业可以节约自然资本等角度去分析。国内的研究现在仍处于追踪国外研究的阶段，其研究更多的是从中国实际出发，因此研究成果更具有现实操作性。

研究方法上，当前国内外对节能环保产业与经济增长之间进行量化分析最多的研究方向是借助模型来研究最佳环保投资与最优经济增长之间的关系。目前，在对环境保护投资与经济增长关系分析中使用较为普遍的模型主要有投入产出模型、工程环境费用估算模型、线性规划模型以及系统动态分析模型等。其中，投入产出模型被广泛用来分析最优产出路径下经济各产出部门的废弃物排放状况，研究环境污染治理成本；工程环境费用估算模型则是通过对工程项目环境投入成本的分析，设定投资成本同工程设计参数两者之间的特定函数，通过此达到降低投资成本的目的；线性规划模型被广泛地应用到从分析经济生产中的微观经济个体对环境污染的控制到环境污染治理的地域性问题，一般用来求生产中的环境投入同环境遭受的环境污染之间的最优解。需要指出的是，上面几种模型对数据的精度和样本数量一般要求比较高。由于我国环保事业开展相对较晚，相关环保资料和数据不足，因而造成了上述模型的实用性较低，其对环境保护所起的实际效果也相对有限。

综上所述，国内外专家学者对节能环保产业发展与经济可持续增长关系的研究目前已取得一些成果，也为本研究提供了一定的理论基础。然而，由于研究目的、研究角度、研究方法等诸多因素的限制，对节能环保产业发展与经济可持续增长关系的研究普遍处于探索阶段，还未形成系统化的理论研究成果；对节能环保产业与经济可持续增长的作用机制、作用机理等问题并未进行系统深入的分析。关于如何推动节能环保产业发展从而更好地实现经济可持续增长的专项研究并不多，多数研究并未进行深入探讨。

1.3 研究方法

在研究过程中，本研究运用产业经济学、环境经济学、数量经济学、统计学等学科的一些理论与方法，借鉴了相关学科的国内外研究成果，既注重理论演绎，又重视实证分析。论文采用的主要研究方法有：

（1）规范分析与实证分析相结合。节能环保产业与经济可持续增长研究是一个比较新的研究范畴，概念框架还不完善。因此，本研究以较大篇幅对节能环保产业进行内部机理方面的分析，重点介绍节能环保产业的定义、特征、类型、主体行为和正外部性特征等，为节能环保产业发展与经济可持续增长关系的深入研究提供理论支撑；同时，在对节能环保产业与经济可持续增长相关资料整理的基础上，结合环境经济学、外部性理论等对北京市节能环保产业与经济可持续增长进行了深入的研究。

（2）微观分析与宏观分析相结合的研究方法。本研究既涉及宏观经济层面又离不开具体企业生产的微观层面，在研究过程中既着眼于节能环保企业的具体生产行为，又考虑整个产业乃至宏观经济的战略部署，从而构建宏观经济分析的微观基础。

（3）定性分析和定量分析相结合的研究方法。本研究中交叉运用宏观经济学、微观经济学、环境经济学、数量经济学、动态最优化方法中的相关理论对节能环保产业发展与经济可持续增长问题进行了定性分析和定量分析，并把两者有机地结合起来。虽然理论分析的结论在很大程度上依赖于模型的假设条件，但理论研究在逻辑方法和思维路径上的亮点及对事物的敏锐洞察力使其成为研究内容的一个必要组成部分。鉴于此，本研究在新古典经济增长模型的基础上加入环境因素和节能环保投入因素，构建了不包含技术创新和环境管制的最优经济可持续增长模型，证明了发展节能环保产业对实现经济可持续增长所具有的重要作用。

1.4 主要研究内容

本研究共分八章，主要内容如下：

第一章，绪论。本章主要介绍本项目的研究背景和研究意义，并对国内外学者关于经济可持续增长、节能环保产业及二者关系方面的研究进行梳理。在此基础上构建本研究的内容、框架体系、研究方法，提出本研究的创新之处。

第二章，经济持续增长与要素使用特征变化。本章主要介绍经济持续增长研究的相关理论。在此基础上，对中国和北京市经济持续增长过程中的要素使用特征及其变化进行分析，并分析各种生产要素对北京市经济增长的贡献情况。

第三章，经济可持续增长的实现机制与北京市能源、环境现状。本章在对经济可持续增长机制深入剖析和对环境可持续发展分析界定的基础上，通过分析经济增长与环境可持续发展的协调途径，以及如何才能保证经济增长不损害环境可持续发展，最终求得了促使经济增长路径向可持续增长路径收敛的前提条件。在此基础上，结合北京市的能源消费与环境状况，比对环境库兹涅茨倒 U 型曲线，判断出北京市尚未进入环境自我改善的收敛阶段，并进一步分析了北京市的绿色 GDP 投入产出状况和主要产业部门的绿色影响力和感应度。

第四章，节能环保产业对环境的影响机制分析。本章在对节能环保产业与环保产业、节能产业、低碳经济等概念辨别分析的基础上，对节能环保产业的概念进行了界定。之后深入分析了节能环保产业对环境的两种影响机制：一种是可以将环境污染的外部性进行内部化；另一种是可以通过节约自然资本减轻人类生产活动所带来的环境压力。

第五章，节能环保产业对经济可持续增长的作用机制分析。本章研究包括三个部分：一是通过环境压力分解模型对环境压力的影响因素进行分析；二是将节能环保产业同影响环境压力的因素结合起来，分析节能环保产业对于这些因素的重要作用，说明节能环保产业可以有效地降低经济增长所带来的环境压力，促进经济增长向可持续增长路径收敛（对经济可持续增长具有非常重要的促进作用）；三是分析了节能环保产业发展对于环境库兹涅茨曲线的影响。

第六章，节能环保投入的最优可持续增长分析。本章在已有文献研究的基础上，在新古典增长模型的理论框架下，通过将耗竭性能源资源、特别是以节约能源和减少污染为目的的节能环保投入加入到新古典增长模型中构建了一个带有环境污染约束的最优可持续增长模型，在此基础上讨论了节能环保投入对经济可持续增长的作用。分析表明，在满足一定条件的前提下，经济完全可以达到最优的可持续增长路径，而实现经济可持续增长的关键在于节能环保投入对于环境的边际贡献率能否大于一个固定值。

第七章，节能环保产业运行机制及北京市相关产业发展的环境压力影响。本章主要通过案例分析法对发达国家节能环保产业的运行机制进行分析，并结合中国和北京市节能环保产业的发展现状和运行机制进行比较，指出北京市发展节能环保产业以保障经济可持续增长的突破口，可以通过加大对节能环保产业的投入、树立国民的节能环保知识和可持续发展意识、提高绿色技术水平等措施来达到改善环境质量，实现经济可持续增长的战略目标，并进一步对北京市节能环保产业发展对环境压力的影响进行了实证分析。

第八章，环境约束下北京市实现经济可持续增长的战略选择。本章首先通过对节能环保产业与绿色经济之间的关系进行论述，说明北京市实现经济可持续增长的根本道路是通过大力发展节能环对保产业，走绿色经济之路；其次分析北京市发展节能环保产业的 SWOT 状况，以及北京市节能环保产业发展的阶段判断和路径分析；最后，针对决定产业发展水平的产业运营机制提出相应的政策体系设计。

1.5 研究的主要创新之处

1.5.1 研究角度的创新

当前学术界对经济可持续增长的研究主要侧重于经济增长同环境关系的分析，尤其是传统经济增长模式下环境污染对经济可持续增长单方面影响的分析。而对于将节能环保产业发展同经济可持续增长联系起来分析经济可持续增长尚缺乏系统深入的研究，本研究通过对节能环保产业正外部性的分析，结合环境压力分拆模型从理论上证明了节能环保产业发展对于经济增长路径向可持续增长路径收敛具有非常重要的作用。

1.5.2 研究内容的创新

第一，本研究借助外部性理论对节能环保产业的正外部性特征进行了分析，从理论上证明节能环保产业的正外部性特征可以通过两种方式影响到环境压力：一是可以将环境污染外部性进行内部化，二是可以通过节约自然资本减轻人类生产活动所带来的环境压力。

第二，本研究将节能环保产业同环境库茨涅茨曲线联系起来，通过节能环保产业对经济可持续增长作用机制的分析，得出了发展节能环保产业可以促使环境库茨涅茨曲线的拐点向左和向下移动，从而证明了发展节能环保产业可以实现经济增长向可持续增长路径收敛这一结论。

第三，本研究运用了计量经济模型方法检验了北京市节能环保产业影响环境压力的作用方向和大小。通过模型分析证得北京市节能环保产业的发展水平同环境压力之间存在着正相关性，北京市节能环保产业的发展对于降低经济活动所造成的环境压力具有非常明显的效果。

第四，本研究在新古典经济增长理论的框架下，通过构建单部门经济的简化模型将节能环保投入的边际贡献率同环境库茨涅茨曲线结合起来，得出节能环保投入具有规模报酬递增的特性，从而说明加大节能环保投入可以有效改善环境质量，降低环境对经济增长的约束作用，证明只要加大节能环保产业的投资便可以促使经济可持续增长得以实现这一最终结论。

第五，本研究深入分析了北京市经济增长变化的阶段特征及其成因，实证分析表明了北京市潜在产出增长率的下降趋势，提出发展节能环保产业是北京市实现经济持续较快增长的突破口。

第六，本研究对北京市绿色 GDP 的投入产出状况和主要产业部门的绿色影响力和感应度状况进行了分析，为北京市发展节能环保产业提供了依据。

第七，在上述研究的基础上，本研究提出了北京市发展节能环保产业促进经济可持续增长的对策体系。

2. 经济持续增长与要素使用特征变化

改革开放以来，我国经济保持了快速增长，GDP总量跃居世界第二位，2013年人均GDP达到4.19万元，约合6767美元，综合国力和人民生活水平都有了很大的提高，按照世界银行的标准，已经进入中上等收入国家行列。从经济发展阶段来看，中国总体进入了工业化中后期发展阶段，这意味着经济增长方式面临着新的转型，即由工业化初期主要依赖要素投入为主的粗放型增长方式向主要依赖要素使用效率提高的集约型增长方式转变。居民收入水平的提高，对生活质量也提出了更高的要求，越来越需要建设“美丽中国”。这意味着发展节能环保产业是经济发展到一定程度后的必然要求。北京市作为中国经济最发达的地区之一，大力发展节能环保产业的要求也就更加迫切。

2.1 经济增长持续性的主要理论

随着世界工业化水平的不断提高，人类经济活动对环境的影响日益明显，尤其是20世纪60年代以来，愈演愈烈的环境污染问题使人们逐渐开始注意经济增长同环境之间的问题。解决经济增长同环境可持续发展之间的矛盾，成为学者们关注的研究领域，出现了外部性、环境库茨涅茨假说等相关理论。一些主流经济学家也试着将环境质量、环境投入等因素引入到相关经济理论当中，这些理论为人们解决经济增长同环境可持续发展之间的矛盾，实现经济的可持续增长提供了一定的理论基础。

2.1.1 环境库兹涅茨理论

2.1.1.1 环境库兹涅茨假说的内容

在20世纪50年代，著名经济学家西蒙·库兹涅茨在研究经济增长同收入差异之间的关系时，曾经提出了这样一个假说：在经济增长的最初阶段，收入差异会伴随着经济增长而变大；当经济增长到某一时点时该差异达到最大；而后随着经济增长，收入差异会逐渐变小。按这一假想经济增长与收入差异之间便存在着一种倒 U 型的关系。这一关系后来被大量的实证研究加以证明，并称之为库茨涅茨曲线。后来，经济学家 Krilleger 在分析环境与人均收入关系时借用了库茨涅茨曲线，并从实证上证明了环境同人均收入之间倒 U 型关系的存在。由此证明经济增长与环境污染之间存在着同经济增长与收入差异之间相一致的倒 U 型曲线特征。Panayotou（1993）把反映经济增长同环境污染之间关系的这条曲线称之为环境库兹涅茨曲线（如图 2. 1 所示）。

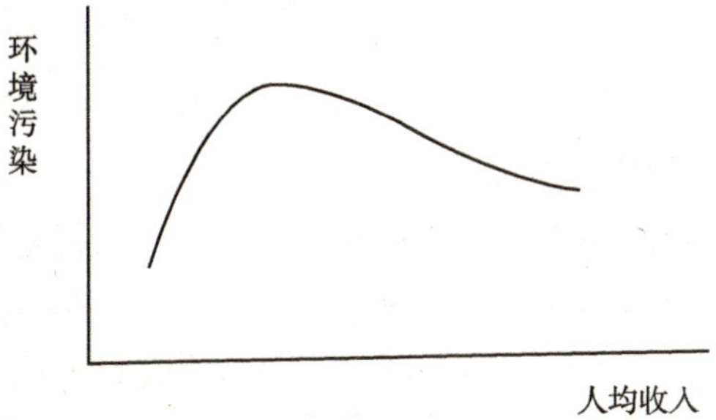

图 2. 1　环境倒 U 曲线

环境库茨涅茨曲线实际上是认为经济可持续增长是可以自动收敛的，该理论的核心内容包括以下几部分：（1）任何一个经济体在其经济发展的初期，经济增长一定会导致环境质量的恶化，在拐点到来以前，这种恶化会伴随着经济的增长而不断加剧，环境污染和自然资本稀缺问题会日益显现，这就迫使该经济体进行产业结构调整和加强对环境的治理；（2）当人均收入达到一定水平后，经济增长会有利于环境质量的改善，使环境的污染状况得到逐步的改善，从而使经济逐渐走上可持续发展的道路；（3）总体而言，经济增长同环境污染之间呈倒 U 型特征所揭示的两者的关系是一个长期的规律；（4）环境库茨内茨曲线的走势和形状是可以改变的，人们对环境所做的努力可以使曲线变得更平坦，并能使拐点提前到来；（5）环境库兹涅茨曲线只是描述人类收入水平同环境质量之间的一种关系，但并不意味着收入增加一定会最终导致环境质量的改善。

环境库兹涅茨理论假说充分反映了经济增长同环境质量之间存在的一种内在的必然联系，这为我们理解环境同经济增长的关系提供了重要的理论依据。然而需要说明的是，尽管环境库茨涅茨曲线反映环境质量最终会随着经济增长得到逐渐改善，但这并不意味着人们可以不考虑人类生产活动对于环境的影响而一味追求经济增长。这是因为，如果经济发展所导致的环境退化超过了环境阀值，那么人类将会付出很大的成本或代价才能使之恢复到本来状态，而如果超过了环境阀值还不注意对环境进行保护，反而继续毁坏环境，那么环境的退化最终也将成为不可逆的，人类将永远难以将其恢复到本来状态，并且最终可能会导致生态环境的崩溃。环境阀值对于人类很多赖以生存的自然资源都存在，如河流湖泊、草原、森林等等，如果这些资源遭到严重的破坏，那么需要很长时间并且投入很大的成本才能得到恢复。由此可见，即使经济增长同环境质量之间存在“倒 U 形”关系，那么也需要采取一定的手段防止倒 U 形曲线超出生态阀值。当然，有些污染如人均污水排放量等一般会随着收入的增加而单调递增，不会呈现“倒 U”形态。事实上环境库兹涅茨曲线只是描述人类收入水平同环境质量之间的一种关系，收入尽管十分重要，但只是影响环境质量的一个因素，并不意味着收入增加一定会最终导致环境质量的改善。

环境库兹涅茨曲线对于经济社会的发展具有重要的指导意义：(1) 一个国家或地区在其经济起步阶段很难避免环境恶化问题。(2) 随着经济的持续增长，当其人均收入达到一定水平之后，伴随着经济增长环境质量会出现改善。有些学者过于教条化地理解环境库茨涅茨曲线，提出了另一个极端的观点：对于人类经济增长而言，环境问题并不需要特别关注，因为环境恶化只是暂时的，随着经济的发展，环境最终会恢复到原来水平。因此，要解决现阶段所面临的环境问题，只需要加快经济增长，尽快超过对于环境不利的发展阶段，越过环境库茨涅茨的拐点，达到对于经济增长同环境和谐发展的阶段即可。显然，这种观点对问题的思考过于教条化和简单化，并非是人类的最优选择，如果运用于实践中，导致的结果可能是最坏的，原因在于以下几点：(1) 如果一国在经济的起步阶段不注意对环境进行保护，那么该国环境持续恶化的阶段可能会比较长，即环境库茨涅茨曲线的上升阶段可能会比较长。因此，在经济起步期对环境进行一定程度的保护是必需的。(2) 经济起步阶段的环保投入可能会比将来污染后再治理节省更多的费用。(3) 由于某些自然资本是不可再生的，当环境恶化到一定程度后，经济增长同环境之间的关系曲线将不再是倒 U 型，即出现环境上的不可逆，甚至会导致生态崩溃。实际上，环境库兹涅茨曲线之所以会形成拐点并向右下方倾斜，也是因为一个经济体的经济发展达到一定高度后经济发展方式发生转变的结果。

2.1.1.2 环境库兹涅茨理论假说的一般解释

当前对环境库茨涅茨曲线“倒 U”形状最为一般的解释是由 Grossman 和 Krueger (1993, 1995) 提出来的，两人开创性地将经济增长对环境的影响分解为三种效应：规模效应、结构效应和技术效应。而后，其他学者又在他们的研究基础上进一步分析了国际贸易、环境需求以及环境政策等因素对于环境的影响。尽管影响环境库茨涅茨曲线形状的因素有很多，但是现在的研究普遍认为规模效应、结构效应和技术效应是对其影响最大的三个因素。

(1) 规模效应。产出的增加意味着人们会在生产中投入更多的自然资本，并导致更多的污染排放。因此，产出增加所导致的规模效应会加大环境压力，如果处理不好，产出规模的扩大往往会导致环境质量下降。

（2）结构效应。Grossman 和 Krueger（1993）认为经济结构的变化是导致 EKC 曲线形状变化的主要原因。他们认为一个国家在其经济起步阶段，由于技术水平较低和环境产业不发达，资源耗费型和环境污染型产业往往占主导地位。而随着经济的发展，其技术水平会进一步提高，环境产业也会进一步发展，第三产业在经济中所占的比重会逐渐加大，环境友好型和技术密集型产业逐步占据主导地位，由此经济增长对于环境的影响会逐渐降低，从而导致环境库茨涅茨曲线呈“倒 U”型曲线关系。

（3）技术效应，Selden 和 Song（1994）等学者认为生产技术进步可以有效地提高自然资本的利用效率，在产出保持不变的情况下，能够减少自然资源的消耗和生产污染的排放。Markus（2002）认为技术可以分为两种，一种是绿色技术，一种是红色技术。绿色技术是指能够导致环境质量变好的生产技术，而红色技术是指只为了提高产出效率而不会顾及环境的生产技术。

（4）国际贸易。Taylor（1994）和 Suri（1998）等学者通过研究证明国际贸易可以影响到环境库兹涅茨曲线的形状。国际贸易能够使高污染企业从发达国家转移到发展中国家，而将污染转嫁给发展中国家，从而使发达国家环境质量变好，出现“环境倾销”问题。

（5）环境需求因素，Antle、Heidebrink 和 Neha（2002）等学者从收入弹性的角度研究了收入同环境的关系。他们认为环境质量对人们来讲也是一种商品，当人们收入增加时对其需求量会变大，收入越高对“优美环境”的需求便会越迫切，于是可以将“优美环境”这种特殊的物品看为“奢侈物品（Luxury Goods)”，即人们在高收入情况下对该物品的收入弹性高于低收入情况下的收入弹性。随着人们收入的增加，人们对于环境质量的要求就会增加，从而会做出有利于环境改善的行为方式。

（6）环境政策因素。Torras 和 Boyce（1998）等学者认为一个国家如果在经济起步阶段就采取相应的有利于环境改善的政策，那么环境库兹涅茨曲线的形状会变得更加扁平，其拐点也会更早的到来。

2.1.2 外部性理论

2.1.2.1 外部性理论与环境污染

外部性概念最早是由新古典经济学的代表人物马歇尔（Alfred Marsllall）提出，后经福利经济学的代表人物庇古（A. C. Pigou）研究和发展并形成了外部性理论。在马歇尔与庇古之后，西方许多经济学家又从不同角度对外部性问题进行了深入的探讨，提出了一些治理外部性的对策和措施，形成了外部性理论的新发展。研究和评析西方经济学的外部性理论对产业环保化研究具有重要的意义。

外部性（Externality）是指两个经济个体在没有任何经济交易的前提下，由一个经济个体向另一个经济个体转移物品或效应的现象。这个关于外部性的定义强调的是物品或效应的转移是在缺乏经济交易的前提下发生的，也就是说物品或效应的转移在供应者和接收者之间并未进行任何谈判，也未达成任何的协议。外部性（Externality）可以用效用函数表示为：

$$U_A = U_A\ (X_l,\ X_2,\ X_3 \cdots\cdots Y)$$

式中 X_i（$i=1,\ 2,\ 3.\ \cdots\cdots n$）表示经济个体 A 的经济行为，Y 表示除 A 以外的其他经济个体的经济行为。其经济学含义是：一个人的效用除了由其自身决定外，还受他人行为的影响，而且这种影响是不能由其自身控制的。换言之，一个人的福利不仅取决于自身的行为，而且还取决于其他人的行为。根据外部性对经济个体影响的性质，外部性分为正外部性和负外部性。

正外部性是指有些人的某些行为会对其他人造成好的影响，然而却不能获得回报的现象，即马歇尔所说的“外部经济”。负外部性是指有些人的行为会对其他人造成不好的影响，却没有对后者予以补偿的现象，即庇古所说的“外部不经济”。Mead（1962）在《竞争状态下的外部经济与外部不经济》一文中，曾经将外部性分为以下两种情况：一种是能够促使其他经济人“无偿地使用生产要素”的表现形式，即经济人在生产中所表现出的正外部性，如养蜂人的养蜂行为等。第二种是环境对于生产者的有利或不利的影响。他在该文中举例说：假如 A 是小麦生产者，B 是林场，如果 B 的产量增加，将导致雨水增加，转而促进 A 的产量增加。这样，林场的生产要素的边际纯产值就大于它的边际私人纯产值，即产生了正环境外部性。①

由此可见，人类生产所造成的环境污染问题属于典型的外部不经济问题。环境污染问题是人类在生产生活中所产生的污染物超过了生态环境的承载能力，导致环境质量恶化，从而影响到人类的生产生活条件。要解决环境污染的外部性问题，必须要对环境污染所造成的外部性进行计量，当前这是一个很难操作的技术问题。外部性计量的对象一般包括环境成本、外部收益以及外部费用等等，当前学者在对外部性进行计量时一般利用成本—收益分析或利用帕累托标准来度量其大小。

2.1.2.2 科斯定理与产权理论

1960 年，美国经济学家科斯（Ronald . H. Coase）发表了著名的《社会成本

---

① 转自朱国伟。环境外部性的经济分析［D］。南京：南京农业大学，2003：12 .

问题》一文。在该文中科斯研究了人类交易成本为零的交易行为特征，并提出了在产权界定清晰的情况下，即便是某些行为具有社会成本（即外部性），交易行为依然有效。换言之，科斯认为只要是交易成本为零，并且产权界定清楚，那么最终无论产权属于谁，市场交易的结果一定都会达到帕累托最优。科斯这一理论的提出主要是为了解决市场交易中的外部性问题，即市场失灵问题。科斯认为环境之所以受到污染，是因为其产权界定不清晰，如果解决好环境的产权问题，一定可以使环境污染外部性内部化，消除环境污染的外部不经济现象。科斯上述基于外部性问题而展开的论述，被后人称之为“科斯定理”（Coase Theorem）。科斯定理在西方制度经济学中具有非常重要的地位。通过该理论，科斯开创了西方的产权理论，并将其应用于解决环境外部性问题的实践中。依据科斯的理论，环境问题归根到底是由于环境产权未界定清晰造成的，只有政府把产权界定清楚，那么在交易成本很小或为零的情况下，市场便可以通过产权交易方式来解决环境污染问题，从而能够实现社会福利最大化与环境可持续发展之间的平衡。环境的产权交易方式具体可以分为两种：一种是环境污染排放者与受害者之间的交易，另一种是排污者之间的交易。后一种在现实生活中应用比较多，被称为环境污染许可证交易。当产权界定清楚时，环保企业由于具有更少的污染排放，因此较之其他类企业往往具有更小的机会成本。科斯的产权理论为政府在节能环保中应该担任的角色指明了方向。

2.1.3 新古典经济增长理论

2.1.3.1 未考虑环境因素的新古典经济增长理论

（1）早期的现代经济增长理论。通常认为，现代经济增长理论的起点是哈罗德—多马模型的出现。如果从研究的内容上看，哈罗德—多马模型确实可以作为现代经济增长理论的起点。因为哈罗德—多马模型是将凯恩斯的经济理论动态化的典型例子，它试图在凯恩斯的短期分析中整合进经济增长的长期因素，并强调资本积累在经济增长中的重要性。但是，如果从方法上具备了动态研究的角度来说，现代经济增长理论的真正起点开始于1928年的拉姆齐（Ramsey）。这一年，英国经济学家弗兰克·拉姆齐在《经济学期刊》上发表了一篇题为《储蓄的一个数理理论》的经典论文。所以，新古典方法论上的起点最早可以前推到拉姆齐。在这篇论文中，拉姆齐提出的问题为：对于一个具有无限期界的家庭来说，如何分配它的储蓄和消费，以此来确定跨时的最优资源配置。拉姆齐的跨时家庭最优化的动态均衡分析方法在新古典增长理论的卡斯—库普曼斯模型（Cass-Koopmans，1965）和几乎所有的新增长理论模型中得到了应用。此外，拉姆齐最优化条件还强有力地影响着消费理论、资产定价理论以及商业周期理论。现在拉姆齐的跨期效用函数已经像柯布—道格拉斯（Cobb - Douglas）生产函数一样得到了广泛应用。

（2）索洛—斯旺（Solow - Swan）模型。继哈罗德、多马和拉姆齐之后，更为重要的贡献是由索洛（Solow，1956）和斯旺（Swan，1956）做出的。索洛—斯旺的增长理论包含了许多重要的经济内涵，它放弃了固定技术系数生产函数，改用要素之间可以彼此平滑替代的新古典生产函数，它认为经济在多数情况下都存在一个稳定状态。在这个稳定状态，人均资本和人均产出的总量以外生人口增长的速率增长。在索洛—斯旺模型中，在长期稳定状态下，产出的增长是由有效的劳动力增长率，即由劳动力增长率加上技术进步率所决定的，而与储蓄率和投资率无关。因为更高的储蓄或投资比率被更高的资本产出比所抵消了，而这是由于新古典模型假定资本报酬递减所决定的。也就是说，从长期来看，人均收入的增长不是一个持续的过程。为了解释经济增长的长期持续性，索洛首先在生产函数中引入了技术水平或知识积累变量。他假设技术是一种外生变量，并且保持一种固定的增长速度，即技术进步率，或称为全要素生产率（或称为索罗余值）。由于技术进步的存在，即使资本—劳动比率不变，资本的边际收益也会不断提高。因此，技术进步可以抵消资本边际收益随人均收入增加而递减的倾向，保证人均资本积累过程在较长时间内不会停下来。这样一来，人均收入的增长将保持持续的势头。从这一增长过程可以看出，技术进步决定了经济的长期增长。

（3）卡斯 - 库普曼斯（Cass - Koopmans）模型。索洛—斯旺模型存在着两个缺陷：一是它假定储蓄率是外生的并且是不变的；二是在趋向稳态的转移过程中，由于假定储蓄率固定不变，会导致无效的过度储蓄问题。20 世纪六七十年代卡斯和库普曼斯的工作主要是运用拉姆齐的思想对索洛模型进行新古典式的改造，他们把拉姆齐的消费者最优化分析引入到新古典增长理论中，并且假定消费和储蓄率的路径由竞争性市场中的效用最大化的家庭和企业决定，从而提供了对储蓄率的一种内生决定，即是说，将储蓄率内生化了。显然，卡斯—库普曼斯模型是索洛—斯旺模型的扩展，或者说后者仅仅是前者的一个特例。该模型从两个方面修正了索洛—斯旺模型：第一，储蓄率的平均水平受到约束；第二，它决定了随着经济的发展，储蓄率是上升还是下降。然而，储蓄的内生性也并没有消除长期人均增长率对外生技术进步的依赖。从这一点来看，两个模型的基本结论是一致的。

2.1.3.2 考虑环境因素的新古典经济增长模型

这类模型是建立在拉姆齐—卡斯—库普曼斯框架基础上的。他们都是通过采用最优控制理论解决无限生命消费者效用最大化的动态模型。在这些模型中，污染存量或流量作为自变量进入代表性消费者的生产函数和效用函数。由于公众对增长极限的恐惧，在 20 世纪 70 年代出现了一些包含污染和非再生资源消耗的优化增长模型，其中以 Keeler（1971）的研究最为典型。Keeler、Spence、Zeck hauser（1971）认为设计污染扩展的最优控制模型时必须认清三个重要问题：第一，污染是否会对生产、消费或二者都产生影响，这对效用函数和生产函数的形式有很大意义；第二，污染物是作为存量还是流量对生产和消费产生影响；第三，基于不同假设的模型的结论通常也不同。通常，在这类模型中，污染以边际负效用直接进入社会效用函数。然而对于生产方，大多数模型假定污染具有正的边际产出。这类模型大都支持来自经验研究的环境库兹涅茨曲线假说，但这类模型普遍对效用函数的设定很敏感。

Barbier（1989）提出了一个以自然资源为约束的经济可持续增长最优模型。他为经济的可持续增长设定了两个约束性条件：一个条件是人类在生产活动时对再生自然资源的利用速度一定要小于它的再生速度，另一个条件是人类生产活动所产生的废物水平一定要小于环境的自净能力。达斯古普塔则以自然资源的利用和付出的劳动为中心建立了一个经济可持续增长模型，在模型中他对环境存量、人造资本、自然资本、污染减少花费以及与这些互相关联的劳动资本进行了仔细的区别和介绍，在此基础上建立经济增长最优模型，并利用 hamilton 方程推导出了一个人均 NNP 增长率方程。

在 Chilinsky（1994）的模型中，财产权和制度发展也是重要的因素。她提出了一个包含“北部”和“南部”两个区域的一般均衡模型。两个区域都把环境作为生产的一个要素，还都使用了两种产品，其中一种产品是相对资源密集型的。这两个区域在环境资源方面的财产权存在差异：在南方，环境作为公共资源进行管理，而在北方。环境财产权由私人拥有。在北方，环境资源的供给决定于资源的边际生产力，而在南方则决定于资源的平均生产力，所以在任何价格水平下南方比北方提供更多的资源。虽然按照定义，相同的资源禀赋意味着不存在实际的优势，但南方在资源密集型产品的供给方面仍具有明显的比较优势。在这个模型中，贸易对南方是有害的，对整个世界来说，将会造成更大的环境恶化。

2.2 经济持续增长与要素使用特征变化

持续的经济增长，会带来工业化水平的不断提高，并极大地促进技术进步、要素投入规模的扩大。技术进步会促进要素使用效率的提高，要素投入规模扩大所带来的不同要素稀缺程度提高的变化差异，会改变要素相对价格体系，影响厂商对这些要素的使用偏好。这些均使宏观经济表现出不同的要素使用特征。从中国的经济发展实践来看，也证明了这一点。

2.2.1 经济持续增长中的增长方式变化与要素使用特征

2.2.1.1 经济增长方式的内涵

就经济增长方式的内涵而言，有的学者认为经济增长方式是“具体考察经济产出总量扩大的部分是通过什么途径或采取什么手段来实现的”（钟贤宾，1996）。有的学者认为经济增长方式是指“一个经济系统在一定的制度安排下，在所处的发展阶段上关于经济运行状况和经济增长动力结构的统称”；是指“一国总体经济实现长期增长所依赖的增长源泉构成、增长机制及其路径”（周振华，1996）。还有的学者认为“经济增长方式实质上是指生产要素的分配、投入、组合和使用方式，它决定着生产力系统的整体效能和发展状况”（魏礼群，1996）。

从学者们对经济增长方式的认识来看，尽管角度不同，但本质上并无区别，均涉及经济增长依赖的源泉和动力、路径以及效益状况等方面。综合学术界对于经济增长方式内涵理解的合理成分，我们将经济增长方式的内涵定义为：在一定的生产力发展水平和体制条件下，影响和制约长期经济增长速度、质量的诸动力因素及其结构之间的相互联系、相互制约的状态，它决定着经济系统的效能及其发展变化。

2.2.1.2 经济增长方式类型与要素使用特征分析框架

对于经济增长方式的类型，提法很多，如数量型与质量型、外延型与内涵型、粗放型与集约型等。关于这些提法之间的关系，学者们普遍认为，尽管划分角度不同，但在本质上，数量型、外延型和粗放型是一致的，其要素使用特征主要表现为要素投入数量的不断增加；质量型、内涵型和集约型是一致的，其要素使用特征主要表现为要素质量和使用效率的不断提高。

此外，关于粗放型和集约型经济增长方式的关系，多数学者认为二者在实践中是不能截然分开的。这两种经济增长方式的划分是相对的，即使是在粗放型增长方式中，通常也有一定程度的生产要素构成逐渐趋向合理和经济效益逐渐提高；在集约型增长方式中，虽然以生产要素的优化组合和效益提高为特征，但也必然会伴有一定程度的数量增长。与此相对应，西方经济学中把产出增长分解为“要素投入增加”和“要素生产率提高”两个因素。西方经济学中的“要素投入增加”相当于数量、粗放或外延型，“要素生产率提高”相当于质量、集约或内涵型。这在理论上来说是正确的，但在现实中二者也往往是相伴而生的，不可截然分开，只能说是以哪种因素为主。我们认为，在一个经济体中，如果增长方式是以资本、劳动、自然资源等生产要素投入量的增加为主要特征的，即为粗放型经济增长方式；如果经济增长是以生产要素使用效率提高为主要特征的，即为集约型经济增长方式。显然，生产要素使用效率的提高是以技术进步、知识积累和人力资本积累为前提的。

2.2.1.3 经济持续增长中的增长方式变化与要素使用特征

（1）增长方式从粗放型向集约型的转变：经济增长理论的证据。从古典学派经济学家开始，就对经济增长的性质、原因和条件等进行了探讨。亚当—斯密把决定和影响经济增长的因素归结为生产性劳动、劳动分工和资本积累。约翰—穆勒继续深入研究了人口增长、资本积累、技术进步、劳动分工和合作等因素在经济增长中的作用。此后，马歇尔注意到组织管理以及知识在经济增长中的作用，熊彼特强调了企业家创新对于经济增长的影响。这些研究所涉及的影响因素都可以归入“要素投入增加”和“要素生产率提高”两个方面。

1939 年，哈罗德—多马经济增长模型主要分析了劳动力和资本要素投入对于经济增长的贡献，但不能解释要素利用效率的提高对于经济增长的贡献。1956 年，美国著名经济学家索洛在哈罗德—多玛模型的基础上，增加了技术进步因素，提出了著名的索洛模型：

索洛模型把技术进步视为常数，并使用了希克斯中性技术进步的生产函数。这样，生产函数可以取（2. 1）式的特殊形式①：

$$Y = AF(K,L) \tag{2.1}$$

式中 Y 代表总产出，A 代表技术进步，L 和 K 分别代表劳动和资本。实际上，上述变量均可视为时间 t 的函数，因此对（2. 1）式求全导数，即作关于 t 的全微分，在假设规模收益不变的条件下，就可以得到索洛在《技术变量和总量生产函数》一文中所使用的公式，即（2. 2）式：

$$\frac{\dot{Y}}{Y} = \alpha\frac{\dot{K}}{K} + \beta\frac{\dot{L}}{L} + \frac{\dot{A}}{A} \tag{2.2}$$

在公式（2. 2）给出的新古典增长模型中，$\dot{Y}/Y$ 为经济增长率，$\dot{K}/K$ 为资本增长率，$\dot{L}/L$ 为劳动增长率，$\dot{A}/A$ 为技术进步率，式中 α 和 β 为参数，且 $\alpha + \beta = 1$ ，它们分别表示劳动和资本对经济增长所做贡献的比例，即贡献权数，亦称劳动产出弹性和资本产出弹性。上式的经济含义是，一个经济体的经济增长既取决于资本和劳动的增长以及资本和劳动的贡献权数，也取决于技术进步。技术进步既可

---

① 索洛在 1956 年的论文中，使用的是希克斯中性技术进步的生产函数，即（4. 1）式。后来戴维·罗默等人假设技术进步具有哈罗德中性即劳动增进型的性质，将新古典生产函数描述为 $Y = F(K,AL)$ 。AL 是经过技术水平调整的“有效劳动”。

以体现在物质资本上，也可以体现在劳动者技术水平的提高上。

与哈罗德—多马经济增长模型相比，新古典经济增长模型更强调技术进步对经济增长的推动作用，认为技术进步是推动经济增长的决定性因素，并给出了测算技术进步对经济增长贡献的方法。

一般来说，由于经济增长率、L 和 K 的数据可以从历史资料的分析中得到，因此，如果用适当的方法估计出 α 和 β 值，便可以把技术进步对经济增长的贡献作为“余值”计算出来，这个余值也被称为索洛剩余或索洛余值（Solow residual）。公式（2.3）给出了计算索洛余值的方法。

$$\frac{\dot{A}}{A}=\frac{\dot{Y}}{Y}-\alpha\frac{\dot{K}}{K}-\beta\frac{\dot{L}}{L} \tag{2.3}$$

公式被称为索洛余值法，它是计算经济增长源泉的重要工具。式中的技术进步率 $\dot{A}/A$ 也被称为全要素生产率（total factor productivity，TFP）。全要素生产率是一个经济体中总产出增长率超出要素投入增长率的部分，因此，全要素生产率的增长率常常被视为技术进步的结果。多年来，经济学家们对各国经济增长源泉的经验研究都是在索洛余值的框架下进行的。

从公式（2.2）或（2.3）可以看出，经济增长因素分为全要素生产率和要素投入增长率两大类，而要素投入增长率又细分为资本投入增长率和劳动投入增长率。这些增长因素对经济增长的贡献可以相应地表述为：

全要素生产率的贡献： $E_A=\frac{\dot{A}}{A}/\frac{\dot{Y}}{Y}\times 100\%$

要素投入增长率的贡献：$E_{K+L}=1-E_A$

资本投入增长率的贡献：$E_K=\alpha\frac{\dot{K}}{K}/\frac{\dot{Y}}{Y}\times 100\%$

劳动投入增长率的贡献：$E_L=\beta\frac{\dot{L}}{L}/\frac{\dot{Y}}{Y}\times 100\%$

索洛模型明确地把经济增长的因素划分为“要素投入增加”和“要素生产率提高”两大类，在比较完整地描述和解释经济增长因素的同时，把人们对于经济增长因素的理解带入了一个新阶段，为人们量化分析各种影响经济增长因素的贡献提供了方法论基础。以索洛模型作为经济增长方式划分的依据，主要是从该模型的经济增长因素贡献的量化分析进行的。一般而言，当要素投入增长的贡献率高于全要素生产率时，我们认为经济增长主要依赖于生产要素投入，属于粗放型增长方式；当全要素生产率高于要素投入增长的贡献率时，我们认为经济增长主要依赖于要素使用效率的提高，则属于集约型增长方式。[①]

由于索洛模型把技术进步作为外生变量，因此全要素生产率成为所谓索洛余值的暗箱。新经济增长理论通过技术进步的内生化，打开了索洛余值的暗箱，使我们看到了劳动分工、知识积累、人力资本积累等带来的要素收益递增，进一步深化了我们对于经济增长因素的认识，也为探讨伴随不同经济增长阶段的经济增长方式的要素使用偏好提供了思路。

在工业化初期，各种生产要素比较充裕，促进经济增长必然倾向于通过要素投入数量的增加来进行，而当工业化达到一定水平，一般到中后期阶段，各种生产要素价格均出现上升，尤其是不可再生要素和再生速度低于使用速度的要素价格上升幅度一般更大，这促使经济增长更多依赖要素使用效率的提高，尤其是要求提高更加稀缺要素的使用效率。从一些著名的实证研究成果来看，均证明了上述结论。如肯德里克（Kendrick，J. W.，1969）研究了1889－1957年间美国私人经济增长过程中全部要素的生产率。其间美国私人经济增长率为3.5%，其中1.7%归因于资本和劳动投入量的增加，其余1.8%是要素生产率提高的结果。肯德里克又分析了1948－1966年美国私人经济增长率为4%，其中1.5%归因于要素投入量增加，2.5%归因于要素生产率的提高。这说明要素生产率提高对经济增长的贡献增大，要素生产率的提高起着越来越重要的作用。丹尼森（Denison，E.，1962）估算了各种因素对美国经济增长的贡献。研究表明1929－1969年间美国国民收入年均增长率为3.33%，其中，由要素投入总量增加带来的增长率为1.81%，占总增长率的54.4%；由单位投入量的产出量增加带来的增长率为1.52%，占总增长率的45.6%。1983年，他又对美国1948－1981年的经济增长进行了分析，发现：这期间年增长率是3.2%，其中，要素投入增长率为1.1%，贡献是34%；全部要素生产率的增长率为2.1%，贡献是66%。在两大类因素中，要素生产率的提高对总增长率的贡献已大大超过要素投入量增加所做的贡献。

（2）机器代替人力：技术进步的理论依据。在完全竞争市场上，厂商使用要素的原则是使用要素的“边际成本”（即要素价格）和相应的“边际收益”（即边际产品价值）相等。随着要素价格的上升，厂商对要素的最佳使用量即需求量将下降。当一国劳动力资源丰富，而资本要素缺乏时，在市场经济条件下，意味着劳动力相对于资本的价格便宜，厂商倾向于多使用劳动力，少使用资本。而当资本要素变得充裕，而劳动力相对不足时，则意味着资本相对于劳动力的价

① 因此，我们在本书中所说的粗放型经济增长方式实际上是以要素投入为主导的经济增长方式，集约型经济增长方式实际上是以要素使用效率提高为主导的经济增长方式。

格降低，厂商倾向于多使用资本，而少使用劳动力。厂商对各种要素的使用，是建立在一定的技术条件基础上的，即如果多使用资本，而少使用劳动力必须具有相应的劳动节约型技术进步，如图2.2所示。此外，从工业化生产的大批量、标准化要求来看，要想提高劳动生产率和保持商品质量的稳定，使用机器代替人力也是必然选择。按照马克思主义的经济理论，提高资本有机构成，同样是企业应对竞争和获取超额利润的必然选择。上述理论均证明了一点，即技术进步的方向应该是劳动节约型的，也就是说，随着经济发展水平的提高，技术进步倾向于使用更加充裕的生产要素，而少使用更加稀缺的要素。这样，当经济发展到一定阶段，能源和环境要素变得更加稀缺时，节能环保的技术进步必然发生。

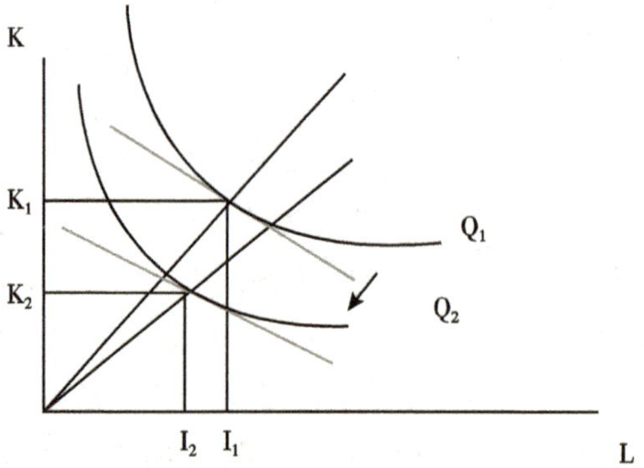

图2.2 劳动节约型技术进步

2.2.2 中国经济持续增长中要素使用的粗放型特征及其变化

李京文（1991）分析了中国1953－1988年的经济增长因素，采用了乔根森等人提出的超越对数形式的生产函数方法，估算了资本、劳动投入和生产率增长（即技术进步）对经济增长的贡献，估计结果见表2.1。

表2.1 总量产出、投入和生产率增长率（%）

	1953－1988年	1977－1988年
总量产出	6.80	8.80
资本投入贡献	5.14	3.77
劳动投入贡献	1.44	1.50
生产率增长率	0.22	3.53

资料来源：李京文、张守一．数量经济学的新发展［M］．北京市：社科文献出版社，1991.

李京文的研究表明，在1953－1988年，中国经济增长的主要源泉是资本投入，其次是劳动投入，生产率增长的贡献远低于资本、劳动投入的贡献。但在1977－1988年，这一情形发生了很大的变化，生产率的增长有了很大的提高，资本投入的贡献大大下降，劳动投入的贡献率基本不变。由此可以分析，改革开放以前，我国的经济增长方式十分粗放，要素投入对经济增长的贡献远高于生产率提高的贡献，而要素投入又主要依赖于资本要素的投入。改革开放至1988年这段时期，生产率增长对经济增长的贡献明显提高，其作用越来越重要，显示出这一阶段的农村家庭联产承包责任制改革以及城镇的企业改革，激发了劳动者的生产积极性，推进了技术进步，提高了资源的配置效率。就经济增长方式而言，尽管这一时期粗放的程度有所下降，但要素投入对经济增长的贡献仍然超过生产率增长的贡献，占到59.9%，因而经济增长方式仍然属于粗放型增长。

沈坤荣（1999）研究了1953－1997年中国经济增长的因素贡献，综合了柯布—道格拉斯生产函数和超越对数生产函数所估计的要素产出弹性，确定资本产出弹性和劳动产出弹性均为0.5。由此分析经济增长因素贡献，结果见表2.2。

表2.2　中国经济增长因素核算（阶段平均值）（%）

时期	G_Y	G_K	G_L	G_A	E_a	E_k	E_l
1953－1997	7.7	8.9	2.9	1.8	23.4	57.8	18.8
1953－1978	6.1	9.0	2.9	0.15	2.5	73.8	23.7
1979－1997	9.8	8.9	2.9	3.9	37.8	45.4	14.8
1979－1990	9.0	8.0	3.3	3.4	37.2	44.4	19.4
1991－1997	11.2	10.4	2.3	4.9	43.3	46.4	10.3
1991－1995	12.0	11.7	2.9	4.7	39.2	48.8	12.0
1996－1997	9.2	7.2	0.8	5.2	56.5	39.1	4.3

注：G_Y、G_K、G_L、G_A分别为国内生产总值、资本投入量、劳动投入量和全要素生产率（*TEP*）的年均增长率；E_a、E_k、E_l分别为全要素生产率增长、资本投入增长、劳动投入增长对经济增长的贡献份额。

资料来源：沈坤荣．1978－1997年中国经济增长因素的实证分析［J］．经济科学，1999年第（4）．

从沈坤荣的研究可以看出，1953－1997年中国经济增长的年平均速度为7.7%，其中资本投入的贡献为4.45%①，劳动投入的贡献为1.45%②，经济增长的76.7%是由生产要素投入的增加带来的，而全要素生产率增长仅为1.8%，对经济增长的贡献份额为23.4%。在生产要素投入的贡献份额中，资本投入的贡献占有主导地位，为57.8%。可见，新中国成立以来的经济增长主要是依靠生产要

① 由表中 G_Y 与 E_K 相乘所得。

② 由表中 G_Y 与 E_l 相乘所得。

素，尤其是资本要素投入的大量增加来取得的，而全要素生产率增长的贡献十分有限。但是，从分阶段情况来看，改革开放前后两个不同时期的全要素生产率（TFP）增长具有明显的差异。1952 - 1978 年，中国全要素生产率增长对产出增长的贡献份额仅为 2.5%；而 1978 - 1997 年，这一指标高达 37.8%。并且随着改革的不断深入，开放的不断扩大，这一指标呈不断上升趋势。沈坤荣对改革前的研究结论与李京文的研究结论基本一致，仅存在各因素贡献大小的微小差异，对改革后各因素贡献的变动趋势的研究也是基本一致的。从经济增长方式来看，沈坤荣认为，由于中国处于向市场经济体制的过渡时期，不完全的市场与不完全的计划同时对资源配置发生作用，各种摩擦和矛盾也十分突出，从而降低了宏观运行的稳定性，进而降低了经济运行效率，使中国经济仍然没有彻底摆脱低效运行的状态，体现出粗放型特征。

陈琳（2008）仍采用柯布·道格拉斯生产函数，研究了 1978 - 2004 年中国经济增长的因素贡献情况。估计的资本产出弹性为 0.54，劳动产出弹性为 0.46。研究结果见表 2.3。

表 2.3　中国要素投入和 TFP：增长率及其贡献率（%）

时期	GDP 增长率	资本投入增长率	劳动力投入增长率	TFP 增长率	资本贡献率	劳动力贡献率	TFP 贡献率
1978 - 2004	9.7	10.1	2.5	3.1	56.2	11.7	32.1
1978 - 1990	9.3	8.8	4.0	2.7	51.1	19.7	29.2
1991 - 2004	10.1	11.4	1.1	3.5	60.6	4.9	34.6

资料来源：陈琳．改革以来中国经济增长因素的分析及测算［J］．经济经纬，2008（3），第 26 页。

从表 2.3 可以看出，1978 - 2004 年期间，我国资本年均增长率为 10.1%，高于同期 GDP 的年均增长率，资本投入对经济增长的贡献率为 56.2%。劳动力投入在此期间对经济增长的贡献率为 11.7%，资本投入贡献大大高于劳动力投入贡献，二者的贡献率之和为 67.9%，说明要素投入在中国经济增长中发挥了主要作用。全要素生产率（TFP）的年平均增长率在此期间达到 3.1%，对经济增长的贡献率为 32.1%。从 1978 - 1990 年和 1991 - 2004 年的分阶段比较来看，1990 年之后，劳动力投入对经济增长的贡献率急剧下降，由 19.7% 降为 4.9%，资本贡献率有所上升，由 51.1% 提高到 60.6%，但要素投入的总体贡献率还是下降了，由 70.8% 下降为 65.5%。全要素生产率的贡献有所提高，由 29.2% 提高到 34.6%。就经济增长方式来说，两个阶段都主要依赖于要素投入来推动，资本要素投入的增加是最主要的推动力，属于粗放型增长。

杨飞虎（2010）进一步分析了 1952 - 2008 年期间中国经济增长的各因素贡

献情况。研究采用 C—D 生产函数，设立了中国总量生产函数模型，分别对1952 - 1977年、1978 - 2008 年、1993 - 2008 年、1952 - 2008 年这四个时期进行了分析。估计的要素产出弹性为，在 1952 - 1977 年期间，资本产出弹性为0. 398，劳动产出弹性为0. 239。在 1978 - 2008 年年期间，资本产出弹性迅速上升到0. 939，劳动产出弹性为 -0. 04。在 1993 - 2008 年期间，资本产出弹性高达0. 934，劳动产出弹性急剧下降到 - 0. 062。在 1952 - 2008 年期间，资本产出弹性高达0. 813，劳动产出弹性为0. 112①。由此分析的中国经济增长的因素贡献见表2. 4。

表 2. 4　中国资本投入、劳动投入及全要素生产率对经济增长的贡献　　%

	1952 - 1977 年	1978 - 2008 年	1993 - 2008 年	1952 - 2008 年
中国 GDP 平均增长率	6. 48	9. 85	10. 27	8. 35
资本投入平均增长率	8. 21	10. 0	10. 22	9. 20
劳动力投入平均增长率	2. 63	2. 24	1. 00	2. 42
资本投入贡献度	3. 27	9. 39	9. 55	7. 48
劳动力投入贡献度	0. 63	-0. 09	-0. 06	0. 27
全要素生产率贡献度	2. 58	0. 55	0. 78	0. 6
资本投入贡献率	50. 47	95. 33	92. 99	89. 58
劳动力投入贡献率	9. 72	-0. 01	-0. 006	3. 23
全要素生产率贡献率	39. 81	5. 67	7. 016	7. 19

注：上述指标均按照 1952 年不变价进行核算。

资料来源：杨飞虎．中国经济增长因素分析［J］．经济问题探索，2010（9），第 5 页。

从表 2. 4 可以看出，资本投入是中国经济增长的主要源泉，其对经济增长的贡献率从 1952 - 1977 年间的 50. 47% 上升到 1978 - 2008 年间的 95. 33%；而劳动投入经济增长的贡献率从 1952 - 1977 年间的 9. 72% 急剧下降到 1978 - 2008 年间的 -0. 01%。在整个 1952 - 2008 年间，资本投入对经济增长的贡献率高达89. 58%，劳动投入仅为 3. 23%。在 1952 - 1977 年间，全要素生产率对经济增长的贡献率为 39. 81%；而 1977 - 2008 年间，贡献率急剧下降为 5. 67%，但在1993 - 2008 年间，其贡献率缓慢上升到 7. 016%。在整个 1952 - 2008 年期间，全要素生产率对经济增长的贡献率仅为 7. 19%，略高于劳动投入的贡献率。

综合上述分析，尽管研究结论因研究方法和数据口径的差异，存在一定分歧，但都反映出一个事实，就是迄今为止，中国的经济增长仍然主要依赖于要素

① 杨飞虎认为劳动力在中国经济增长中的低贡献率，是由于全国范围的大量劳动力剩余，农业部门和城市非公有制经济部门的就业岗位技术含量低，传统国有部门仍存在大量隐性失业人员。

投入即粗放型经济增长方式，而要素投入又主要依赖于资本的投入，资本投入增长迅速且增速提高，劳动投入增长缓慢且增速下降，全要素生产率有所提高，但十分缓慢。

2.2.3 中国经济发展阶段的适应性分析

2.2.3.1 中国粗放型使用要素的经济适应性

经济增长是由企业实现的，而企业依赖于要素价格体系，其决策是在生产给定产出的前提下，根据要素的相对价格来选择要素投入组合以实现成本最小化。因此，企业面对的相对要素价格体系就决定了企业选择的要素投入组合，因而也就最终决定了整个宏观经济的要素使用特征。一国的要素价格体系又主要取决于该国的要素禀赋结构特征和政府的干预。一般来说，一个国家某种要素越丰裕，它的相对价格就越低，越稀缺的要素的相对价格就越高。

生产要素一般可分为三种，即劳动、资本和土地，这三种要素如何进行组合以从事生产则依赖于技术。一个企业要获取这三种要素和技术，都要付出一定的成本。① 就中国的要素禀赋结构来看，劳动力资源最为充裕，资本和土地（自然资源）次之，而技术最为短缺。由此形成的要素价格体系表现为劳动力价格相对最低，资本和土地次之，而技术相对最为昂贵。这里的技术是指凭借自主研发实现的。由于我国尚处于发展中阶段，进行自主研发实现技术进步往往需要很高的研发投入，因而价格高昂，风险大，在其他国家有现成技术可以引进的情况下，通过引进技术来推进技术进步，取得技术的成本和风险都较低，更具有经济合理性。不过，引进的技术一般包含在所购买的技术设备里，在进行经济增长核算时会表现为资本增加，而不是索洛剩余量的增加，也就是不表现为全要素生产率对经济增长的贡献。相反，如果以自主研发来取得技术进步，研发成本不被包括在经济增长核算中，所以，自主研发所获得的技术进步就会表现为经济核算中的索洛剩余值，也就是全要素生产率的增长。另一方面，随着中国经济的持续快速增长，劳动力和土地价格出现相对上升趋势，迫使企业逐渐改变要素投入结构，开始重视研发投入，以促进技术进步。因此，中国经济增长的要素使用特征表现为主要依赖于要素投入的粗放型，一方面迅速成长为“世界工厂”，发展出大量以加工组装为主的劳动密集型企业，大量农村剩余劳动力进入城镇就业；另一方面全要素生产率对经济增长的贡献率虽然不高，但呈现缓慢升高的趋势。尽管资本价格相对较高，但在发达国家主导的技术进步以资本密集性技术为主的情况下，

---

① 由于大多数有关经济增长因素分析的研究是从 C－D、CES 等生产函数出发，没有涉及土地要素，或将其包含到了资本当中。

企业不得不通过加大资本投入提高竞争力，这在宏观上就表现为以大规模资本投入促进经济增长，这和一个发展中国家在工业化初级阶段依赖大规模资本投入的发展模式是相符合的。可以说，这些生产要素使用的粗放型特征都具有一定的经济发展阶段适应性。

2.2.3.2 中国粗放型使用要素的经济不适应性

如前所述，经济增长是由企业实现的，而企业是在一定的要素价格体系下进行最优化的。对于企业来说，这个要素价格体系是外生的，单个企业无力决定。然而，对于整个宏观经济来说，要素价格体系却是可以调节的，政府可以根据需要调节要素相对价格，比如说可以通过货币政策调节利率，可以通过财政政策、行政手段或法律手段调节工资水平、利率水平、自然资源和能源的价格等。随着要素价格体系的变化，企业所选择的最优要素配置结构也会发生变化，从而宏观经济的经济增长方式也会变化。因此，政府对要素价格体系的调节如果趋于真实反映要素的稀缺程度，则这种调节越有助于要素配置效率的提高，在此基础上实现的经济增长方式也越接近于适合本国要素禀赋特征的最优经济增长方式。但是从中国要素价格体系形成中的政府干预来看，存在着使要素价格严重扭曲的现象，主要表现在以下方面：

（1）政府干预下的自然资源（包括能源）的价格长期偏低。中国的能源和原材料价格仍然没有市场化，自然资源价格形成体系不合理，对环境成本的估计不足，价格偏低，不能真正反映中国自然资源的稀缺性。由此导致中国生产过程中的自然资源消耗非常惊人。从表2.5和表2.6可以看出，中国单位GDP能耗居高不下，大大高于世界平均水平，与发达国家相比，差距悬殊，是日本的10倍，德国的7倍，甚至比同为发展中国家的印度还高出31%-45%。中国对石油、水资源、钢材、水泥、有色金属等资源的消耗同样居于世界前列，不仅远高于发达国家和地区，也大大高于世界平均水平。中国每产生一万美元的GDP所需消耗的石油、水资源、钢材和水泥分别是世界平均水平的3倍、4倍、6.8倍和11.6倍。

（2）政府干预下的资本价格长期偏低。中国在计划经济体制下，实行重工业优先发展战略，人为压低利率，使利率水平长期低于市场价格，这一现象在改革开放后仍没有实质改变，仍然奉行低利率政策。作为一个发展中国家，资本本不充裕，但名义利率在有的时期却低于美国，如2007年6月一年期人民币贷款基准利率为6.57%，与美国当时6.5%的再贴现率水平持平。另外，中国特有的所有制结构，国有银行控制了大部分金融资源，主要贷款放给国有企业，银行没有谨慎贷款的激励，国有企业也没有还贷的动力，甚至一些非国有企业凭借人情贷也是如此，这使得企业实际支付的贷款利率可能更低。企业赖账得不到应有的制约，进一步加剧了中国信贷市场的逆向选择和道德风险。

表 2.5 中国与其他国家单位 GDP 能耗的国际比较

国家	单位 GDP 能耗（吨标油/万美元）		单位 GDP 能耗比率（中国/外国）	
	2002 年	2003 年	2002 年	2003 年
中国	8.56	8.93	1.00	1.00
印度	6.54	6.18	1.31	1.45
韩国	2.88	2.89	2.97	3.09
日本	0.88	0.86	9.68	10.40
俄罗斯	13.70	13.26	0.62	0.67
德国	1.22	1.23	7.03	7.28
法国	1.40	1.42	6.11	6.27
英国	1.63	1.61	5.24	5.56
意大利	1.44	1.47	5.95	6.09
加拿大	3.90	3.86	2.19	2.31
美国	2.50	2.43	3.43	3.68
世界	2.67	2.68	3.20	3.33

资料来源：《世界经济年鉴 2004/2005》，中国社会科学院世界经济与政治研究所，2005 年。

表 2.6 万美元 GDP 所耗资源的国际比较

	石油（千克石油当量）	水资源（立方米）	钢材（千克）	水泥（吨）	有色金属（千克）
中国	8500	3710	1639.9	5716.3	81.9
美国	2100	430	91.8	98.2	9.8
法国	1480	180	85.6	117.8	10.4
德国	1380	190	140.2	124.4	16.6
日本	1170	210	170.7	187.2	9.8
英国	1260	70	67.5	115.3	6.1
新加坡	4240	20	317.2	394.3	10.7
韩国	3500	390	756.6	963.2	46.1
世界平均	2720	920	242	492.5	—

资料来源：中国科学院可持续发展战略研究组：《2006 中国可持续发展战略报告》，科学出版社，第 284－307 页（—表示无法获得数据）。

（3）劳动者权益不能有效保障降低了劳动力实际价格。中国劳动力资源非常丰富，劳动力廉价十分正常，但劳动力价格再低廉，其底线应该基本能够保障劳动力的再生产。但在中国，由于劳动者尤其是农民工权益得不到有效保障，拖欠工资甚至逃避支付工资的现象时有发生，工作日、节假日加班往往不支付或者少支付加班工资的现象很多，农民长期离乡背井打工，在恶劣的工作环境下劳动往往缺乏必要的劳动保护，身心健康严重透支，工人、农民等劳动者的实际社会保障水平很低。这些方面的影响进一步降低了劳动力的实际价格。

（4）对知识产权的保护不力提高了技术的实际价格。中国作为发展中国家，企业进行自主研发的投入高、风险大，即使取得了研发成果，由于市场的法制环境不完善，知识产权被侵犯的现象很多，某种新产品一上市，市场上很快就会出现大量假冒伪劣产品，企业为维权还需支出打假、诉讼等费用。这使得企业自主研发的实际成本提高，提高了技术要素的实际价格。

政府在以上方面的干预不力或乱干预，导致了中国要素价格的扭曲，表现为资本价格严重偏低、劳动力价格偏低和技术价格偏高，由此形成的要素相对价格体系，必然促使企业倾向于多使用资本、劳动力等要素资源，而不愿进行自主研发。由此形成了比一般情况下更为粗放的经济增长方式，表现出比经济发展阶段与我国类似的发展中国家更低的资本利用效率、更高的自然资源消耗等不适应性特征。

2.3 北京市经济持续增长中的要素使用特征变化

改革开放 30 多年来，北京市经济增长取得了很大成就。国内生产总值从 1978 年的 108.8 亿元到 2011 年的 16251.9 亿元，2013 年更达到 19500.6 亿元。从 1978 年到 2011 年，按可比价格计算 GDP 增长了 26.5 倍，年均增速达 10.5%，快于同期全国平均水平（增长 21.5 倍，年均增速 9.9%）。特别是 1997－2007年间，北京市以高于全国年均增速 2 个百分点持续增长了 10 年，可以说是经历了一个黄金增长期。但是 2008 年以来，由于要素对于经济增长的约束不断强化，北京市经济增长动力有所减弱，增长速度显现下移趋势，这一趋势与全国经济增速变化相比显得更加突出（北京市经济增速由 2007 的 14.5% 下降到 2011 年的 8.1%，下降了 6.4 个百分点，同期全国平均增速下降了 4.9 个百分点）。在这样的局面下，需要理清导致这一变化的影响因素，以便北京市政府积极采取相应措施，提高北京市经济增长的质量和持续性。

2.3.1 北京市经济增长过程中要素使用的阶段性分析

2.3.1.1 潜在产出测算的参数选择

在 HP 滤波法运用中，平滑参数的选择至关重要，选取较小的参数，测算结果可更多反映短周期与中长周期特征共同作用的特征；选取较大的参数，测算结果则更多反映中长周期特征。EVIEWS 软件平滑参数默认为 100，OECD 选取 25，Ravn、Uhlig（2002）则选取 6.25 作为最佳平滑参数。我们分别测算了不同参数下北京市潜在产出 HP 滤波结果（见图 2.3）。结果显示，参数为 6.25 的滤波结果保留了经济运行的中、短周期因素，与实际增长率序列比较接近；参数为25和100的滤波结果较为光滑，更能反映长期趋势。进一步地，从潜在增长率的内涵出发，通过不同参数测算出的产出缺口[①]与物价变动数据的比较，可以看出，参数为25的测算结果与物价变动的相关性更为显著，更能体现“潜在增长率体现了在充分利用各种投入要素的同时实现了物价水平稳定”的内涵（见图2.4）。

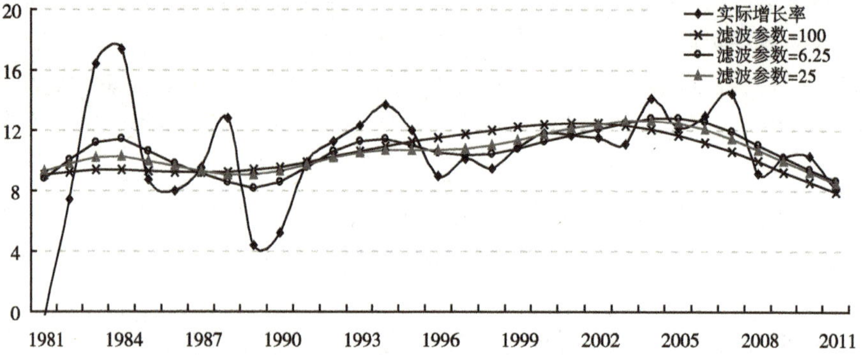

图2.3　北京市实际增长率与不同参数下的滤波结果对比

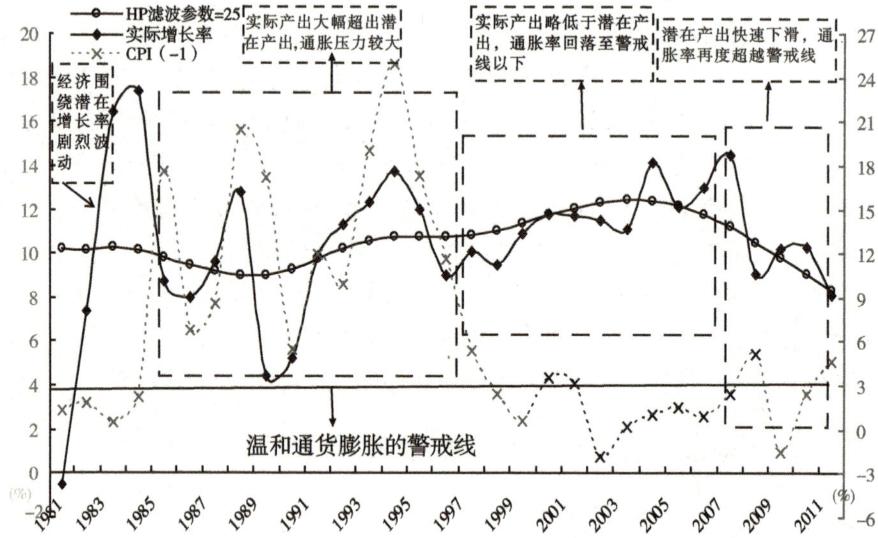

图2.4　产出缺口与CPI的关系

注：左轴为经济增长率，右轴为通货膨胀率。

① 产出缺口是指经济体的实际产出与潜在产出的相对差额；产出缺口＝（实际产出－潜在产出）/潜在产出。

因此，我们采用平滑参数为25的HP滤波测算结果作为分析北京市潜在产出的基础。分析图2.4中潜在增长率、实际增长率与CPI的关系，可以看出，通货膨胀不直接决定于实际经济增速，而是决定于实际增长率与潜在增长率的比较，当实际产出大幅超出潜在产出时存在正的产出缺口，就会导致较大的通胀压力，反之，当实际产出低于潜在产出时存在负的产出缺口，通胀率下降甚至会出现通货紧缩。同时，通货膨胀的显现与产出缺口相比会有几个月的滞后期，如图中显示的2008年经济增速下滑和通胀率上升并存就是这一滞后期的具体体现，观察最新趋势我们可知，在潜在增长率快速下滑的趋势下，尽管实际经济增长率相对较低，如果仍然存在正的产出缺口，也会导致通货膨胀现象出现。

2.3.1.2 潜在产出的测算结果

我们将图2.3和图2.4进行整理，以平滑参数为25的HP滤波结果为标准绘制北京市潜在增长率阶段性变化趋势图（图2.5）。从测算结果可以看出，1981－2011年北京市潜在增长率基本保持在［8，12.5］的区间，年均增幅为10.2%左右。进一步分析其变化走势，改革开放以来北京市潜在增长率的变化大致经历了1981－1990年、1991－1997年和1998－2005年三个完整的阶段，各阶段的潜在增长速度稳步上扬，迈上新台阶。目前正处于2006年以来的第四个阶段，开始呈现放缓甚至大幅下降态势，这一趋势尚未看到明显扭转迹象。这一现象表明，北京市的潜在产出增长速度进入了路径下移的通道，并有可能形成一个新常态。

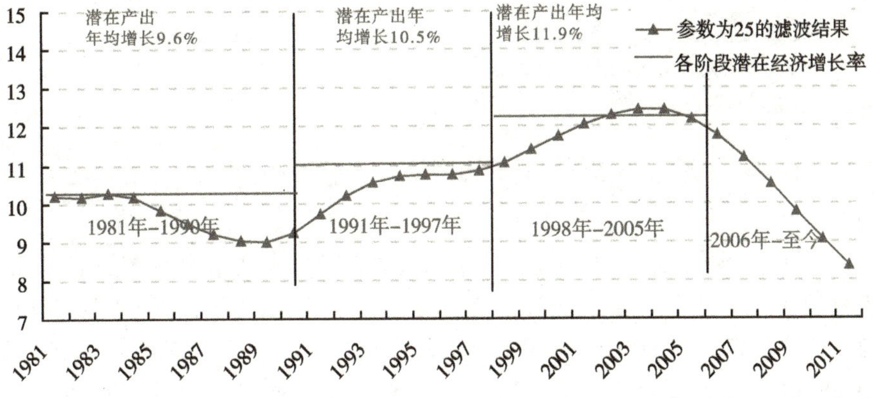

图2.5　北京市潜在增长率

2.3.1.3 北京市经济增长过程中要素使用状况的阶段分析

要素投入规模与要素产出效率的变化带来了潜在增长水平的变动。进一步分析可以发现，当改革取得较大突破、生产力得到巨大解放时潜在增长率趋于上升；改革步伐放缓、原有经济体制不能适应生产力发展新的需要时潜在增长率趋于回落。可以说，潜在增长率的变化取决于生产要素规模扩张与生产要素效率提升，而资源投入状况与配置效率则与经济运行的体制机制环境、城市功能演变等诸多因素密切相关，要素规模扩张、要素效率提升的演进历程实质上是这些因素适应生产力发展过程的外在体现。改革开放以来北京市潜在增长率四个阶段的演化特征规律各有不同，结合各发展阶段的主要经济指标（见表 2.7），我们进一步分析这四个阶段。

表 2.7　各发展阶段主要经济指标比较

	1981 - 1990	1991 - 1997	1998 - 2005	2006 - 2011	1981 - 2011
实际增长率	8.8	11.2	11.6	10.8	10.4
潜在增长率	9.6	10.5	11.9	10.1	10.2
物价涨幅	7.9	14.1	1.3	2.3	6.4
固定资产投资实际增长	10.1	13.2	13	15.3	11.8
固定资本存量增速	20.4	13.5	12.6	12.1	3.6
资本效率	0.5	0.26	0.23	0.21	0.28
15 - 60 岁人口比例	69.7	69.4	75.2	78.8	—
从业人员年均增长	2.6	0.6	3.7	3.3	2.6
劳动生产率提升速度	6.2	10	7.8	7.6	7.8
终端能源消费总量增长	3.4	4.4	5.1	4.6	4.3
万元 GDP 能耗下降率	4.82	5.85	5.84	5.99	5.53

注：1. 15 - 60 岁人口比例为区间末点数据。2. 2011 年从业人员、劳动生产率提升速度为预估数，终端能源消费总量数据截至 2010 年。

第一阶段（1981 - 1990）：要素规模快速扩张成为潜在经济增长率上升的主动力。

（1）要素投入规模。20 世纪 80 年代，随着国家和北京市对城乡居民和企业自主权的逐步放开，大量经济资源得以盘活。北京市固定资产投资实际以年均 10.2% 的速度增长，到 1990 年固定资本存量[①]（可比价，下同）规模扩张至 1980 年的 6.4 倍，年均增长 20.4%。知识青年大规模返京加速了人口扩张，常住人口年均增加 18 万，其中 15 - 60 岁人口占比由 70 年代的不足 65% 提高到

① 1981 - 1999 年固定资本存量数据来自于 2004 年《经济研究》中，张军、吴桂英、张吉鹏于发表的“中国省际物质资本存量估算：1952 - 2000”；2000 年以后固定资本存量数据依据该文中的方法计算得出。

70%左右，从业人员年均增加15万人。经济快速增长加大了对能源的消耗，能源消费总量年均增长3.4%。

（2）要素使用效率。由于改革措施不配套，生产要素流动不足，要素规模的扩张并未带来要素效率的同步提升，资本效率指数（产出资本存量比率）由1980年的0.81快速回落至1990年的0.31，年均回落幅度高达0.05；社会劳动生产率增速（可比价，下同）由1985年高峰时期的15%降至1990年的2%；万元GDP能耗下降率也由1983年的11.2%回落至1990年不足2.9%的水平。

综上所述，第一阶段的潜在经济增长率主要是由资源要素投入规模的迅速扩张所带动的，这一时期北京市的潜在增长率水平上升至9.6%。

第二阶段（1991-1997）：要素配置效率提升成为潜在经济增长率提高的重要驱动力。

（1）要素投入规模。20世纪90年代初期到中期，北京市资源要素投入呈现规模缓慢扩张态势。固定资本投资年均实际增速为13.2%，80年代以来的经济增长模式相对粗放，从而开始使新增固定资产投资形成的存量增速有所放缓，年均增速为13.5%，比第一阶段明显降低；但劳动人口仍然延续了快速增长，表现在北京市常住人口这一时期以年均22万的规模扩张，其中15-60岁人口保持在70%左右，经济总量的提升和人口增加促使能源消费总量年均增长4.6%。

（2）要素使用效率。随着社会主义市场经济地位的逐步确立，各项体制改革措施稳步推进，多元化的所有制格局逐步形成，资源流向生产率高的部门使要素产出效率明显改善。民营资本的投资规模由1990年不足7亿元的水平上升至1997年300多亿元，其比重也由1980年代的7.1%上升至23.4%，资本使用效率通过优化增量的方式得以改观，七年间，资本效率指数年均回落幅度由上一时期的0.05收窄至0.03。这一时期劳动者素质明显提升，每十万人拥有大专及以上受教育程度的人数提高80%；产业结构调整、乡镇企业蓬勃发展等进一步加快了劳动力在产业间的转移速度，一、二产业向第三产业年均转移劳动力规模达到10万人，推动劳动效率大幅提升，社会劳动生产率年均增速上升至10%。科技实力不断加大，专利授权量快速上升，带动全要素生产率大幅上升；能源使用效率也大幅提升，万元GDP能耗年均下降率由上一时期的4.8%上升至5.9%。

综上所述，第二阶段的潜在增长率上升是由要素投入规模缓慢扩张和要素使用效率快速提升共同推动的，其中，要素配置效率提升发挥了较大作用。这一时期北京市潜在经济增长率再上新台阶，由上一时期年均9.6%大幅提升至10.5%。

第三阶段（1998-2005）：要素规模扩张与使用效率提升共同推动潜在经济增长率上升。

（1）要素投入规模。北京承办奥运和我国加入世贸组织对各方面都提出了更高要求，这一时期北京市固定资产投资年均实际增长13%，固定资本存量年均增长12.6%，延续了上一阶段的平稳增长态势；而常住人口以年均37.2万人的规模扩张，超出了上一阶段50%，其中15－60岁人口占比稳步攀升到75%左右；能源消费总量年均增长达到5.1%。

（2）要素使用效率。买方市场初步形成，伴随我国经济体制改革的进一步深化和城市化进程不断加快，需求与市场成为经济资源配置的重要手段，要素投入快速扩张的同时，要素流动性有所增强。与此同时，金融体制改革的推进，现代企业制度的完善和预算约束趋于硬化，使要素生产效率大幅提升，资本使用方式更为集约；劳动力资源配置更趋优化，第三产业从业人员比重上升至67%，年均上升两个百分点以上，社会劳动生产率提升速度仍保持在7.8%的较高水平，而这一提升是在人口规模迅速扩张的基础上取得的，更显不易。成功入世在促进北京市外向型经济快速发展的同时，也使区域科技水平、管理水平获得较大提升，这一时期的全要素贡献率接近60%。

综上所述，在要素规模快速扩张与要素效率提升的双重推动下，这一时期北京市经济竞争力更趋强化，年均潜在增长率达到11.9%，明显高于10.1%的全国平均水平；与此同时，宏观调控手段不断完善，经济运行更为平稳，实际经济增长11.6%，与潜在增长速度之差仅为0.3个百分点，物价涨幅大幅回落至1.3%。这一时期是北京市经济增长的黄金期。

第四阶段（2006至今）：制度红利减弱和城市承载能力制约使要素效率提升放慢成为潜在增速放缓的主要原因。

与以往发展阶段相比，2006年以来的新阶段影响潜在增长率的因素及其作用更加复杂。

（1）要素投入规模。这一时期资源要素投入依然充足，固定资产投资年均实际增长15.3%，固定资本存量年均增长12.1%，特别是由2006年的14%以上回落至2011年的10%，扩张速度开始呈现稳步放缓趋势；但是常住人口以年均80万人的规模扩张，其中15－60岁人口占比稳定攀升至2010年的78.8%，这一增速大大超过了以往阶段，已经给北京市的资源、环境、交通造成越来越大的压力，城市承载能力不足的问题日益凸显，特大城市长期高速发展所带来的各种日益错综复杂的问题对经济增长的影响不断显现。

（2）要素使用效率。以往的改革红利逐步减弱、受国际金融危机影响外部环境不确定性因素上升、收入分配、资源价格理顺等一些关键性领域的改革滞后、新的经济发展格局所需的制度环境仍需完善，技术引进消化吸收空间缩小，自主创新的拉动作用尚在积累中，使得北京市要素产出效率提升速度放缓，

2006－2011年，资本效率指数由0.23回落至0.21；过多劳动人口增加并向第三产业转移，影响了第三产业劳动生产率提升速度，劳动力产业间转移对于提升社会劳动生产率的积极作用正在弱化，使得劳动生产率提升速度亦有所放缓。在生产效率放缓的作用下，2006－2011年潜在增速快速回落至10.1%，降幅高达1.8个百分点。

除了要素投入规模和要素使用效率对潜在经济增长率产生的影响外，可能还有更深层次因素的影响。首先，任何一个经济体的潜在经济增长率的高低，都是与该经济体的经济增长阶段相联系的①。与全国工业化的总体程度处于中期的特征不同，北京市已经进入工业化后期。在工业化初期到中期的发展过程中，主要依靠资本、劳动、自然资源投入是各国和地区工业化的普遍特征。这是由工业化自身的特点决定的：工业化不仅有巨大的自我扩张空间和增值能力，并且具有改造传统产业的能力。显然，这需要大量的要素投入，而且这种主要依靠要素投入的粗放型增长方式会带来较高的经济增长速度。但是当工业化进入后期，工业自我扩张的空间减小和增值能力减弱，以及传统产业（主要是农业）也已经实现工业化以后，主要依靠要素投入的粗放型增长方式就要让位于以主要依靠要素使用效率提高为特征的集约型增长方式。无论集约型经济增长方式能否建立起来，潜在经济增长率都会下降，发达国家目前均处于这一阶段并具有低增长速度的特征，北京市也不会例外。

综上所述，受城市承载能力的制约、制度改革红利下降、外部不确定性因素的影响，特别是北京市经济增长的阶段性特征，都决定了北京市的潜在经济增长路径已经进入下降通道。因此，要实现经济可持续增长，就必须进一步深化市场化取向的体制改革以延续制度红利，同时要加快转变经济增长方式、加快基础设施投入和促进人口、资源、环境协调发展。此外，增强城市承载能力的重要性比以往任何时候都更加突出。

2.3.1.4 潜在经济增长率变化的国际比较

20世纪以来，德国、日本、韩国等成功跨入高收入行列的后发“赶超”型经济体，在经历了一段为时20年或更长的高速增长期后，经济增长速度都出现了明显下降。这些经济体在转入一个速度较低的增长平台时，均呈现出诸多相似的经济特征，见表2.8。

对比分析这一历程对深入分析中国和北京市当前潜在经济增长率出现下降趋势具有很好的借鉴意义。

---

① 参见张连城著《中国经济增长路径与经济增长周期研究》，中国经济出版社2012年出版。

表 2.8 部分国家和地区经济增长阶段变化

国家和地区	高速增长阶段		人均 GDP（国际元）	中低速增长阶段	
	时期	年均增速（%）		时期	年均增速（%）
日本	1946－1973	9.4	11434（1973 年）	1974－1992	3.7
				1993－2008	1.1
韩国	1946－1995	8	11850（1995 年）	1996－2008	4.6
中国台湾	1959－1989	9.2	9538（1989 年）	1990－2000	6.4
德国	1947－1969	7.9	10440（1969 年）	1970－1979	3.1

资料来源：《世界银行》统计数据。

2.3.1.4.1 后发“赶超”型经济体经济增长变化

我们选取日本、德国、韩国和我国台湾地区这些后发“赶超”型经济体进行分析。如表 2.9 所示。从表 2.9 可以看出，日本在经历了 1946－1973 年间长达 27 年的年均增速 9.4% 的高增长阶段后，逐步过渡到中低速增长阶段，降速幅度达到 60%；我国台湾地区在经历了 40 年的高速增长后，也进入中低速增长阶段，20 世纪 90 年代以来，台湾地区发挥祖国大陆腹地优势，加快岛内的产业转移和结构升级，岛内经济与大陆经济的联系日益紧密，在大陆经济增长持续高速扩张的带动下，相比较其他赶超型经济体下降幅度最小，但仍然有 30% 的降幅。相类似的，韩国、和德国在分别经历 49 年和 22 年的高速增长后，相继进入了中低速增长阶段，降速幅度在 40%－60% 之间。

表 2.9 伴随增长下行的产业和需求结构阶段

	国家和地区	起点	峰值	近期
产业结构（工业增加值占 GDP 比重）	日本	20%（二战后）	46%（1970 年）	<30%（2007 年）
	韩国	15%（二战后）	43%（1991 年）	37%（2007 年）
	中国台湾	<27%（1961 年）	47%（1986 年）	42%（1991 年）
	德国	—	53%（1965 年）	30%（2008 年）
需求结构（投资率）	日本	上升（二战后）	37%（1973 年）	23%（2007 年）
	韩国	11.4%（1960 年）	39%（1991 年）	29%（2008 年）
	德国	25%（50 年代）	28%（1965 年）	19%（2008 年）

资料来源：《世界银行》统计数据。

2.3.1.4.2 后发“赶超”型经济体潜在增长率下降的共同特征

仔细对比，可以发现这些后发“赶超”型经济体潜在增长率下降时期的共同特征，具体表现在：第一，经济增长率通常在人均 GDP 达到 11000 国际元①左右开始逐步下降，即出现潜在增长率下移趋势，从而使该国或地区从高速增长阶段过渡到中低速增长阶段，增长率下降幅度在 30% -60% 不等（见表 2.8）。第二，经济高速增长阶段伴随着工业化和城市化进程的加快。第三，经济增长率“下台阶”前后，产业结构和需求结构发生显著变化，表现为“两个下降和上升”。即产业结构中工业产值占 GDP 的比重开始下降而服务业产值比重则相应上升，需求结构中投资率开始下降而消费率相应上升（见表 2.9）。第四，经济增长率“下台阶”该国或地区进入中低速增长阶段后，城市化进程与高速增长阶段相比明显放缓（见表 2.10）。也就是说，这些国家和地区的乡村人口在经济高速增长阶段大都已经转移到城镇地区了，城乡人口流动基本停滞。

表 2.10　伴随增长下行的城市化推进速度

国别	城市化率	城市化率	城市化率	年均推进速度	年均推进速度
日本	1945 年	1973 年	2008 年	1945 - 1973	1973 - 2008
	27.8	55.4	66.5	0.99	0.32
韩国	1950	1995	2008	1950 - 1995	1995 - 2008
	20.9	78.2	81.5	1.27	0.25
德国	1950	1969	2008	1950 - 1969	1969 - 2008
	52.9	72.2	73.6	1.02	基本稳定

资料来源：《世界银行》统计数据。

2.3.1.4.3 潜在增长率下降呈现共同特征的原因解释

这些赶超型经济体潜在增长率下降并呈现共同特征的背后，是各经济体存在着相似的发展路径。如当人均 GDP 达到 1 万国际元左右的发展阶段时，技术水平接近世界技术前沿，引进和模仿空间缩小，要素成本加快上升；需求扩张速度减缓，致使大量投资的基础设施、住宅和相关产业扩张速度放慢。需求和供给两方面的变化，使支撑经济高速增长的一组条件难以为继，从而导致这些经济体转入中速增长阶段。值得关注的是，转入中速增长阶段并不仅仅是增长速度的改变，更重要的是反映了经济结构的大幅度变动，和经济增长动力的转换。即工业主导逐步转为服务业主导；投资驱动转换为消费驱动；经济增长逐步由要素规模投入转向以创新为主引擎的发展轨道，节能环保产业快速发展。

---

① 在经济增长的国际比较研究中，著名经济史学家麦迪森的世界经济史数据，具有较高的权威性和公认度。麦迪森数据采用购买力平价和国际多边比较方法，以 1990 年为基准水平，其计量单位简称 1990 年国际元。

2.3.1.4.4 “赶超”型经济体经济增长率变化给我们的启示

通过国际比较，分析中国和北京市当前的经济增速下降趋势，可以得到以下启示：

（1）对中国而言，即使不考虑本次国际金融危机的影响，经济增长率也即将出现下移趋势，只不过本次外部经济冲击使得这一趋势相对提前。按照1990年国际元计算，2010年中国人均GDP已经达到7864国际元，按照目前的增长态势，再过3~5年中国人均GDP将有很大可能达到成功赶超型国家经济增长“自然回落”时所达到的11000国际元的水平。与此同时，增长速度自然回落必将伴随着大幅度结构变动，30多年来经济高速增长所依托的基本因素也将发生重要调整和重新组合，需要通过制度变革，防范化解高增长时期积累的财政金融风险，形成新的增长动力，积极推动发展方式转变，特别是通过积极稳妥推进城镇化进程和科技创新使中国经济由30多年的高速增长成功转入到新的中高速增长阶段，按照我国城镇化水平每年提升1个百分点的速度和表4中所列的赶超型国家的转折点分析，我国至少还有20年的中高速和中速增长时期。

（2）外部资源要素向北京市的持续聚集掩盖或拖延了自身潜在产出增长率下移的趋势，一旦外部资源要素的吸纳和承载能力提升受到限制，潜在经济增长率下移就不可避免。对北京市而言，粗略估算2011年北京市人均GDP已超过2万国际元，按照人均GDP增速倒推2006年应该在1万国际元左右。自2006年以来，经济运行中也呈现出与其他“赶超”经济体相类似的经济特征：一是2006年潜在增长快速下移态势较为明显，基于HP滤波测算2011年潜在增长率由2006年的12%左右下降至不足9%；二是消费对于经济增长的作用显著增强，2006年以来消费率首次超过投资率，投资与消费的地位发生了根本性的转变；三是第三产业增加值比重超过了70%，经济进入到后工业化发展时期；四是，2005年城市化率已突破80%，彻底告别了高速城市化的发展阶段。因此，从以上分析的国际经验判断，未来国家和北京市经济增长速度都将有所放缓，对中国整体而言，由高速增长向中高速增长的拐点已经来临，而对北京市而言，正在经历这一逐步调整的发展新阶段。

2.3.1.5 拐点前后北京市潜在增长率变动的因素分析

以2006年北京市潜在增长率开始出现下移趋势为标志，拐点之前阶段北京市的潜在增长率逐步迈上新台阶，取得了持续高速增长的较好业绩，拐点之后北京市逐步进入由高速增长向中高速增长的发展新阶段。本部分我们针对2006年前后影响北京市潜在增长率变动的因素进行深入分析，从而提升我们对发展新阶段的认识能力。

2.3.1.5.1 拐点之前北京市潜在增长率逐步攀升的因素分析

改革开放以来至2006年，在市场化改革制度红利、人口红利、资源要素规模投入扩张等因素影响下，北京市以超过全国平均水平的增速长期高速增长，潜在经济增长率逐步攀升，具体分析其主要影响因素有以下方面：

（1）市场体制不断完善，市场配置资源的能力显著提升。为适应生产力发展的需要，改革开放以来，中国相继提出了“计划经济为主，市场调节为辅”“有计划的商品经济”的改革思路并付诸实践，陆续推动农村、城市经济体制改革，并于1992年开始推行社会主义市场经济体制。要素市场逐步建立并不断完善，政府职能改革、国企改革稳步推进，与市场经济相协调的法律环境、市场监管不断完善，以体制创新为基础，逐步形成了以公有制为主体、多种经济成分共同发展的所有制格局，基本形成了包括要素市场、产品市场等在内的比较完备的市场体系。经济体制改革带来了生产力的高度解放，微观经济主体自主性不断增强，生产积极性被充分调动，活力得到极大地释放，成为经济发展的重要源泉；市场价格的陆续放开大大增强了生产资料的流动性，显著提升了增长效率，带动经济快速发展。

（2）买方市场逐步形成，效率提升空间大幅拓展。经历多年的经济发展，北京市有效供给能力不断提升，社会商品极大丰富，国民经济实现了“卖方市场”向“买方市场”的转变。告别了短缺经济时代。生产要素对经济增长的作用机制也发生了重大转变，由直接形成供给转变为通过市场引导需求来重新配置形成供给。如资本由短缺经济时期的“资本积累→提高产成品生产能力→缓解供给不足”转变为“依靠价格信号寻找市场需求→市场需求指导下进行投资→调整供给结构→增加优质供给能力”。多样化的需求引导生产要素配置到经济生活的各个领域，有效避免了资源过度集聚带来的边际效率的快速下降，效率提升的空间得到了大幅拓宽。同时，需求导向的经济结构有效地推动了经济体制机制改革和政府职能转变的改革，并且改革的模式也正在由增量改革向全面纵深发展，为进一步挖掘市场需求，完善市场经济体制，解决制约潜在能力提升的资源配置失衡的问题奠定了坚实基础。

（3）两种资源、两个市场合理配置优化了北京市经济发展的要素使用效率。改革开放以来，我国充分利用两种资源和两个市场，利用外资水平不断提高，带来进出口规模的不断扩大，出口扩大为东部沿海地区农村富余劳动力的转移创造了条件，提高了劳动生产率。更重要的是，相对于出口消费品而言，进口大都是资本品和中间品，对技术的带动作用明显。外资企业的入驻与外商投资的增加客观上促进了中国企业全面参与和全球竞争力的提升，并加速孕育和形成了大批科技型中小企业，大大改善了技术创新环境和创新条件。技术创新经历了技术引进

—模仿创新—自主创新的变化历程，逐步实现技术的本土化和技术升级，提高了生产效率。特别是加入 WTO 以后，众多国内、国外的总部型企业在北京市集聚，为北京市合理引进外部资金和技术创造了条件，为经济增长提供了资金、技术和智力支持。随着北京市发展战略的调整、技术市场的健全与完善以及集约发展压力的加大，推动技术进步转化为生产力的节奏不断加快。技术创新的溢出和辐射效应推动北京市经济发展的高端化，增强了经济发展的持续性。

（4）软硬件环境改善助推优质高端资源加快集聚，先发优势巩固提升。北京市作为全国的首都，是政治、文化、科技、信息、经济决策中心和国际交往中心，具有明显的资源集聚和整合优势。特别是以 2008 年举办奥运会为契机，北京市交通、通讯、环保、供水、供电等城市基础设施建设明显加快，市场制度、城市管理、城市基本法规等软环境不断改善，大幅降低了经济运行的成本，城市竞争力得到快速提升①。在城市竞争力不断提升的过程中，经济效率的提升提高了单位投入的产出，从而推动潜在增速提高；但更重要的是强化了经济的先发优势，叠加全国城市化、工业化和全球化进程中释放的大量资源，加速了资源集聚和生产规模的扩张步伐，丰富的廉价劳动力、充裕的资金与土地资源相结合使资源利用方式更为集约，知识与技术的集聚推动了高附加值的现代产业的快速发展，北京市潜在增长水平明显高于全国，据测算显示，第二、第三阶段北京市潜在增长率分别高于全国 0.5、1.8 个百分点（见图 2.6）。

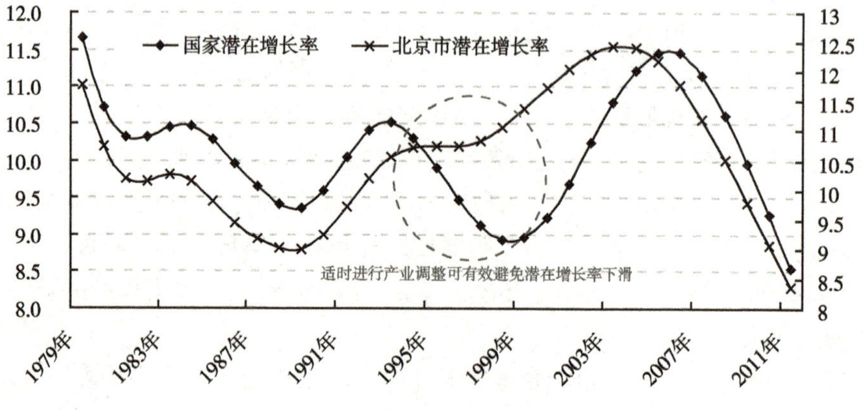

图 2.6　全国和北京市潜在经济增长率对比

（5）城市功能定位不断明晰，产业结构调整带动经济效率大幅提升。伴随

① 根据中国社会科学院发布的《2012 年中国城市竞争力蓝皮书：中国城市竞争力报告》显示，北京市城市竞争力在过去十年得到快速提升，2011 年综合竞争力排名全国第三。

改革开放的推进，北京市经济发展战略经历了不断探索与调整完善的过程，经历了从经济中心到国际交往中心和科技创新中心、从消费型城市到现代工业基地再到以服务经济为主导的现代国际城市转变。特别是1995年以来，第三产业占比超过50%，北京市进一步明确提出“首都经济”的概念，指出“首都经济的本质是知识经济，核心是高技术产业”，优先发展高端高效高辐射产业，推动了符合首都特色的产业发展新格局的形成；与此同时，伴随城市建设布局由单中心向多中心的演变，产业布局日益合理，逐步形成了工业开发区、高端功能区、文化产业集聚区、特色街区等各具特色、优势互补、专业化协作的产业布局体系。城市功能定位的明晰以及产业结构和布局的调整，带动经济效率大幅度提升。一是推动资源流向生产率较高的产业和区域，促进资源配置效率得以提升；二是加快了经济增长方式由要素驱动向创新驱动逐步转变的步伐，促使经济突破资源瓶颈制约的能力得以提升，生产效率大幅提高，经济增长稳定性和持续性明显增强。

综上所述，改革开放以来，伴随北京市工业化、城市化和全球化进程的不断深入以及市场经济体制的不断完善，技术革新、生产方式转变、商业模式创新，改善了资源禀赋及要素的利用方式，不断释放经济内生增长动力。与此同时，经济规模的扩张、生产力的不断发展需要更为先进的经济体制机制和更为精细的经济发展方式与之相适应，这为下一步改革提出了更高的要求。

2.3.1.5.2 拐点以来北京市潜在增长率下移的因素分析

北京市作为特大型的城市，城市人口承载力、土地和其他自然资源的制约一直是影响经济增长的重要因素。随着人口红利减少和土地日渐稀缺，新增的劳动力和土地投入都将逐渐减少，劳动力、土地、能源原材料将进入稀缺时代，依赖增加要素投入扩大生产的能力已面临瓶颈。与此同时，由于处于积蓄增长新动力、孕育增长新势能的阶段，短期内通过技术进步与制度创新提升生产要素使用效率促进经济增长尚不足以带动经济增速重回两位数的高位。因此，从要素投入和要素效率两个角度分析，北京市潜在增长率下移趋势不可避免。

（1）依靠生产要素投入保持高速增长的难度加大

A. 自然资源对北京市经济增长的约束作用不断增强。随着城市化进程的不断加快，土地作为重要的生产要素正在成为地方政府重要的调控手段发挥着越来越重要的作用，而人口规模扩张和生活品质的提升，加大了对道路、公共服务等城市基础设施、房地产开发以及产业发展的需求，在加大用地需求的同时对土地的集约利用提出更高要求，功能布局的不尽合理加剧了土地对经济增长的制约作用。

水资源对经济社会起到巨大支撑作用，北京市以占全国不足2‰的水资源，支撑着全国1.5%的人口，支撑着全国3.5%的GDP及年均10%以上的经济增长速度，以有限的水资源保障了经济社会的快速发展。但是，与多年平均水平相比，近十几年来降水量衰减 20%，地表水资源量衰减 59%，地下水资源量衰减 30%，水资源总量衰减 44%，入境水量衰减 77%，以地表水供水量、水库蓄水量、地下水资源开发利用率和地下水埋深等指标综合评价的水资源供需压力自 2005 年以后处于红色预警状态，反映出水资源对经济增长的约束作用日益突出。

尽管在能源利用技术不断提高和北京市经济发展战略调整的作用下，北京市能源利用效率不断提高，改革开放以来以年均 4.5% 的能源增长支撑了 10.5% 的经济增长，万元 GDP 能耗下降了近 90%，但能源供应也由自给自足变为严重依赖外部供给，特别是伴随全国重化工业阶段能源供求矛盾的日益突出和能源价格上升压力的不断增大，北京市电力、成品油长期处于紧平衡状态，能源投入保持高增长难以持续，对于经济增长的制约作用更为明显。

B. 固定资产投资放缓将弱化资本对经济增长的支撑。首先是资金来源增速放缓。一方面，高储蓄率的变化可能会带来投资增长放缓。考虑人口老龄化①以及体制政策因素的综合影响，预计 2011 －2020 年全国储蓄率将呈下降趋势，下降幅度约 5 个百分点。另一方面，在国家区域发展战略下北京市传统发展模式所依赖的政策优势正在淡化，北京市所处的首都圈发展相对落后不利于整体经济实力的提升和产业梯度的打造，加之北京市已进入后工业化时代，生产生活成本不断上涨，环境容量趋于饱和，城市竞争力减弱势必影响整体投资环境。其次是北京市各领域投资增势趋缓。一方面，在转型过程中，投资比重近一半的房地产业资金循环速度明显放缓，势必会造成投资增速的回落；另一方面，近年来铁路、公路、基础设施（铁公基）建设的力度不断增大，但这些领域垄断程度较高，虽然近期公布了 42 项鼓励民间投资的政策，但其效果取决于新的制度红利，在全球宏观经济低迷、产能过剩依然突出的情况下，其增速难有明显改善。再有，货币供给环境整体较为宽松与企业资金相对紧张并存，并且与日益增强的通货膨胀压力相互交织，这也对实体经济投资产生了较大的影响。固定资产投资放缓必将影响资本存量形成从而制约经济发展。北京市投资率下降消费率上升的态势，表明新创造的财富中用于资本扩张的比例在降低；同时，随着固定资本存量规模的扩张，需要更多的固定资产投资抵扣折旧，固定资本存量增速回落幅度会比投资更大，根据测算，若使 2006 －2012 年固定资本存量保持上一时期 12.6% 的增速，需要固定资本投资实际增长近 17%。

① 研究发现人口抚养比每上升 1 个百分点，储蓄率将下降 0.8 个百分点，根据社科院人口劳动经济研究所预测，我国人口抚养比将于 2014 年达到最低点 35.4%，2020 年将达到 39.7%。据此预测，2011 －2020 年由于人口格局的变动将会带动储蓄率下降 2.8 个百分点。

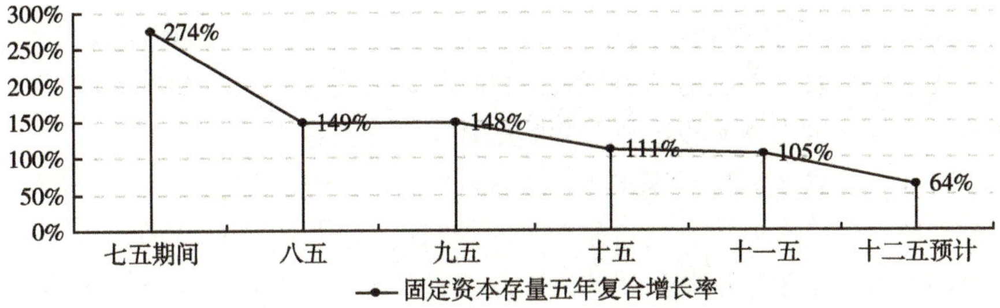

图 2.7　北京市固定资本存量五年复合增长速度

图 2.7 表明，从“八五”期间开始，北京市固定资本存量的增长速度就已经趋缓。

C. 劳动力供给增长放缓和工资成本上升对经济增长的制约作用有所显现。首先是目前劳动力供给正在由“过剩”向“短缺”过渡。随着出生率下降、人口老龄化加剧，全国劳动年龄人口增长在放缓①，据中国社科院人口与劳动经济研究所预测，劳动年龄人口将于 2016 年达到最高峰值，总量为 9.99 亿人，之后将逐渐下降，至 2020 年，将下降至 9.87 亿人。就北京市而言，北京市户籍人口自然增加人数由 20 世纪 80 年代的接近 10 万人下降到 2000 年以来的不足 2 万人，而且户籍人口的老龄化更为严重。其次是生活成本高企和居民诉求的提高使得外地人口向北京集聚的动力有所减弱。北京市作为全国的首善之区，具有强有力的人口聚集力，非普查年度常住人口年增长率基本保持在 3% 左右，劳动年龄组人口占比稳定，伴随全国城市化进程的加快，未来人口流动依然是趋势，可以说北京市的劳动力资源并不匮乏。但是由于城市人口承载力很难与经济增长同步，并且日益高昂的生活成本、相对滞后的生活服务，与难度不断加大的城市保障，加之北京市供给能力出现放缓势头。再次是劳动参与率趋势性回落会导致就业人口增长出现显著下降。受劳动力、教育时间不断延长等原因的影响，劳动就业时间不断推迟，严格的人口管理政策，外地人口向京集聚的动力会有所减弱②，使得劳动力的实际就业率呈不断下降趋势。而福利制度建设和社会价值观的变化导致了劳动参与率趋势性回落是经济发展的一般规律，潜在劳动者个人对于工作收入与闲暇的选择偏好发生改变，更倾向于选择阶段性工作的方式，就业人口增速将出现显著下降。

---

① 根据历次人口普查数据，15～64 岁的人口数量 1982～1990 年年均增长约 1707 万人，1990～2000 年年均增长约 1314 万人，2000～2010 年年均增长约 1105 万人。2011 年末，15～64 岁劳动年龄人口的比重为 74.4%，比上年微降 0.10 个百分点，是自 2002 年以来首次出现下降。

② 根据北京市统计局发布的 2011 年人口统计数据显示，北京市暂住人口总数为 825.8 万人，与上一年相比减少 60.3 万人。

（2）要素效率提升短期内难以带动经济增速重回高位

A. 改革红利正在趋弱。随着居民生活品质的提升，人们的诉求更加多元化和高端化，经济发展的主题已由扩大经济规模转变为提升可持续发展能力，提高发展质量。在新的发展阶段中，“有水快流”式改革带来的红利正在减弱，经济运行中存在的许多矛盾也显现出来：中央政府与地方政府的财权、事权不对称；收入分配改革效果不明显；垄断和行政性管制过多；国企改革滞后等等。这些矛盾需要国家的改革予以推动。就北京市而言，拥有国家一流的教育、医疗以及相对完善的基础设施，在公共产品和服务领域竞争优势明显，但在现有体制下公共产品和服务发展受到了很大的抑制，竞争优势难以转化为经济发展动力。

B. 技术后发效应正在趋淡。经历多年的高速增长后，北京市与中等发达国家的发展水平日益接近，很多产业和领域的技术水平已经接近、达到甚至超越世界先进水平，进一步通过大量引进、消化、吸引国外的先进技术、管理经验来提升自身科技水平的作用有所减弱，进入到更多需要自主性、原创性的技术进步的时期。但政府主导的技术创新体系，转化率、产业化率低的问题较为突出；相对滞后的金融体系，难以对民间自发式技术创新形成有效的资金支持，技术的改进方向和发展都有很大的不确定性，风险比较大。因此，北京市技术的后发效应有所弱化，提升潜在增长率的作用有限。

C. 劳动效率增速进入放缓阶段。在大力发展服务业的战略推动下，北京市后工业化社会特征日益明显，进入到服务业主导和消费驱动特征明显的发展阶段。这一阶段，劳动效率提升的难度在不断加大（见图 2.8）：一是产业结构与就业结构基本匹配，从业人员产业间转移对劳动效率提升的作用正在减弱；二是

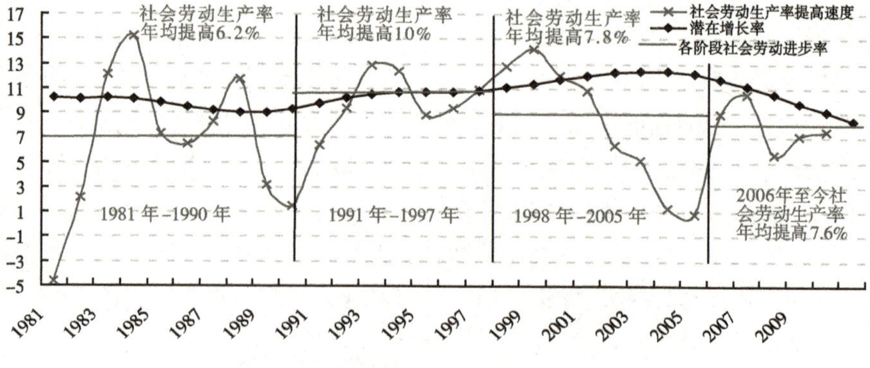

图 2.8 劳动效率提升速度缓慢情况

注：劳动效率提升速度为可比价速度（利用 GDP 平减指数处理）。

第三产业的行业特点决定了其劳动效率提升的难度高于第二产业；三是国家进入

潜在增速放缓的发展阶段，生产效率较高的生产性服务业发展受到抑制，制约整体劳动效率提升；四是近年来效率相对较高的行业，如教育、医疗、金融、电信及信息服务、文化产业等，不是处于垄断，就是受到行政化管制，大量社会资源难以进入这些消费升级最短缺的现代服务业领域。而效率相对较低的部门，如餐饮业等，又难以规模化发展。可以说，近年劳动生产率提升对于潜在增长率的作用较为有限。

D. 资本效率提升难度不断加大。在当前的发展阶段中，资本效率提升的难度也在不断加大。一方面，随着经济规模的不断扩张，闲置经济资源越来越少，以盘活存量方式带动资本效率提升的效果势必受到影响；投资增速放缓背景下，通过新建项目和新增投资这种“以增量带存量”的方式促进资本效率提升的作用正在逐步弱化；科技进步又受转化率不足等问题影响难以发力，短期内难以实现“优存量”的目标。另一方面，稀缺资源对经济的制约作用愈加显著，高昂成本推动下各种资源效率提升的协调难度加大，也对资本效率提升产生制约；加之资本具有更强的流动性，其效率下降也会影响北京市资本集聚力，影响对经济增长的拉动作用①。图 2.9 显示了各阶段北京市资本效率的变动情况。

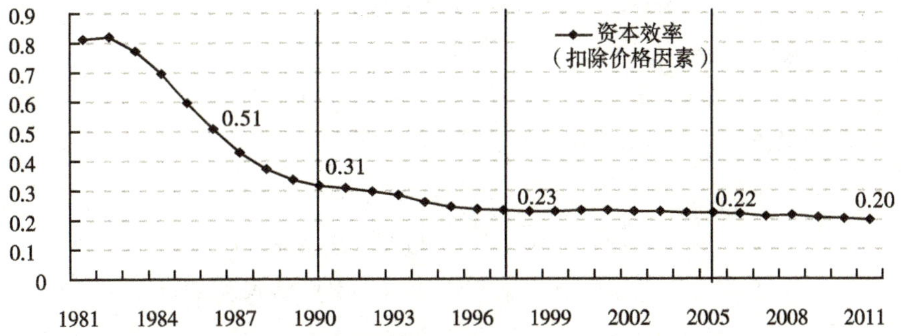

图 2.9　各阶段北京市资本效率

E. 城市运行效率呈现下降趋势。在经济快速增长、人口快速集聚的过程中，北京市特大城市特征更为明显，人均基础设施费用过高、人均生活费用过高、商务费用过高、闲暇时间损失过高等弊端愈发突出。大量的经济资源不得不用于回报周期长、回报率相对较低、边际成本上升的公共基础设施建设中去，城市经济的集聚效应正在逐步衰退，阻滞效应正在加速显现，城市经济效率下行的力量正在不断增强。

① 与劳动效率相比资本效率对经济增长的影响更为明显，根据 1992 ~ 2010 年经济增长因素分析，资本要素对经济的贡献远远超过劳动的贡献。

2.3.2 北京市经济增长要素使用状况的实证分析

在中国经济持续增长的过程中，尽管对生产要素的使用总体呈现出粗放型特征，但也表现出技术进步贡献上升的趋势，意味着要素使用效率的不断提高。作为中国经济发达地区的北京市，在其经济增长的过程中，其要素使用特征的变化如何呢？我们有必要对此进行进一步研究。

2.3.2.1 要素分析的理论模型选择

（1）要素投入的产出弹性估算的模型选择

本研究对于全要素生产率增长率的计算主要采用的是生产函数法。在此，我们首先假定生产函数为柯布－道格拉斯生产函数，即：

$$Y_t = AK_t^{\alpha_1}L_t^{\beta_1} \tag{2.4}$$

在2.4式中，Y_t 为各年度的总产出，K_t 为各年度的物质资本存量，L_t 为各年度的劳动力投入总量，α_1、β_1 分别表示物质资本要素和劳动力要素的产出弹性。另外，我们先假定规模经济是不变的，即：$\alpha_1 + \beta_1 = 1$ 。

对2.4式两边同时取自然对数后得到公式（2.5）：

$$Ln(Y_t) = Ln(A) + \alpha_1 Ln(K_t) + \beta_1 Ln(L_t) \tag{2.5}$$

由于假定 $\alpha_1 + \beta_1 = 1$ ，于是可以得到计量模型（2.6）：

$$Ln(Y_t/L_t) = Ln(A) + \alpha_1 Ln(K_t/L_t) + \varepsilon_t \tag{2.6}$$

同时，我们将（2.5）式的等式两边同时对时间 t 进行求导，得到（2.7）式：

$$\dot{Y}/Y = \dot{A}/A + \alpha_1 \dot{K}/K + \beta_1 \dot{L}/L \tag{2.7}$$

通过上述变换，从而得到全要素生产率（TFP）增长率的计算公式，如公式（2.8）所示。

$$\dot{A}/A = \dot{Y}/Y - \alpha_1 \dot{K}/K - \beta_1 \dot{L}/L \tag{2.8}$$

我们使用北京市的样本数据，先以方程（2.6）为计量模型，运用 *OLS* 参数估计方法估算出物质资本要素的产出弹性 α_1，进而得到劳动力要素的产出弹性 $\beta_1 = 1 - \alpha_1$ 。然后利用方程（2.8）计算出北京市的全要素生产率（TFP）的增长率。

由方程（2.7）可知，一个地区的产出增长主要来源于物质资本要素和劳动力要素投入的贡献以及全要素生产率的贡献。本研究使用下面的公式来分别计算要素投入和全要素生产率对经济增长的贡献率，如公式（2.9）和（2.10）所示：

$$要素投入贡献 = (要素投入变动率 \times 要素产出弹性)/产出增长率 \times 100\% \tag{2.9}$$

全要素生产率的贡献 = 全要素生产率的增长率 / 产出增长率 × 100%

(2.10)

(2) 全要素生产率分解的模型设定

我们除了分析要素投入以及全要素生产率对于产出增长的贡献外，还将全要素生产率进行分解，从而观察全要素生产率主要受到哪些因素的影响以及它们对于北京市经济增长的贡献程度。

丹尼森在论述经济增长的因素时，提出了对经济效率的提高作用较大的三个因素分别是：规模经济、资源配置的改善以及知识进步。本研究在对全要素生产率进行分解时，主要是在丹尼森理论的基础上，将全要素生产率分解为人力资本投资、技术进步、经济规模效应以及资源配置效率。其中，人力资本投资和技术进步是反映知识进步的两个重要方面。首先建立模型（2.11）：

$$Y_t = H_t^{\mu} F_t^{\gamma} K_t^{\alpha_0} L_t^{\beta_0} \tag{2.11}$$

在（2.11）式中，H_t 为人力资本投资，F_t 为技术进步状况，K_t 为物质资本存量，L_t 为劳动力要素投入量。μ、γ、α_0、β_0 分别表示人力资本投资、技术进步、物质资本存量变动以及劳动力投入量变动的产出弹性。

对（2.11）式两边同时取自然对数，得到（2.12）式所表示的回归方程：

$$Ln(Y_t) = \mu Ln(H_t) + \gamma Ln(F_t) + \alpha_0 Ln(K_t) + \beta_0 Ln(L_t) + \varepsilon_t \tag{2.12}$$

将（2.12）式两边同时对时间 t 进行求导，得到（2.13）式的经济增长方程：

$$\dot{Y}/Y = \mu \dot{H}/H + \gamma \dot{F}/F + \alpha_0 \dot{K}/K + \beta_0 \dot{L}/L + \varepsilon' \tag{2.13}$$

将（2.13）式代入（2.8）式中，从而得到对于全要素生产率的分解。见公式（2.14）：

$$\dot{A}/A = \mu \dot{H}/H + \gamma \dot{F}/F + [(\alpha_0 - \alpha_1)\dot{K}/K + (\beta_0 - \beta_1)\dot{L}/L] + \varepsilon' \tag{2.14}$$

在公式（2.14）中：$[(\alpha_0 - \alpha_1)\dot{K}/K + (\beta_0 - \beta_1)\dot{L}/L]$ 表示经济中规模变动效应的量化①；ε' 表示除人力资本投资、技术进步和规模变动效应之外的其他影响全要素生产率的因素，其中资源配置效率是最为重要的因素。我们将公式（2.13）进行变换，用来量化 ε'，可以得到公式（2.15）：

$$\varepsilon' = \dot{Y}/Y - \mu \dot{H}/H - \gamma \dot{F}/F - \alpha_0 \dot{K}/K - \beta_0 \dot{L}/L \tag{2.15}$$

在完成对以上各个因素的量化之后，可以得到人力资本投资、技术进步、经

① 我们最初假设技术是中性的，因此规模经济不变，从而 $\alpha_1 + \beta_1 = 1$。这是因为规模变动的效应要反映在全要素生产率对经济增长的影响中。在我们将全要素生产率进行分解后，经济规模的变动效应将独立表现出来，是其与规模经济不变时的状态进行比较后的量化结果。

济规模变动以及资源配置效率对经济增长的影响，用贡献率表示如下：

$$技术进步的贡献 = \frac{\gamma \dot{F}/F}{\dot{Y}/Y} \times 100\% \quad (2.16)$$

$$人力资本投资的贡献 = \frac{\mu \dot{H}/H}{\dot{Y}/Y} \times 100\% \quad (2.17)$$

$$资源配置效率的贡献 = \frac{\varepsilon'}{\dot{Y}/Y} \times 100\% \quad (2.18)$$

$$经济规模变动的贡献 = \frac{(\alpha_0 - \alpha_1)\dot{K}/K + (\beta_0 - \beta_1)\dot{L}/L}{\dot{Y}/Y} \times 100\% \quad (2.19)$$

由于人力资本投资、技术进步、经济规模变动以及资源配置效率是对全要素生产率的分解，所以这四项对经济增长的贡献之和应该等于全要素生产率对经济增长的贡献。

2.3.2.2 指标选取与数据来源

本研究选取的样本数据为 1991 - 2011 年北京市的相关数据：对于人力资本投资的衡量，考虑到数据的可得性，我们使用的是北京市 1991 - 2011 年各年度中的教育事业费用支出、文化建设费用支出以及卫生费用支出的总和与北京市地区生产总值的比值。其中，教育事业费用支出和文化建设费用支出近似地反映了人力资本的知识积累状况；而卫生费用支出近似地反映了人力资本的健康状况。对于技术进步的衡量，文中使用的是各年度北京市授权批准的专利数量。相关数据主要来源于 1992 - 2012 年各年度的《北京市统计年鉴》。

对于各年度的产出总值，我们使用的是北京市的地区生产总值，并且是以 1952 年的不变价格指数折算后得出的实际产出总值；各年度的物质资本存量，文中直接使用了张军等在《中国省际物质资本存量估算：1952 - 2000》一文中的测算数据，并且以此文的方法补充测算了 2000 - 2011 年北京市资本存量的数据；各年度的劳动力要素投入数据使用的是北京市三次产业的在职劳动力总数。以上指标的数据均来源于 1992 - 2007 年各年度的《北京市统计年鉴》。

2.3.2.3 模型的估计和检验

2.3.2.3.1 要素投入的产出弹性估算

利用北京市的样本数据，本研究使用公式（2.6）通过 *OLS* 方法进行参数估计，得到的参数估计结果如表 2.11。观察表 2.11 中的参数估计结果，可以发现：修正前的模型虽然拟合较好，但 DW 值偏低。经过自相关检验（LM 检验），结果表明该模型存在自相关。为此，我们使用自回归 ARMA 模型进行修正，从而得到表 2. 11 中修正后模型的回归结果。

表 2. 11　以 Ln（Y/L）为被解释变量的参数估计结果

解释变量	修正前模型	修正后模型
C	—1. 026512	—1. 03815
	(0. 0000)	(0. 0000)
LN（K/L）	0. 722598	0. 729825
	(0. 0000)	(0. 0000)
AR（1）		0. 970693
		(0. 0104)
AR（2）		—0. 838481
		(0. 0098)
R—squared	0. 994819	0. 998011
Adjusted R—squared	0. 994298	0. 996356
S. E. of regression	0. 03121	0. 022637
Durbin—Watson stat	1. 134501	1. 665223

注：括号中为 t 检验的概率值。

经过修正后，模型的拟合优度更高，DW 值也得到明显提高。同时，我们对修正后的模型进行倒数根检验，发现倒数根全部落在单位圆内，表明 ARMA 模型是稳定的。从表 2. 11 修正后模型的参数估计中，我们可以得到物质资本要素的产出弹性为 0. 729825，进而可以得到劳动力要素的产出弹性为 0. 270175。

另外，为了使估算更加准确，我们用 $Ln(Y_t) = Ln(A) + \alpha_1 Ln(K_t) + \beta_1 Ln(L_t) + \varepsilon_t$ 公式直接通过 *OLS* 方法进行参数的估计。参数估计结果如表 2. 12 所示。同样，我们可以发现，通过 ARMA 模型修正后的参数估计结果与修正前的模型相比较，拟合优度更高，而且 DW 值得到明显提高，大约为 2。经倒数根检验，发现倒数根全部落在单位圆内，证明 ARMA 模型是稳定的。

同时，我们对修正后的参数估计模型进行系数约束的检验。检验结果如表 2. 13 所示。通过 Wald 检验可知，检验结果接受原假设，即 $-1 + \alpha_1 + \beta_1 = 0$ 。因此，估算结果符合上面的假定，即技术是中性的假定。

由表 2. 12 中修正后模型的参数估计结果可知，以 *Ln*（*Y*）为被解释变量进行参数估计后，物质资本要素和劳动力要素的产出弹性分别为 0. 712873 和 0. 386201。同时，我们结合表 2. 11 中以 *Ln*（*Y/L*）为被解释变量的参数估计结果，取两次估算结果的平均值，从而设定北京市 1991 –2011 年间的物质资本要素和劳动力要素的产出弹性为 0. 7 比 0. 3，即：$\alpha_1 = 0.7, \beta_1 = 0.3$。

表 2.12　以 Ln（Y）为被解释变量的参数估计结果

解释变量	修正前模型	修正后模型
C	—1.304138	—1.658303
	(0.0164)	(0.0025)
LN（K）	0.715963	0.712873
	(0.0000)	(0.0000)
LN（L）	0.32779	0.386201
	(0.0020)	(0.0003)
AR（1）		0.85412
		(0.0151)
AR（2）		—0.89392
		(0.0072)
R—squared	0.997121	0.998566
Adjusted R—squared	0.996465	0.997621
S. E. of regression	0.032986	0.022082
Durbin—Watson stat	1.193265	2.013562

注：括号中为 t 检验的概率值。

表 2.13　参数估计的系数约束检验结果

Wald Test	Normalized Restriction (= 0)		
	$-1+\alpha_1+\beta_1$		
Test Statistic	Value	df	Probability
F—statistic	2.515939	(1, 9)	0.1462
Chi—square	2.517011	1	0.1118

2.3.2.4 对全要素生产率的分解

利用相关样本数据，我们首先使用公式（9）通过 *OLS* 方法进行参数估计。模型估计的输出结果整理如下：

$$LN(Y)=0.629821*LN(K)+0.222706*LN(L)+0.102251*LN(F)+0.192401*LN(H)$$

(26.21064)　　(3.513216)　　(3.816235)　(3.296911)

$R^2=0.998231, \overline{R^2}=0.997735, SE=0.023891, DW=1.664521$

所有参数都能在 5% 的显著水平上通过 t 检验。而且，模型的拟合优度较高，*DW* 值也比较合理。总之，整个参数估计的效果较好。

其中，$\alpha_0=0.63, \beta_0=0.22, \gamma=0.102, \mu=0.192$。

同时，我们对该模型进行系数约束检验，检验结果如表 2.14。

表 2.14 参数估计的系数约束检验结果

Wald Test	Normalized Restriction (= 0)		
	$-1+\alpha_0+\beta_0$		
Test Statistic	Value	df	Probability
F—statistic	7.488109	(1, 12)	0.018
Chi—square	7.488109	1	0.0062

经过表 2.14 的检验可知，检验结果拒绝 $-1+\alpha_0+\beta_0=0$ 的原假设。因此，该检验也揭示了规模经济并非是不变的，能够计算经济中由于规模变动而对经济增长产生的影响。可以利用公式（11）和（12）将全要素生产率增长率分解成人力资本投资、技术进步、规模效应以及资源配置效率，并分别计算它们对于经济增长的贡献。

2.3.3 北京市经济增长因素分析

2.3.3.1 各因素对北京市经济增长的贡献

通过以上的参数估计和对全要素生产率进行分解后，我们利用公式（2.9）、（2.10）、（2.16）、（2.17）、（2.18）、（2.19）来分别计算北京市在 1992 - 1997 年、1998 - 2011 年以及 1992 - 2011 年三个时间段内各因素的年均贡献率①。计算结果如表 2.15 所示。

表 2.15 经济增长因素的贡献率分析

时期	因素	年均增长率（%）	对经济增长的贡献率（%）
1992 - 1997	北京市地区生产总值	11.40	100.00
	物质资本要素	15.60	95.79
	劳动力要素	0.60	1.58
	TFP	0.30	2.63
	技术进步	5.80	5.19
	人力资本投资	0.83	1.40
	资源配置效率	—	6.04
	经济规模	—	-10.00
	总效应	—	2.63

① 此时的贡献率是在所选定的时间段上的平均贡献率。因此，各个因素的变动也应该使用在给定时间段上的平均增长率。各因素的平均增长率的计算使用公式：$A_i = B_i * (1+r_i)^\wedge N$。其中，$B_i$ 和 A_i 分别表示第 i 种要素在所选定的时间段上的起始值和终止值；N 为所选定的时间段的跨度；r_i 是在时间跨度为 N 上的第 i 种要素的平均增长率。在知道 B_i、A_i 和 N 的基础上，我们便可以求出 r_i。

续表

时期	因素	年均增长率（%）	对经济增长的贡献率（%）
1998 - 2011	北京市地区生产总值	11.20	100.00
	物质资本要素	12.60	78.75
	劳动力要素	3.80	10.18
	TFP	1.24	11.07
	技术进步	14.50	13.21
	人力资本投资	2.89	4.95
	资源配置效率	—	3.50
	经济规模	—	-10.59
	总效应	—	11.07
1992 - 2011	北京市地区生产总值	11.30	100.00
	物质资本要素	13.80	85.48
	劳动力要素	2.50	6.64
	TFP	0.89	7.88
	技术进步	11.00	9.93
	人力资本投资	2.10	3.57
	资源配置效率	—	4.70
	经济规模	—	—10.32
	总效应	—	7.88

注：在计算中所用到的参数分别有：$\mu = 0.192$，$\gamma = 0.102$，$\alpha_0 = 0.63$，$\beta_0 = 0.22$；$\alpha_1 = 0.7$，$\beta_1 = 0.3$。

2.3.3.2 对估算结果的分析

（1）要素投入贡献的分析

从上述估算结果中可知，对北京市经济增长贡献最大的是物质资本要素的投入。如表2.15所示，在1992 - 1997年间，北京市物质资本要素投入的贡献率年均高达95.79%。在这一时期，北京市物质资本要素的年均增长率达到15.6%，这是因为自1992年我国确立社会主义市场经济体制后，资本流动更加自由，而且其流向主要是向我国经济发展更快、经济条件更好以及经济制度设计更加优越的大中心城市集聚。因而，北京市在这一时期物质资本积累速度较快，对地区经济增长的贡献率也很高。在1998 - 2006年间，虽然物质资本投入对经济增长的贡献有所下降，但年平均贡献率仍然达到78.75%。因此，在我们所考察的1992 - 2011年期间，物质资本要素对于经济增长的平均贡献率达到了85.48%。劳动力要素投入对北京市经济增长的贡献偏低，1992 - 1997年间劳动力要素的年均贡献率仅为1.58%。在1998－2011年间，劳动力要素的贡献有所提高，达到10.18%。从变化速度来看，物质资本要素对北京市经济增长的贡献下降较快，而劳动力要素投入的贡献上升较快。

从表2.15还可以看出，在1998－2011年间，北京市的地区生产总值的年均增长率较上一时期出现一定程度的下降，由上一时期的11.4%下降到这一时期的11.2%。同时我们发现物质资本要素投入的增长也出现了下降，由上一时期的15.6%下降到1998－2011年间的12.6%，下降幅度更大。其主要原因是：在社会主义市场经济经过一段时间的发展之后，之前与北京市等大中心城市相比经济发展条件较差的地区也开始逐渐发挥地区禀赋以吸引资本要素的流入，资本的流向就不会只局限于北京市等中心城市，这样必然使北京市的资本积累速度比1992－1997年期间有所放缓；此外，由于受到1997年东南亚金融危机的冲击，北京市在应对金融危机的同时也必然会降低本地区的物质资本投资速度。正是由于物质资本存量增长的下降幅度大于生产总值增长的下降幅度，北京市的物质资本要素在这一时期对经济增长的贡献出现了较大下降。而在这段时期，北京市的劳动力要素投入年均增长速度却非常快，由上一期的0.6%上升到1998－2011年间的3.8%。虽然1997－1999年北京市三大产业的在业劳动者人数绝对量有所下降，但进入2000年后，三大产业的劳动者总量开始增加，而且部分年份增长较快。其主要原因是：一方面，2000年以后，我国经济逐渐走出东南亚金融危机的影响，开始进入新一轮的强劲增长期，从而带动了劳动力要素投入的快速增长；另一方面，2001年北京市申请2008年奥运会的举办权获得成功。在备奥期间，北京市的各项软、硬件设施建设需要大量的劳动力资源，因而也推动了劳动力要素投入的增长。加之这一时期的房地产热也推动了对劳动力的需求增长。因此，在这段时期劳动力要素对于北京市经济增长的贡献上升迅速，由上一时期的1.58%上升到1998－2011年期间的10.18%。

（2）全要素生产率贡献的分析

全要素生产率对北京市经济增长的贡献总体来看仍比较低。从表2.15中可知，1992－2011年间，北京市全要素生产率对地区经济增长的年均贡献率仅为7.88%。但从贡献率的上升速度上来看，全要素生产率的贡献上升得比较快。在1998－2011年间，北京市全要素生产率对经济增长的贡献率由上一期的2.63%上升到11.07%。

我们将全要素生产率进行分解之后，发现由于技术进步和人力资本投资对于北京市经济增长的贡献增长较快，使得全要素生产率的总体贡献增长比较快。从表2.15中可知，在1998－2006年间，由于技术进步速度的提高以及人力资本投资的加速（分别从5.80%提高到14.50%和从0.83%提高到2.89%），技术进步和人力资本投资对北京市经济增长的贡献率分别由 1992 - 1997 年间的 5.19% 和 1.40% 上升到这一时期的 13.21% 和 4.95%。尤其是这一时期的技术进步对经济增长的贡献上升幅度较大，因而在 1992 - 2011 年期间，技术进步对北京市经济增长的平均贡献率也达到了 9.93%。在 1998 - 2011 年间，北京市的资源配置效率对本地区经济增长的贡献相比上一时期出现明显的下降，由上一期的年均 6.04% 下降到 1998 - 2006 年期间的 3.50%。这种现象说明：在社会主义市场经济体制确立初期，由于资源能够在更大程度上自由流动，缓和了由于早期体制制约所导致的部分地区资本和劳动力要素资源配置不合理的状况。因此，在这段时期北京市的资源配置效率得到改善，对经济增长的贡献也较大。然而，自 1998 年以后，尤其是进入 21 世纪后，生产要素的过度聚集已经不利于北京市资源配置效率的提高。此外，值得注意的是我们发现在所选取的三个时间段内，经济规模的变动对北京市经济增长的贡献始终是负的，维持在 - 10% 之上。结合要素投入对于经济增长的高贡献率以及资源配置效率对经济增长贡献的下降，我们可以得出北京市近年来的经济增长方式仍然是以粗放型增长为主的结论。

通过上述分析，我们可以知道，北京市的经济增长在很大程度上仍然是依靠要素投入的快速增长。虽然在近年来全要素生产率对北京市经济增长的贡献有所提升，但是依然处于一个较低的贡献率水平基础上。然而一个集约化的经济发展模式要求要素投入对经济增长的贡献应有所降低，相应的全要素生产率的贡献应有很大的提升。对于北京市而言，资本要素和劳动力要素相对于中国其他地区要更加充裕，关键在于需要进一步改善的是资源配置效率和规模扩大过程中的各种要素的利用效率。这就要求进一步优化产业结构以及充分发挥市场对资源配置的决定性作用，引导资源进入效率更高的领域。此外，近年来北京市生产要素的相对过度积累从而引起的经济效率下降，也是导致全要素生产率对北京市经济增长的贡献降低的重要原因。因此，政府一方面应该继续鼓励技术创新和加快知识成果转化为产业价值的步伐，吸收过度积累的生产要素、提高要素整体的利用效率；同时，政府应该完善资源尤其是资本要素进入的监管机制，并充分吸收和利用质量较高而成本较低的资源进入，以取得生产要素积累与经济效率提高的平衡。显然，大力发展节能环保产业，对于北京市提高要素使用效率，推进经济的持续增长至关重要。

3. 经济可持续增长实现机制与北京市能源、环境现状

3.1 经济可持续增长的内涵

3.1.1 经济可持续增长的界定

“可持续”一词最早不是从经济学范畴中提出来的，而是产生于生态学的范畴之内。当前学术界普遍认为“经济可持续”这一概念的首次提出是在20世纪70年代出版的《生存的蓝图》一书中。书中第一次将人类的经济增长同生态环境联系起来，提出人类的经济活动会受到环境质量的影响。经济可持续增长（sustainable economic growth）是由经济增长和可持续两个维度构成。当前学术界对经济可持续增长的定义并不完全一致，根据经济增长和环境的关系，大致上可以分为两类。一类主要强调经济增长的可持续性，认为经济可持续增长就是经济总产出的非负稳态增长，环境只能影响经济增长的可持续性，但不起决定性作用，这种关于经济可持续增长的定义被称为广义的经济可持续增长。另一类则强调经济增长与环境之间的权衡关系，认为经济可持续增长是指在环境资源的约束下实现的经济的连续非负增长，该种定义突出了环境资源对经济增长的重要约束作用，被称为狭义的经济可持续增长。近些年来关于经济可持续增长的研究普遍采用了后一种定义，本研究也是在后一种定义的基础上进行的。

3.1.2 可持续发展的定义及特征

3.1.2.1 可持续发展的定义

可持续发展这一概念包含着极其广泛的内涵，其思想的形成，有着经济学、生态学、社会学乃至伦理学等广泛的理论基础。因此，尽管各个领域的专家对于可持续发展的基本理解是一致的，但具体解释时其表述及侧重点却不尽相同。据不完全统计，有关对可持续发展的概念表述超过200种。在这诸多表述中最广为接受的定义，是世界环境与发展委员会在1987年出版的《我们共同的未来》中的定义：既满足当代人的需要，又不会对后代人满足其需要的能力构成危害的发展。同时，他们还指出，可持续发展的重要目标是要提高经济增长质量，促进经济增长。[①]

这一定义虽然已经成为当前最被人们广泛接受的定义，但是还有一些地方含糊不清，如怎样理解人类子孙后代的需求？现在学术界对“不对后代人满足其需要的能力构成危害”这一表述有两种理解。一种理解为：人类给予后代所留下的资本的总量（自然资本、人造资本等存量之和）保持不变。持这种观点的学者认为由于自然资本和人造资本具有完全替代性，因此只要保持资本总量不变就可以不对后代人的生存造成影响。这种发展观又被称为弱可持续性发展观。另一种则理解为：人类给予后代所留下的自然资本的总量保持不变。持这种观点的学者认为自然资本对人造资本而言是互补品而不是替代品，因此要保证当代人的活动不对后代人的生存造成影响，必须要保证自然资本的总量保持不变。这种发展观被称为强持续性发展观。

3.1.2.2 可持续发展内涵的三大特征

可持续发展具有三大特征：

（1）可持续发展以经济增长为前提。需要注意的是这里的经济增长不仅仅指经济总量的增长，而且还包括：经济优先、经济结构和经济质量。

（2）可持续发展以保护环境为基础。保护环境就是要保护人类赖以生存的物质基础。保护环境的主要内容包括：保护地球上生物的多样性，保护生态系统，控制环境污染，合理使用自然资源，提高环境质量等。只有保护好自然环境，才能维护好人类赖以生存的生态系统，人类实现持续的发展才会成为可能。

（3）可持续发展以提高人类的生活质量为目的。人类发展进步的目的是为了追求更为美好的生活，可持续发展的基本内涵就在于提高人类的生活质量。

3.1.3 经济可持续增长与可持续发展的关系

通过对经济可持续增长的界定以及对可持续发展定义和特征的分析，可以看到，经济可持续增长与可持续发展都以研究经济增长与生态环境之间的矛盾作为出发点。但不同的是，经济可持续增长理论只含有经济与环境两个维度，没有涉及社会这个维度，而且经济可持续增长理论对于经济与环境这两个维度给予了同样权重，它的基点是经济增长本身的合意性，强调的是以不损伤经济增长的方式维持环境的可持续发展。经济可持续增长一方面强调经济增长不能以恶化环境为代价；另一方面也认为保护环境不能制约经济增长。可持续发展强调的是经济、

① WCED. 我们共同的未来［M］. 长春：吉林人民出版社，1997.

社会、环境三者之间的协调发展，经济只是可持续发展三个维度之一；而且可持续发展强调的是经济发展，而不是单纯意义上的经济数量或总量的增加，还包括经济结构的优化和经济质量的提高。

此外，可持续发展虽然提出要降低经济增长的环境成本，实现经济增长与环境、社会的协调发展，但并没有指明应当将环境成本降低到何种程度，而经济可持续增长则要求将经济增长所带来的环境成本降到环境可持续发展的水平。由于维持环境可持续发展在一定程度上能够进行量化，所以，同可持续发展相比，经济可持续增长更容易与主流经济增长模型相结合。

3.2 对于环境可持续发展的界定

从前面对经济可持续增长定义的界定里，我们知道经济可持续增长由经济增长和环境可持续发展两个维度构成，经济增长的概念比较好理解，主要是指经济总量的持续增加。如何确定环境可持续发展，却是当下充满争议的一个关键问题。为了能够更全面地分析并理解环境可持续发展这一概念，又能减少理论研究的难度，本研究引入了自然资本的概念。

3.2.1 自然资本的定义及内涵

自然资本的概念最早是在1948年由Volgt提出来的，他指出美国自然资源资本的损耗会降低其债务偿还能力。自然资本的正式提法最早是由David Pearce在其1991年出版的《自然资源与环境经济学》一书中提出，不过在书中他并没有对自然资本下一个明确的定义。由于自然资本所包含的内容太广，很难对其下一个确切的定义，部分学者便以举例的方式对其进行概括。如Costanza等将自然资本定义为生态系统所提供的物品与服务。而Paul Hawken则将自然资本界定为支撑生命存在的生态系统的总和，包括各种被人类利用的常见资源如水、石油、煤炭等以及生命赖以存在的生命系统。Harte（1995）则将自然资本定义为能够在生产国中应用的并能导致未来产出物品的环境资源。

本研究比较赞同Harte（1995）对自然资本所下的定义，不过略有修改，即自然资本是指在一定时空条件下，在生产中应用并且在可预见的未来能够导致产品或服务产出的自然资源。Harte将自然资本按照构成分为三大类：（1）地表空间；（2）生态系统，主要由地球上各种非人工生产出的物种构成；（3）物质存量，主要存在于地表和大气中。

顾名思义，自然资本是“自然”和“资本”两词的复合称谓。“自然”一般是指地球上存在的可供人类利用的自然资源的总称，而“资本”是指可以应用于生产过程的各种要素，属于经济学的范畴。从自然资本的定义可以看出，自然资本兼具自然和资本的双重特性。自然资本的自然属性表明自然资源包括自然资本，是自然资本的本原。然而，并非所有自然资源都可以作为自然资本。譬如太阳提供的光和热，虽然属于自然资源，但并不是自然资本。因为按照资本的定义资本必须是有限的，而太阳提供的光和热显然并不是有限的。自然资本的资本属性是指自然资源可以通过生产过程实现资本的增值特性。

自然资本的概念集中体现了环境对于人类生产的重要性，要求人类在生产活动中一定要注意保护环境，要合理、适度地开发和利用自然资源，确保人类的生产和生活对环境造成的影响必须以人与自然可接受的环境质量为限。

3.2.2 自然资本的特点

与一般意义上的资本不同，自然资本除了拥有一般资本的共性外还具有其独有的特征，主要表现为以下几点：

（1）自我更新的特性。一般的资本在生产过程中被利用以后便会损耗掉，并且很难还原回自我，而自然资本却可以在部分损耗后，通过自身的不断的循环运动还原回本来状态，自然资本的这种损耗后再生的特征又被称为自然资本的自我更新。当然，这种自我更新是有限度的，只有不超过自然资本自我更新能力的损耗才能还原回最初状态。另外，生态自然资本的存量还可以通过投入劳动而增加，如动植物的人工繁殖和森林种植等。

（2）部分可替代性。这里所讲的可替代是指自然资本同人造资本之间的可替代。对于自然资本同人造资本之间是否具有替代关系，当前学术界争论很大。以 Solow 为代表的主流经济学家认为自然资本、人力资本和物质资本之间是完全可替代的，地球上某种自然资本的消失并不会给人类未来的福利带来损害，因为人造资本（包括人力资本和物质资本）和其他的自然资本可以完全替代它的功能，保持经济的继续增长。与 Solow 等人的观点相反，生态学家认为自然资本同人造资本之间是互补的关系，而非完全替代关系，因此人造资本的增加并不能替代人类生产所消耗的自然资本。生态学家认为，由于自然资源是有限的，并且人类生产生活所依赖的生态环境系统具有不可逆的特性，在自然资本与人造资本是互补关系的前提下，要实现经济的可持续增长除了保证资本总量不变外，还需要保证自然资本存量的代际关系是非递减的。

从上面主流经济学家与生态学家对于经济可持续增长的争论我们可以看到，两者对于经济可持续增长争论的核心在于，在生产技术进步的情况下，人造资本同自然资本之间是否存在完全的替代关系。主流经济学家认为技术进步能够使人造资本与自然资本发生完全替代，这样人类在从事生产活动时只要在保持总的投入资本量不变的前提下，通过人造资本对自然资本的替代，便可以在保持总的自然资本不变的情况下实现经济增长与环境的和谐共处，即在技术进步影响下经济增长不会带来环境压力的增大。而生态学家则对此持完全相反的态度。实际上，从人类过往的生产实践来看，自然资本与人造资本之间既不是完全的替代关系也并非完全的互补关系，而是介于两者之间的一种关系，即人造资本只能替代部分或某些自然资本。

（3）存量和流量的特性。自然资本具有非常明显的流量和存量的特性。所谓存量是指在某一时间点上存在于某一空间内的自然资本的总量。如某一地区在某一时间点所拥有的土地资源、水资源、动物资源、植物资源等各类自然资源的总量。流量是指某一时间点上某一空间所拥有的自然资本存量的变化量。总的来讲，自然资本的流量主要包括三种：一是自然资本自我更新所带来的流量；二是人类的活动所带来的自然资本的增加量，如人造资本对于自然资本的替代等；三是人类的生产生活对于自然资本的损耗。在这三种流量中，前两种会带来自然资本总量的增加，而第三种会致使自然资本存量的减少。存量与流量特征使自然资本具有了完整的度量体系，其中存量在很大程度上决定着流量的大小，而流量又反过来影响存量的变化，二者相互作用，互为因果，共同决定着自然资本的存在状态。

3.2.3 自然资本与环境可持续发展

从前面对自然资本的定义和内涵的分析我们可以看到，虽然环境可持续发展在生态意义上通常是指生态系统的完整性和生态功能的连续性，然而对经济增长而言，环境可持续发展则是指为维持经济的持续增长，环境资源所具有的持续地提供自然资本的能力。因此，本研究将环境可持续发展定义为自然资本总存量的非递减。从自然资本的特征我们看到，要保持自然资本总存量的非递减就需要确保自然资本的流量为非负，即自然资本的增加量要大于等于减少量。

3.3 引入环境因素的经济增长过程

经济的可持续增长是指在有限的自然资本的约束下实现的经济持续的量的增加。虽然影响经济持续增长的因素有很多，然而从长期来看，环境无疑是影响经济持续增长的最重要的因素，要实现经济的可持续增长就必须要协调好经济增长与生态环境稳定之间的关系。应该说人们很早就认识到了环境对人类经济活动的重要性，意识到经济增长与生态环境之间存在着密切的联系，人类的经济活动会不可避免地对环境造成一定程度上的影响；同时，环境对人类的生产活动又会产生一种反作用，会对经济增长产生一定的约束、制约作用。

环境对经济增长的约束作用主要通过其为经济增长提供必不可少的要素资源表现出来。人类的生产活动离不开自然资本，主流经济学家在对环境对生产活动贡献的分析上，普遍采用了如下形式的生产函数：

$$Y=F\ (L,\ K,\ E) \tag{3.1}$$

上式中，L 为劳动，K 为资本，E 通常被界定为广义上的环境，可以是自然资本，也可以是自然资本的使用数量。该函数虽然明确表示出环境对于生产活动的重要性，但却暗含着劳动、资本和自然资本三种要素之间具有完全替代的关系。在完全替代的假设下，自然资本的减少可以通过增加劳动或资本的量来实现，自然资本的数量也就可以无限制的减少，这显然违背了物质守恒定律和热力学第一定律。因此，Daly（1990）有针对性地指出，这种要素之间可以完全替代的生产模型将环境在人类生产活动中所起的作用简单化，忽视了环境的重要性，实际上是一种骗人的伎俩。① Daly 的看法虽然有些极端，但却说明一两个简单的数学公式是无法将环境对于经济增长的贡献描述清楚的。如果将环境具体化为自然资本之后，就可以将环境对经济增长的贡献具体转化为自然资本所提供的要素功能和环境服务功能，引入环境因素的经济增长过程如图 3. 1 所示。

经济增长实际上是利用多种要素组合形成经济产出的增长。与主流经济学家的分析不同，生态经济学家 Daly 在其环境经济学中，把生产要素看作是资本提供的服务流量，将人类在生产活动中所使用的资本存量细分为物资资本（WC）、人力资本（HC）和自然资本（NC）三部分。其中，人力资本是指生产过程中所使用的劳动者的能力和技能，物资资本具体包括生产过程中所使用的设备、工具、人造物资等。自然资本的概念如前所述，它对经济增长的贡献比较复杂，概括起来主要有三种：一是为人类的生产活动提供必需的环境资源；二是为人类提供如稳定的生态系统（遮挡紫外线）、舒适的生产生活环境等环境服务；三是吸收人类在生产生活过程中所产生的各种废弃物。这三种功能或与人类的生产活动相关，或直接作用于人类的福利及效应。②

如图 3. 1 中所示，人类经济的产出按照其对人类福利及效应的影响可以分为合意和非合意产出两部分，其中合意产出主要产出人们生产生活中所需要的各种产品及生产物资，它可以直接或间接地满足人类所需的各种效应，为人类带来福利。非合意产出则不能给人类带来效应的增加，主要由污染及资本损耗构成，它

① Daly. H. E. Towardsome. Perationalprinciples ofsustainabilitydovelopment [J]. EcologicalEconomics, 1990, Vol. 2：34。.

② Daly. H. E. theeconomicsofbiophsicalequilibriumandmoralgrowth [M]. SanFrancisco：Freeman, 1977.

可能会减少人类的福利，并带来自然资本的减少。根据热力学第一定律和物质能量守恒定律，人类在生产过程中任何要素的投入必定会带来某种形式的产出，无论是合意的还是非合意的，而所有产出又会影响到自然资本存量。

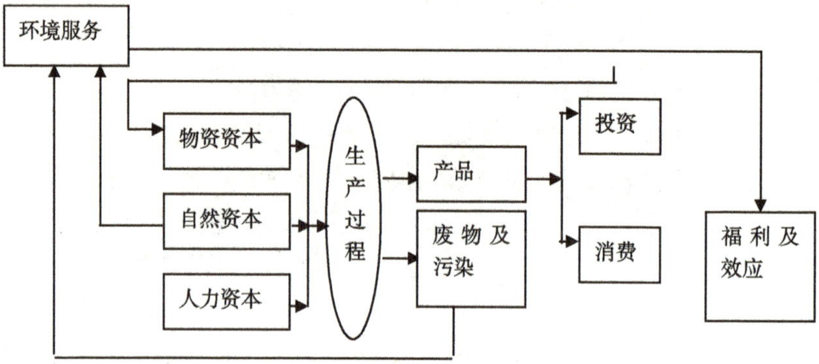

图 3.1　引入环境因素的经济增长过程

3.4 经济可持续增长实现的基本条件研究

3.4.1 经济可持续增长与环境压力

从前面对引入环境要素的经济增长过程的分析我们可以看到，经济增长同生态环境是相互作用、互相影响的。一方面，生态环境可以为经济增长提供三种环境功能，为生产活动提供环境资源作为要素投入，吸收生产所产生的废物及提供人类生活的环境服务等。另一方面，人类的生产活动会对生态环境造成一定的影响，主要表现在经济生产活动会导致自然资本的存量减少，而减少的自然资本主要分为两部分：一部分是人类的生产活动会索取一部分自然资本作为生产要素消耗掉；另一部分是人们在生产和生活过程中会产生部分生产或生活废物，这部分废物会影响到自然资本的存量。我们将人类的生产及生活活动对自然资本的这些影响称为环境压力。将环境压力同经济可持续增长的定义结合在一起，可以看到，经济可持续增长实际上就是将环境压力控制在环境可持续发展水平之内的经济增长。因此，分析经济可持续增长的实现条件，必须揭示经济增长与环境压力之间的关系。

为便于研究，假设某一经济体在时期 t 内由生产活动造成的环境压力规模 H_t，H_t 被定义为该地区人口总量 P_t 和人均环境压力 E_t 的乘积，即

$$H_t = P_t \cdot E_t \tag{3.2}$$

在公式（3.2）中，H_t 衡量的是一个经济体环境压力总的产出规模，主要包

括两部分，即环境为生产所提供的自然资本投入 M 和经济向环境排放的废物所导致的自然资本存量的减少 W。E_t 是总的环境压力的人均之和，如果把 E_t 拆分成人均收入 y 和单位收入的环境压力系数 e_t，则（3.2）式可变为公式（3.3）：

$$H_t (M, W) = P_t \cdot y \cdot e_t (M, W) \tag{3.3}$$

因此，H_t 实质上是人类的生产活动导致的总的环境压力。显然，要实现经济的可持续增长必须使经济的环境压力规模保持在适度的范围内。

假设某一时期总的自然资本存量为 B_t，显然 B_t 主要由环境为生产所提供的自然资本投入 M、经济向环境排放的废物所导致的自然资本减少量 W 以及上期的自然资本存量 B_{t-1} 共同决定。即公式（3.4）：

$$B_t = f (M, W, B_{t-1}) \tag{3.4}$$

设函数 f（E）代表的是自然资本的更新能力，包括自然资本的自我更新能力、人造资本对自然资本的替代能力等。将环境压力 H_t 引入（3.4）式，则环境功能随时间的动态变化可以表示为（3.5）式：

$$\dot{B} = dy/dx = f (E) - H_t (M, W) \tag{3.5}$$

环境可持续发展要求保证自然资本存量的代际非递减，即 $\dot{B} > 0$ 可以得到公式（3.6）：

$$H_t (M, W) \leqslant f (E) \tag{3.6}$$

公式（3.6）说明，要想维持环境压力的稳定，保持自然资本的代际非递减，经济增长引起的环境压力必须小于自然资本的更新能力。显然，增加公式满足概率的途径主要有两条：一条是降低环境压力，即降低人类生产活动对于自然资本的需求，另一条是提高自然资本的更新能力。需要说明的是，这里的自然资本更新能力是广义的，不仅包括自然资本的自我更新能力，还包括技术进步引起的人造资本对自然资本的替代和改进。由于自然资本的自我更新能力在一定时期内是既定的，因此，要提高自然资本的更新能力便只能依靠加强技术进步以增进人造资本对自然资本的替代。

3.4.2 经济可持续增长实现的基本条件

从前面的分析可以看到，实现经济的可持续增长必须要保证经济增长所产生的环境压力小于自然资本的更新能力。在工业化社会以前，人类的经济增长基本上没有超过自然资本的更新能力，因此，人类能够与自然环境和谐共处。而工业化社会形成以后，随着人类社会经济增长的加快，经济增长对环境的压力也逐渐加大，最终超过了自然资本的更新能力，导致人类与自然资源之间的矛盾冲突越来越严重。要实现人类同自然环境的和谐共处，就必须改变经济增长必然导致环境压力增大的现象，使经济在保持增长的同时，能够实现环境压力的不变或下降，最终实现经济的可持续增长。

假定某一经济体在 t 时期实现的总产出为 Y_t，单位产出造成的环境压力为 e_t，(3.3) 式可以改写为公式 (3.7)。

$$H_t = e_t \cdot Y_t \tag{3.7}$$

将 (3.7) 式对时间求导可以得到反映产出增长（即经济增长）同环境压力之间动态关系的方程式，即公式 (3.8)。

$$\dot{H}_t = Y_t \cdot \dot{e}_t + e_t \cdot \dot{Y}_t \tag{3.8}$$

在 (3.8) 式中，$\dot{H}$、$\dot{e}_t$ 和 $\dot{Y}_t$ 分别是三个变量对于时间的导数。从该方程式可以看到，如果要实现经济的可持续增长（即经济增长的同时实现环境压力的同步下降），必须要满足的条件如公式 (3.9) 所示。

$$\dot{e}_t < 0 \tag{3.9}$$

公式 (3.9) 表明，该经济体的单位产出所造成的环境压力必须随时间的变化而下降。

那么，是否能实现单位产出的环境压力下降呢？经济学家 Lecomber 认为有三种方式可以降低单位产出的环境压力：第一种是转变经济的产出结构，减少污染密集型产品的生产，加大环境友好型产品的生产。第二种是加大人造资本对自然资本的替代，如用太阳能等可再生能源替代石油等自然资本；第三种是加大绿色技术进步，提高自然资本的要素使用效率。Lecomber 认为，如果某一经济体在其经济增长过程中出现以上三种形式的变化时，单位经济产出所造成的环境压力才有可能下降。世界银行也认为经济增长能否伴随着环境压力的降低主要取决于经济结构优化、技术进步和人造资本能否实现对自然资本的替代。①

需要指出的是，e_t 只是代表了单位经济产出所造成的环境压力，在产出增长过程中，即便是 e_t 因为技术进步等原因出现了下降，总的环境压力也是有可能上升的，因此要想保证总的环境压力在经济增长过程中出现下降，除了满足等式 (3.6) 外还需满足 (3.10) 式：

$$-\dot{e}_t/e_{t>\dot{Y}_t}/Y_t \tag{3.10}$$

即单位经济产出所造成的环境压力下降速度须超过 GDP 的增长率，如果单位经济产出下降速度慢于经济增长率，虽然 e_t 是下降的，总体的环境压力却依然会保持上升。

由此可见，要实现经济可持续增长必须满足两个条件：一是要保证经济增

① Lecomber. R. Eeonomicgrowthversustheenvironment [M]. London: Macmillan, 1975.

长，二是要实现环境的可持续发展。即经济增长不能以危害环境为代价，保护环境不能损害经济增长，二者缺一不可。从前面的分析我们可以看到，如果存在经济可持续增长路径，那么实现有经济增长路径向经济可持续增长路径收敛的条件便是要降低经济增长所带来的环境压力，并且只有当单位经济产出所带来的环境压力小于经济增长率时，才能达到经济可持续增长路径。

3.5 北京市能源消费现状及存在的主要问题

3.5.1 北京市的能源消费概况

申奥成功后，北京市贯彻执行“绿色奥运”和“绿色北京市”的理念，引进和发展清洁能源，严控燃煤总量，合理控制机动车总量和出行天数，致力于改善空气质量和保障环境安全。尤其是近些年来，北京市紧紧围绕“压减燃煤促进空气质量改善”的主题，能源设施建设全面提速。奥运筹备以来全市能源建设累计投入超过1100亿元，使能源基础设施不断完善，石油、电力、天然气等能源供应保障能力得到提高，同时带动了全市能源结构逐步朝优质化、清洁化方向发展，能源结构发生了深刻变化。

从历史情况的比较看，2011年北京市能源消费总量6995.4万吨标准煤，其中煤炭和石油的比重由2000年的79.3%下降至2011年的59.1%，降低了20.2个百分点；相应地，天然气、外调电力等清洁能源的比重由20.7%上升至40.9%。从与全国情况的比较看，2011年北京市煤炭在能源消费中所占比重比全国平均水平低41.9个百分点。

表3.1 2000年和2011年北京市能源消费品种结构表 （%）

	全市	煤品	油品	天然气	电力（含水电、风电和电力净调入）	其他能源
2000年	100.0	54.4	25.0	3.8	16.1	0.8
2011年	100.0	26.5	32.6	14.2	25.3	1.4
比重±	0	-27.9	7.6	10.4	9.2	0.7

数据来源：根据《北京市统计年鉴》相关数据计算。

但是，北京市的能源结构与世界城市特别是与东京、伦敦、巴黎等已实现无煤化的城市相比，还有很大差距。在清洁能源利用方面，北京市比重偏低，特别是天然气比重仅为14.2%，明显低于40%-50%的世界城市平均水平；新能源和可再生能源也处于起步发展阶段。压减燃煤、提升清洁能源比重是北京市建设世界城市的必经之路。

3.5.2 北京市的能源消费结构

3.5.2.1 煤炭

煤炭曾是北京市最主要的能源燃料。近十多年来，北京市煤炭消耗比重逐步下降，总量先升后降。2000 年，在北京市能源消费结构中，煤炭的比重占 54.4%，处于各能源品种的首位。随着全市能源消费总量的增长，“十五”期间煤炭消费量也有所增长，2005 年达到史上最高值 3069 万吨。“十一五”以来，北京市加快实施燃煤设施资源整合和清洁能源改造，“压煤”成为北京市能源品种结构调整的主题，全市煤炭消费量以年均 4.2% 的速度逐步缩减，尤其是 2010 年底首钢在京钢铁主流程停止，加之高耗能企业相继退出、限产，全市煤炭消费量下降幅度较大。2011 年，全市煤炭消费量 2365.5 万吨，比 2000 年减少 15.8%，比 2005 年减少 22.9%；煤炭在全市能源消费中的比重为 26.5%，比 2000 年降低了 27.9 个百分点。煤炭不再是北京市最主要的燃料品种，以煤为主的能源消费结构得到转变。

比重低于全国，高于国际平均水平。北京市煤炭所占比重大大低于全国平均水平，2011 年仅为全国的 1/3（全国为 72%）左右。但与国际相比，北京市能源清洁化水平相距甚远。2011 年，煤炭在北京市终端能源消费中的比重比世界平均水平高 6.8 个百分点，比 OECD 国家高 13.1 个百分点。从世界城市来看，煤炭使用率极低，伦敦、巴黎和东京基本没有煤炭消费，纽约煤炭消费仅占 6% 左右。北京市压煤工作任重道远。

3.5.2.2 石油

石油的消费总量快速增长，比重逐步提高。近年来，随着交通运输业的发展和机动车保有量的快速增长，北京市石油消费规模迅速扩大。2011 年，北京市石油消费总量 1535 万吨，比 2000 年翻一番，年均增速 7.1%；三类成品油年均增速均超过 10%，其中汽油年均增长 12.1%，煤油 12.3%，柴油 10.1%。从石油在全市能源消费中的比重看，2011 年达 32.6%，比 2000 年提高了 7.6 个百分点。石油已在北京市能源消费品种结构中居主导地位。

比重高于全国，与国际水平相当。从与全国对比情况看，北京市石油消费比重大大高于全国平均水平，2011 年比全国高 14 个百分点（全国为 18.6%）。但与 OECD 国家水平相比，北京市石油比重偏低。2011 年，石油在北京市终端能源消费中的比重与国际平均水平基本相当，但比 OECD 国家低 6.3 个百分点。石油相对煤炭来说，是高效的能源，但相对天然气等清洁能源来说，排放大。同时，从全球情况看，受石油资源分布和储量及国际市场波动大导致消耗成本高等因素影响，各国都在探寻替代石油之路。目前我国超过一半的石油依靠进口，能源不安全因素渐增。因此，北京市在压煤的同时，还应合理控制石油消耗。

3.5.2.3 电力

电力的消耗总量快速增长，比重明显提高。随着城市规模的扩大，轨道交通的建设以及“煤改电”等项目的实施，北京市电力消费量快速增长。2011 年，全市电力消费量 853.7 亿瓦时，比 2000 年增长 1.3 倍。其中工业用电占 33.6%，第三产业用电占 44.5%，居民生活用电占 17%。同时，电力在全市能源消费中的比重明显提高，2011 年为 25.3%，比 2000 年提高了 9.2 个百分点。北京市电力绝大部分依靠调入。2011 年，净调入电量约占全社会用电量的七成。

火力发电占主导地位，煤炭投入占比高。在北京市用电量中，约三成为本市自产电。从全市电力生产能力看，火力发电占主导地位。2012 年年底火电装机容量占全市发电设备容量的 83.6%；水电占 14.3%；风电占 2%。同时，受自然条件限制，北京市水能和风能资源不足，设备运行不稳，火电机组平均利用小时远高于水电和风电（分别是后二者的 11.6 倍和 2.2 倍）。上述因素导致北京市发电量构成中火电和水电、风电的差距悬殊，97.5% 的发电量来自火力发电，而水电和风电仅占 1.4% 和 1.1%。同时，由于北京市火力发电中燃煤机组装机容量居首位（为 48.5%），其平均利用小时也最高，燃煤发电占火力发电的 55.5%，致使煤炭成为北京市发电最主要的能源投入品种，占全市火力发电投入的近七成，也是北京市 PM2.5 的重要来源之一。

3.5.2.4 天然气

天然气的总量、比重均呈上升趋势。近年来，北京市天然气应用范围不断扩展，全市天然气消费总量快速攀升。2011 年北京市天然气消费总量 73.6 亿立方米，比 2000 年增长 4.7 倍，年均增速高达 17.1%。同时，天然气比重逐步上升，2011 年为 14.2%，比 2000 年上升了 10.4 个百分点。根据供应部门数据，在 2012 年北京市的用气结构中，采暖制冷用气占 45.5%，发电用气占 28.4%，居民生活用气占 13.7%，车辆用气占 0.9%，其余占 11.5%。

天然气的比重高于全国，低于国际水平。从与全国对比情况看，北京市天然气所占比重大大高于全国平均水平，但与国际水平相距甚远。2011 年，北京市天然气在能耗中的比重比全国高 9.2 个百分点（全国为 5%），但明显低于 40%-50% 的世界城市平均水平。2011 年，天然气在北京市终端能源消费中的比重比世界平均水平低 6.4 个百分点，比 OECD 国家低 8.7 个百分点。天然气虽也是化石能源，但由于其使用效率高，潜在排放低，是北京市能源清洁化发展的主要方向，需要进一步提高天然气比重。

3.5.2.5 新能源与可再生能源

新能源和可再生能源的总量发展较快。近年来北京市新能源和可再生能源发展取得突破，自2008年起增长速度持续保持在两位数以上（2008－2010年均高于20%，2011年为10.6%），远高于同期全市能源消费总量的增速水平，整体发展速度较快。2011年全市各类新能源与可再生能源利用总量达到257.1万吨标准煤，占全市能源消费总量的3.7%。从新能源与可再生能源利用结构看，太阳能利用量占比超过六成，生物质能不到二成，地热能约占一成，风能和小水电约占一成。太阳能在北京市新能源与可再生能源开发利用中占主导地位。

虽然新能源和可再生能源的总量发展较快，但比重偏低。发展新能源和可再生能源被视为减排的有效措施，但北京市新能源与可再生能源比例明显低于全国水平（约10%）以及世界平均水平（2010年为12.7%）。同时，虽然北京市可再生能源发展较快，但总体利用规模仍然偏小。

3.5.3 北京市能源品种结构调整面临的挑战

北京市作为首都的特殊地位以及建设“世界城市”的战略目标，决定了其在环境状况和空气质量上有更高要求。压减燃煤、优化能源品种结构是“十二五”时期改善首都空气质量的一项关键性举措，也是改善首都环境状况的必由之路。目前来看，北京市在能源清洁化改造上还面临如下不利局面和挑战。

3.5.3.1 燃煤使用总量较大、比重偏高的局面未根本扭转，压煤工作具有长期性、复杂性和艰巨性

煤炭使用效率低，环境承载压力大。虽然近年来北京市压煤工作取得明显成效，但燃煤使用总量较大、比重偏高的局面未根本扭转，煤炭在北京市能源消费中仍占重要地位，由燃煤带来的污染物尤其是二氧化硫排放占北京市总排放的比重高。

此外，北京市燃煤排放存在一些具体问题，如燃煤消耗集中，占全市总面积8%的城六区共消耗全市约60%的燃煤，燃煤密度大，中心城区污染源集中；燃煤达标程度低，小煤炉遍布在中心城区、城乡接合部及农村地区，大部分为劣质燃煤散烧，低空污染严重；燃煤主体复杂，现有的燃煤设施电厂、锅炉房和小煤炉，涉及中央机关、企业、院校、驻京部队和市、区属企事业单位等不同主体，改造的协调推进难度大，设施改造过程复杂。北京市压煤工作具有长期性、复杂性和艰巨性。

3.5.3.2 交通运输需求规模大导致油耗总量控制难

近年来，北京市交通运输能耗以大大高于全市平均水平的速度快速增长，其能耗占全市能源终端消费量的比重也不断攀升，目前已超过1/4。尤其是全市汽

柴煤油消费中，九成以上为交通运输工具消费，其中超过一半为机动车消耗。因此，交通运输发展对北京市石油消耗起决定性作用，机动车保有量及行驶状况对此产生重要影响。

但是，北京市交通运输发展的特点及城市功能定位决定了交通运输能耗需求规模较大，并仍将保持增长趋势。首先，北京市作为交通枢纽以及“世界城市”的功能定位，公共交通系统、城市物流配送体系必将形成更大规模，交通运输业的发展必将带动能耗增加；其次，北京市机动车保有量大，目前已突破500万辆，且其呈现“高强度使用、高密度聚集”的特点，使全市机动车油耗总量保持较大规模；第三，随着城市面积的扩大和城市人口的持续增长，促使居民出行距离和出行总量持续增加，带动交通能耗规模扩大。因此，北京市交通运输能耗将呈刚性增长，致使对机动车油耗总量和增速控制的难度加大。

3.5.3.3 能源对外依存度高带来结构调整困难

能源结构优化首先涉及清洁能源的供应和保障，但北京市能源资源十分有限。一次能源中，仅有煤炭和极少量的水电，所有的原油和天然气均靠外省调入或进口，近七成电力依靠外部输入。受资源禀赋限制，北京市能源对外依存度极高，在能源结构调整上面临客观条件的限制。

首先，外调能源供应受宏观经济社会环境和供应方生产、政策等因素影响大，自主性较差。其次，能源结构调整涉及现有设施的存量改造升级和增量高标准应用。北京市能源资源禀赋及对外依存情况使得能源基础设施改造过程长，投入大。如北京市天然气供应完全依靠外部输入，供需上下游衔接长，基础设施涉及资源供给、规划、建设、运行等各个方面，建设周期较长；新能源与可再生能源发展面临总体利用规模小、后期运维问题多、市场化发展机制未形成等问题，其供给和保障方面的稳定性和可持续性差，难以发挥关键性作用；城市电网安全可靠性方面还有很大提升空间等。

3.6 北京市的环境状况评价

3.6.1 北京市的环境现状

3.6.1.1 大气环境：空气质量不断改善，但可吸入颗粒物年均浓度仍未达标

2011年，北京市全年二级和好于二级天数达到286天，占全年总天数的78.4%，与上年持平。空气中二氧化硫年平均浓度值为0.028毫克/立方米，二氧化氮年平均浓度值为0.055毫克/立方米，一氧化碳为1.4毫克/立方米，分别

比上年下降12.5%、3.5%和6.7%，均达到国家二级标准；可吸入颗粒物年平均浓度值为0.114毫克/立方米，仍未达到国家二级标准0.1毫克/立方米的水平。

3.6.1.2 水环境：人均水资源短缺，城市下游河道水污染较为严重

2011年，北京市人均水资源量为134.7立方米/人，比上年增长11.5%，但仍远远低于国际公认的人均水资源1000立方米的警戒线，属于严重缺水地区。全市五大水系中，潮白河水系水质最好，永定河水系次之；蓟运河水系、大清河水系和北运河水系水质总体较差。城市下游不达标断面水体中化学需氧量、氨氮年均浓度值分别为67.9毫克/升和11.8毫克/升，分别比上年下降11.1%和2.5%。

3.6.1.3 生态环境：造林面积持续增加，城市绿化明显改善

2011年，北京市当年造林面积为20796万公顷，比上年增长49.8%；自然保护区的数量为20个，面积13.41万公顷，比上年减少0.18万公顷。建成区绿化覆盖率为45.6%，比上年增加0.6个百分点；人均公园绿地面积15.3平方米，比上年增加0.3平方米。

3.6.1.4 污染排放：主要污染物排放量持续下降，国家重点监测指标降幅继续领先全国水平

2011年，化学需氧量（COD）排放量为19.3万吨，比上年下降3.5%，其中，工业废水中COD排放量为0.71万吨，比上年提高3.8%；二氧化硫（SO_2）排放量为9.8万吨，比上年下降6.2%，其中，工业SO_2排放量为6.1万吨，比上年下降8.3%。

3.6.1.5 环境治理：环境污染治理投资不断增长，特别是市容环境卫生投资增幅较大

2011年，北京市环境污染治理投资总额214亿元，比上年提高22.3%。其中，城市环境基础设施投资192.3亿元，比上年提高11.1%；工业污染防治投资1.2亿元，比上年下降36.9%。在城市环境基础设施投资中，市容环境卫生投资92亿元，比上年增长3.1倍；排水投资37.8亿元，比上年增长1.2倍。在工业污染防治投资中，治理废水6692.6万元，比上年增长2.8倍；治理噪声35.6万元，增长2.2倍。

近年来，北京市的环境有了很大的改善，但与目前全球公认的世界城市纽约、伦敦、东京相比，北京市差距较大的是空气质量。2011年，北京市的可吸入颗粒物的浓度是伦敦的6.7倍，纽约的6.3倍，东京的3.3倍（见表3.2）。2011年入秋以来，北京市等城市接连出现灰霾天气，让PM2.5迅速闯入公众视

野，引起广泛关注。同年12月，国家环保部在《环境空气质量标准》的修订中增加了PM2.5的监测。

表3.2 北京市与世界城市空气污染状况 单位：微克/立方米

城市	可吸入颗粒物	二氧化硫	二氧化氮
北京市	114	28	55
纽约	18	26	79
伦敦	17	25	77
东京	35	18	68

数据来源：《2011年北京市环境状况公报》、世界银行《2011年世界发展指标》

3.6.2 北京市大气污染的特点及成因

空气中的污染物主要包括颗粒物和有害气体。北京市的春天较短，同时也是沙尘暴发生的季节。每当沙尘暴来临，漫天沙尘，能见度下降，空气中颗粒物会大大增加，危害相当严重。除了颗粒物外，北京市大气中还有二氧化硫、一氧化碳和氮氧化物等有害气体，这些都给大气带来了严重的影响。

3.6.2.1 可吸入颗粒物的污染状况

可吸入颗粒物（PM10），指悬浮在空气中直径≤10微米的颗粒物。正因为如此细小，PM10能不受鼻腔与咽喉的阻挡，随着空气直接进入肺部，对健康危害很大。所以欧盟国家规定，一年中PM10的日均浓度低于50微克/立方米的天数应达到90%以上。但2011年北京市达到PM10低于50微克/立方米（空气质量为一级）的天数只有74天，仅占全年天数的20.3%。世界卫生组织（WHO）的标准更为严格，可吸入颗粒物PM10的浓度应低于20微克/立方米，北京市达到该标准的天数则更少。

事实上，PM10分为“粗颗粒”和“细颗粒”两种。“粗颗粒”指直径2.5－10微米的灰尘颗粒，它们由机械作用产生。“细颗粒”指直径小于2.5微米的颗粒物（缩写为PM2.5），它们来自燃烧产生的烟尘，例如燃烧煤炭、汽油、柴油、垃圾等。这些年，北京市花了很大力气提高空气质量，但所采取的主要措施偏重于减少粗颗粒，然而细颗粒对人体的危害更为严重。

3.6.2.2 有害气体的污染状况

北京市大气中的有害气体主要包括二氧化硫、一氧化碳、碳氢化合物、氮氧化物和臭氧等。其中，二氧化硫是具有强烈刺激性的气体，它能刺激眼睛，引起呼吸道疾病，甚至造成死亡。碳氢化合物、一氧化碳和氮氧化物（包括一氧化氮和二氧化氮）主要来自汽车尾气。截至2011年底，北京市机动车辆高达498.3

万辆，空气中一氧化碳的80%、氮氧化物的40%、碳氢化合物的93%来源于汽车尾气。这表明北京市的空气污染已经由煤烟型向汽车尾气型转变。

3.6.3 北京市空气质量状况喜忧参半

3.6.3.1 二氧化硫（SO_2）排放量逐步减少，但全年 SO_2 浓度达到一级标准的概率低

2011 年，全市二氧化硫排放量比上年削减 0.65 万吨。其中，城镇生活二氧化硫排放量 3.7 万吨，比上年下降 2.4%；集中式治理设施二氧化硫排放量 45 吨，下降 30.8%。尽管全市二氧化硫排放量逐年减少，但是全年大气中二氧化硫浓度达到一级标准的只有 6 天。

3.6.3.2 氮氧化物排放量稳步下降，但机动车氮氧化物排放量所占比重略有增加

2011 年，北京市氮氧化物排放量 18.8 万吨，比上年下降 4.8%。其中，工业氮氧化物排放量 9 万吨，比上年下降 6.1%；城镇生活氮氧化物排放量 1.2 万吨，下降 4.7%；机动车氮氧化物排放量 8.6 万吨，下降 3.4%；集中式治理设施氮氧化物排放量 318 吨，比上年增长 97.5%。2011 年，机动车氮氧化物排放量占全市氮氧化物比重 45.4%，比上年增加 0.6 个百分点。由于大气中近一半氮氧化物来自机动车，而且，机动车排放的氮氧化物所占比重有上升的苗头，应引起重视。

3.6.3.3 烟（粉）尘排放量降幅较大，但机动车烟尘排放量有所上升

2011 年，北京市烟（粉）尘排放量 6.6 万吨，比上年下降 15%。其中，工业烟（粉）尘排放量 2.9 万吨，比上年下降 31.1%；城镇生活烟尘排放量 3.2 万吨，比上年增长 5.1%；机动车烟尘排放量 4449 吨，增长 3.2%；集中式治理设施烟尘排放量 28 吨，下降 17.6%。城市中 PM2.5 主要来自机动车，尽管全市对机动车尾气排放标准要求提高，但不断增加的机动车数量带来的负面影响抵消了尾气排放标准提高带来的积极影响。

3.6.4 改善空气质量需要全社会的努力

北京市作为国际化城市，常住人口已达到 2018.6 万。空气质量关乎全市居民的切身利益，大气质量的改善，需要社会各界共同努力。首先，继续强化治理政策，保障大气环境改善。2011 年，北京市制定了《北京市清洁空气行动计划（2011－2015 年大气污染控制措施）》，实施并完成了 2011 年大气污染控制措施；

第二，借鉴发达国家经验，提高城市吸尘能力。发达国家的经验表明，在城市中尽量减少裸露的土地，进行大量绿化，有助于改善空气质量。由于植物具有吸尘作用，在植被葱茏的城区，空气中的颗粒物浓度能减少75%～90%；第三，提高个人环保意识，自觉参与环保建设。2008 年奥运会期间，北京市机动车辆实行单双号限行，全体市民选择绿色出行方式，全市空气质量有 10 天达到一级，二氧化硫、一氧化碳、二氧化氮浓度达到世界发达城市水平。事实证明，只有提高市民环保意识，倡导全民参与"绿色北京市"建设，北京市的空气质量才有希望大幅改善和提高。

3.7 北京市绿色 GDP 的投入产出状况分析

GDP（国内生产总值）指标没有充分考虑资源和环境因素。联合国统计委员会在 1993 年修订的 SNA 版本中提出了绿色 GDP 的指标，但只是作为一个参考性指标。如果绿色投入产出分析仍然采用 GDP 作为总量指标，就不能清楚地反映绿色 GDP 的投入与产出。这里我们将在绿色 GDP 的投入产出分析的基础上，测算北京市的绿色 GDP 状况，既可以反映北京市经济可持续发展的能力，也能为北京市推动节能环保产业发展提供重要的参考。

3.7.1 绿色 GDP 核算的理论思考

绿色 GDP 指标的提出虽然时间不长，但是它引起了世界各国的广泛关注。许多国家进行试点试算。我国的学者和实际工作者也进行了理论的探讨和实际的测算，出现了不少的研究成果。

3.7.1.1 绿色 GDP 核算的主要障碍

国民经济核算要反映经济发展的规模、速度与效益，这与当时的经济发展观是息息相关的。从新中国成立初期到改革开放前，我国一直处于短缺经济时代，因此当时追求的是经济发展的规模和速度，被称为"多、快、好、省"地建设社会主义。国民经济核算突出物质产品，计算只包括农业、工业、建筑业、货运邮电业和商业餐饮业五大部门的总产值（或净产值）。从 1978 年到 20 世纪末，我国经济逐步告别短缺时代，由改革开放初期的乡镇企业遍地开花到 20 世纪 90 年代末企业的理性竞争，国民经济追求的是经济发展的数量与质量，要求国民经济"又快又好"地发展，这一时期国家根据邓小平"发展是硬道理"的论断，提出要走可持续发展道路，国民经济核算完成了由物质生产部门向全部生产部门的转变，开始计算反映国民经济各部门生产成果的 GDP（国内生产总值）。从 20 世纪 90 年代末开始，中国经济已基本告别短缺经济时代，由"卖方市场"向

“买方市场”转变。21世纪初，中央适时提出了科学发展观，要求国民经济“又好又快”发展，即先保证经济发展的质量，在提升质量的基础上再追求经济发展的数量。反映在国民经济核算上，就是逐步由经济的单一核算转向经济、资源、环境的全面核算，对GDP进行绿化，计算绿色GDP。

我国推行绿色GDP核算的主要障碍有三个方面。其一是联合国SEEA核算框架实现有一定的难度。该核算框架中要求核算非生产自然资产期初与期末存量。一谈到资源的存量我们首先想到的实物量，比如已探明尚未开采的各种矿物的数量，原始森林与林地的林木蓄积量，土地面积数量、水资源数量、鱼类资源数量等。而要将这些实物量转化为价值量，遇到的第一个困难是计价。矿物尚未开采，按核算期当年已开采矿物价格计价显然不符合实际。林木蓄积量因为树种繁多，难以按树种计价，一般用混合平均价，而对混合平均价的把握非常困难，稍有偏差得到的价值量就相差甚远。土地面积更为复杂，一部分城市非农业用地进入市场，而大部分土地面积没有进入市场，没有进入市场的土地面积是难以计价的。水资源可以计算每年的数量，也可计算多年的平均值，其计价也非常困难，目前农业用水、工业用水、城市生活用水，可以参照所收水费计价，但是没有进入市场的其他水资源难以计价。鱼类资源包括两方面，一是鱼种，二是数量，这两方面难以确定，再有分鱼种的计价也存在困难。如果说SEEA核算框架实现有一定的难度，主要还是在存量核算上。其二是我国资源、环境价值量核算基础较差。我国在计划经济体制下，政企不分，资源、环境的使用带有无偿性，根本没有价值量核算，在1992年确立社会主义市场经济体制后，我国开始建立资源、环境价值量核算。因为建立的时间短，加上国家开征的资源、环境税难以弥补资源的耗减和环境的降级所需要的费用，其价值量核算难以反映实际。值得高兴的是，我国近年来逐步开展了各种资源的普查、污染源的普查，并且在部分省市开展了绿色国民经济核算的试点，已掌握了大部分第一手资料，为我国资源、环境价值量的核算奠定了基础。目前的任务是建立资源、环境价值量的常规统计，为资源耗减、环境降级的核算提供可行的数据资料，特别是提供计价的标准。其三是非市场定价与产权界定方面造成的制约。中国建立社会主义市场经济体制的时间不长，资源、环境由无价到有价有一个过程。从理论上讲，非公共用品完全可以通过市场定价，而公共用品只能参照市场定价。资源、环境存量难以通过市场定价，制约了资源、环境存量的价值量核算。同时，产权界定在我国是怎样界定国家、企业（集体），个人的产权被称为资源、环境核算的一大难点，。

3.7.1.2 用投入产出方法推进绿色GDP核算

投入产出方法反映在两个方面：一是投入产出核算，二是投入产出模型。由于投入产出核算是可以细化任何经济总量的核算，并且为中国的核算由物质生产部门向全部生产部门的转化发挥了重要作用，同样也可以推进绿色 GDP 核算。投入产出模型不仅能够分析直接联系，而且能够分析间接联系，可以用来分析哪些行业对资源、环境流量的间接消耗较大，便于制定合理的产业政策。

用投入产出方法推进绿色 GDP 核算有三点理由：第一，投入产出方法对中国国民经济核算的推进发挥了重要作用。中国的国民经济核算由物质产品平衡表体系（东方体系）向国民经济账户体系（西方体系）转轨起步于 1985 年，当时我国试图建立一个东西方混合体系，其中 1987 年投入产出表的编制被称为是一个大手笔。1987 年投入产出表将 MPS（东方体系）的总量指标和 SNA（西方体系）的总量指标容纳在一张表上，采用积木式、拼盘式，第一次编制出以国内生产总值为核心指标的投入产出表，同时通过积木式、拼盘式方法可以得到以社会总产值（五大物质生产部门总产值）为核心指标的投入产出表。第二，投入产出核算可以细化绿色 GDP 核算。由于投入产出分析的灵活性，使得投入产出核算不仅能够细化 GDP 核算，而且可以细化绿色 GDP 核算。在细化时，只需将用生产法、收入法、支出法计算 GDP 的公式改为计算绿色 GDP 的公式。第三，投入产出方法与国家调查制度结合是建立绿色 GDP 核算的关键。投入产出核算属于流量核算，绿色投入产出核算同样是流量核算，所不同的是增加了资源耗减和环境降级的核算，简而言之，它只涉及资源与环境的流量核算。这样，用投入产出方法推进绿色 GDP 的核算可以先绕开资源、环境的存量核算，将绿色 GDP 核算建立起来。而且，投入产出调查每五年一次，完全可以通过调查把各行业（或重点企业）绿色增加值核算建立起来。如果有行业核算与企业核算作为基础，绿色 GDP 核算就有了牢固的基石。如果在投入产出调查与经济普查中增加资源、环境流量方面的内容，完全可以将行业绿色增加值核算建立起来。

3.7.2 绿色 GDP 投入产出模型建立的构想

树立科学发展观，不应以 GDP（国内生产总值）的增长衡量政绩，而应以绿色 GDP 的增长作为衡量的指标。怎样建立并完善绿色 GDP 指标的核算体系需要我们进行深入探讨。

3.7.2.1. 问题的提出

绿色核算有两个研究方向，一是绿色 GDP 总量指标的研究；二是绿色投入产出方法的研究。绿色 GDP 总量指标的研究，采用的方法是联合国统计委员会 1993 年 SNA 版本中的《环境与经济综合核算（SEEA)》，即环境核算的卫星账户。绿色投入产出方法研究是不改变 GDP 的总量指标，只将资源、环境因素都放在投入产出表中形成经济、资源、环境投入产出表。这两种研究方法都有其局限性，绿色 GDP 的测算只提供了总量指标，而不便于分析其结构；而绿色投入产出分析能分析其结构，但没有解决 GDP 指标本身存在的问题。于是，我们将绿色 GDP 指标的测算与绿色投入产出的分析方法结合起来，建立基于绿色 GDP 的投入产出模型。在绿色 GDP 投入产出模型中，核心指标是绿色 GDP，整个模型的架构都从这一指标出发，同时也考虑投入产出分析方法的充分运用。

3.7.2.2. 模型的架构

建立绿色 GDP 投入产出模型可以采用一步到位法和二步到位法：一步到位法是完全按绿色 GDP 的三种计算方法设计模型，在模型中看不到 GDP 指标的痕迹；二步到位法是在 GDP 投入产出模型的基础上进行某些修改，既保留原有 GDP 指标，又能计算绿色 GDP 指标。在绿色 GDP 指标尚未纳入核算制度时，先采用二步到位法设计模型。模型的具体架构如表 3.3，表 3.3 为绿色 GDP 投入产出表。

表 3.3　绿色 GDP 投入产出表

<table>
<tr><th colspan="2" rowspan="2">产出
投入</th><th>中间使用</th><th>绿色最终使用</th><th rowspan="2">总产出</th></tr>
<tr><th>1，2，…，n　合计</th><th>最终资本净调资源
消费形成出整环境合计
总额口项支出</th></tr>
<tr><td>中间投入</td><td>1
2
…
n
合计</td><td>Ⅰ</td><td>Ⅱ</td><td></td></tr>
<tr><td>资源耗减环境降级</td><td>1
2
…
n
合计</td><td>Ⅲ</td><td>Ⅳ</td><td></td></tr>
<tr><td>绿色GDP</td><td>固定资产损耗
劳动者报酬
生产税净额
营业纯盈余
合计</td><td>Ⅴ</td><td rowspan="2"></td><td rowspan="2"></td></tr>
<tr><td colspan="2">总投入</td><td></td></tr>
</table>

绿色 GDP 投入产出表由五个象限组成。第Ⅰ象限与 GDP 投入产出表完全相

同，反映国民经济各部门在生产过程中对产品的消耗，包括对有形产品货物和无形产品服务的消耗。第Ⅱ象限反映产品的最终使用，包括最终消费、资本形成总额与净出口；考虑到绿色 GDP 的最终使用要小于 GDP 的最终使用，特别在产品的最终使用栏中增加了资源环境支出，这样将最终使用改为绿色最终使用，以便分别计算支出法 GDP 与绿色 GDP。第Ⅲ象限反映国民经济各部门在生产过程中引起的资源耗减和环境降级，其中资源耗减包括矿物的耗减、森林中开采木材，水土流失对农业用地生产能力的影响，酸雨对农业、林业的影响等；环境降级包括对鱼的过度捕杀，原始森林中开采木材，猎取野生动物以及残余物排放对水、空气、鱼类和野生森林的质量的影响等。第Ⅳ象限合计栏与第Ⅲ象限对应，同时也考虑居民消费引起的生活污染虚拟治理成本，并设调整项进行平衡处理，该象限反映生产过程中资源耗减和环境降级与绿色最终使用中资源环境支出的一一对应关系。第Ⅴ象限为绿色 GDP 象限，反映国民经济各部门所创造的绿色 GDP 数量，是生产法与收入法绿色 GDP 的计算结果。

利用绿色 GDP 投入产出表可以用三种方法来计算绿色 GDP。

生产法：绿色 GDP = 总投入 - 中间投入 - 资源耗减和环境降级；

收入法：绿色 GDP = 固定资产损耗 + 劳动者报酬 + 生产税净额 + 营业纯盈余；

支出法：绿色 GDP（绿色最终使用） = 最终消费 + 资本形成总额 + 净出口 + 调整项 - 资源环境支出。

3.7.2.3. 应用的方法

绿色 GDP 投入产出表比原有的投入产出表应用更加广泛，在这里仅讨论绿色 GDP 投入产出行模型和列模型。

先讨论行模型。将第Ⅰ象限和第Ⅲ象限对应的行，第Ⅱ象限和第Ⅳ象限对应的行相加，建立行模型。其平衡关系式为：

中间产品使用 + 资源环境支出（使用） + 绿色最终使用 = 总产出

设：中间产品使用（即第Ⅰ象限）的元素为 $x_{ij}^{(1)}$，资源环境支出（即第Ⅲ象限）的元素为 $x_{ij}^{(2)}$，绿色最终使用的元素为 $\dot{Y}_i$，总产出的元素为 X_i。根据行平衡关系式，有：

$$
\begin{cases}
(x_{11}^{(1)} + x_{12}^{(1)} + \cdots + x_{1n}^{(1)}) + (x_{11}^{(2)} + x_{12}^{(2)} + \cdots + x_{1n}^{(2)}) + \dot{Y}_1 = X_1 \\
(x_{21}^{(1)} + x_{22}^{(1)} + \cdots + x_{2n}^{(1)}) + (x_{21}^{(2)} + x_{22}^{(2)} + \cdots + x_{2n}^{(2)}) + \dot{Y}_2 = X_2 \\
\cdots\cdots \qquad \cdots\cdots \\
(x_{n1}^{(1)} + x_{n2}^{(1)} + \cdots + x_{nn}^{(1)}) + (x_{n1}^{(2)} + x_{n2}^{(2)} + \cdots + x_{nn}^{(2)}) + \dot{Y}_n = X_n
\end{cases} \tag{3.1}
$$

引入直接消耗系数 $a_{ij}^{(1)}$ 和资源环境直接耗用系数 $a_{ij}^{(2)}$ ，其中：

$$a_{ij}^{(1)} = \frac{x_{ij}^{(1)}}{X_j} \tag{3.2}$$

$$a_{ij}^{(2)} = \frac{x_{ij}^{(2)}}{X_j} \tag{3.3}$$

公式（3.2）中 $a_{ij}^{(1)}$ 表示 j 部门单位总产出所消耗的中间产品数量，公式（3.3）中 $a_{ij}^{(2)}$ 表示 j 部门单位总产出所直接引起的资源和环境的耗用数量。将式（3.2）、（3.3）代入式（3.1），可以得到（3.4）式：

$$\begin{cases} (a_{11}^{(1)}X_1 + a_{12}^{(1)}X_2 + \cdots + a_{1n}^{(1)}X_n) + (a_{11}^{(2)}X_1 + a_{12}^{(2)}X_2 + \cdots + a_{1n}^{(2)}X_n) + \dot{Y}_1 = X_1 \\ (a_{21}^{(1)}X_1 + a_{22}^{(1)}X_2 + \cdots + a_{2n}^{(1)}X_n) + (a_{21}^{(2)}X_1 + a_{22}^{(2)}X_2 + \cdots + a_{2n}^{(2)}X_n) + \dot{Y}_2 = X_2 \\ \\ (a_{n1}^{(1)}X_1 + a_{n2}^{(1)}X_2 + \cdots + a_{nn}^{(1)}X_n) + (a_{n1}^{(2)}X_1 + a_{n2}^{(2)}X_2 + \cdots + a_{nn}^{(2)}X_n) + \dot{Y}_n = X_n \end{cases} \tag{3.4}$$

用矩阵表示为：

$$A^{(1)}X + A^{(2)}X + \dot{Y} = X \tag{3.5}$$

$$有：(I - A^{(1)} - A^{(2)})X = \dot{Y} \tag{3.6}$$

$$X = (I - A^{(1)} - A^{(2)})^{-1}\dot{Y} \tag{3.7}$$

再讨论列模型。建立列模型的平衡关系：中间投入 + 资源耗减环境降级 + 绿色 GDP = 总投入

在列平衡关系中，各部门在生产过程中的中间投入加上对资源环境的耗减再加上创造的绿色 GDP 等于总投入。

设：中间投入（第Ⅰ象限）和资源环境耗减（第Ⅲ象限）的元素同行模型，绿色 GDP（第Ⅴ象限）的元素为 $\dot{H}_j$ ，总投入为 X_j 。根据列平衡关系式，则有（3.8）式：

$$\begin{cases} (x_{11}^{(1)} + x_{21}^{(1)} + \cdots + x_{n1}^{(1)}) + (x_{11}^{(2)} + x_{21}^{(2)} + \cdots + x_{n1}^{(2)}) + \dot{H}_1 = X_1 \\ (x_{12}^{(1)} + x_{22}^{(1)} + \cdots + x_{n2}^{(1)}) + (x_{12}^{(2)} + x_{22}^{(2)} + \cdots + x_{n2}^{(2)}) + \dot{H}_2 = X_2 \\ \\ (x_{1n}^{(1)} + x_{2n}^{(1)} + \cdots + x_{nn}^{(1)}) + (x_{1n}^{(2)} + x_{2n}^{(2)} + \cdots + x_{nn}^{(2)}) + \dot{H}_n = X_n \end{cases} \tag{3.8}$$

引入直接消耗系数 $a_{ij}^{(1)}$ 和资源环境直接耗用系数 $a_{ij}^{(2)}$ ，其经济含义同行模型式（3.2）与式（3.3），将其代式（3.8），则有式（3.9）：

$$\begin{cases}(a_{11}^{(1)}X_1+a_{21}^{(1)}X_1+\cdots+a_{n1}^{(1)}X_1)+(a_{11}^{(2)}X_1+a_{21}^{(2)}X_1+\cdots+a_{n1}^{(2)}X_1)+\dot{H}_1=X_1\\(a_{12}^{(1)}X_2+a_{22}^{(1)}X_2+\cdots+a_{n2}^{(1)}X_2)+(a_{12}^{(2)}X_2+a_{22}^{(2)}X_2+\cdots+a_{n2}^{(2)}X_2)+\dot{H}_2=X_2\\ \\(a_{1n}^{(1)}X_n+a_{2n}^{(1)}X_n+\cdots+a_{nn}^{(1)}X_n)+(a_{1n}^{(2)}X_n+a_{2n}^{(2)}X_n+\cdots+a_{nn}^{(2)}X_n)+\dot{H}_n=X_n\end{cases} \tag{3.9}$$

用矩阵表示为：

$$\hat{A}_c^{(1)}X+\hat{A}_c^{(2)}X+\dot{H}=X \tag{3.10}$$

在式（3.10）中：

$$\hat{A}_c^{(1)}=\begin{pmatrix}\sum_{i=1}^{n}a_{i1}^{(1)} & & & \\ & \sum_{i=1}^{n}a_{i2}^{(1)} & & \\ & & \ddots & \\ & & & \sum_{i=1}^{n}a_{in}^{(1)}\end{pmatrix},$$

$$\hat{A}_c^{(2)}=\begin{pmatrix}\sum_{i=1}^{n}a_{i1}^{(2)} & & & \\ & \sum_{i=1}^{n}a_{i2}^{(2)} & & \\ & & \ddots & \\ & & & \sum_{i=1}^{n}a_{in}^{(2)}\end{pmatrix}$$

则：

$$(I-\hat{A}_c^{(1)}-\hat{A}_c^{(2)})X=\dot{H} \tag{3.11}$$

$$X=(I-\hat{A}_c^{(1)}-\hat{A}_c^{(2)})^{-1}\dot{H} \tag{3.12}$$

利用行模型可以研究最终净使用与总产出的关系，利用列模型可以研究绿色增加值与总投入的关系。

3.7.3 行业绿色增加值核算方法的讨论

建立基于绿色 GDP 的投入产出模型，需要编制绿色 GDP 投入产出表。而编制这一表格必须分行业核算绿色增加值。为此，我们先讨论行业绿色增加值的核算方法。

3.7.3.1 行业绿色增加值核算总的原则

参照增加值核算的方法，绿色增加值核算应遵循的主要原则有以下几个方面。

一是平衡原则。为了便于操作，行业绿色增加值的核算应该以行业增加值核算为基础，主要用生产法和收入法进行核算。根据绿色 GDP 指标的含义，行业绿色增加值应该在增加值的基础上扣除资源的耗减和环境的降级。

二是权责发生制原则。绿色增加值核算的困难是产权界定，在分行业核算时只能大致按照权责发生制原则。对资源耗减与环境降级核算以直接为主，即哪个行业直接造成资源耗减与环境降级就计算到哪个行业，避免重复计算，对于间接造成的影响，通过投入产出分析测算。但对于大自然直接造成的影响，我们则不能把责任计算到大自然的头上，比如由暴风雨造成的山洪暴发与水土流失等，只能计算到受其害的行业头上。

三是市场原则。绿色增加值核算的另一困难是非市场定价，目前只能参照市场定价。伴随着社会主义市场经济的发展，资源与环境应该由无价逐步变为有价，资源的开采权由企业向政府购买；三废（废水、废气、废物）的排放由企业与环境保护部门签订协议，可以由企业自己处理，达标排放；可以由企业交纳费用并由环保企业统一处理。资源的耗减特别是矿物的耗减按企业向政府购买开采权的费用计算，未交纳开采费的按交纳标准计算虚拟费用。环境的降级中三废排放部分只计算未按标准排放的数量，参照达标排放的标准计算虚拟费用。

3.7.3.2 农业绿色增加值的核算

农业绿色增加值等于农业增加值减去属于农业经济活动所引起的资源耗减与环境降级，同时也包括大自然对农业所依赖的资源造成的影响与耗减。

属于农业经济活动所引起的资源耗减几乎没有，比如森林中开采木材属于资源耗减，但在森林工业的产值计算中，农民对自己种的树进行零星砍伐没有单独计算，如果计算在林业的产值中也应该扣减。属于大自然引起的农业资源的耗减主要有水土流失对农业用地生产能力的影响。

农业经济活动所引起的环境降级包括猎取野生动物、对鱼的过度捕杀、农用化学品（包括农药、化肥、塑料薄膜等）过量或不当使用造成的对环境的污染和农产品质量的下降、牲畜粪便的不当处理对环境的污染、兽药和激素的不当使用造成畜产品质量的下降、水产品的养殖中过量地投食投药造成水产品质量下降和对水体的污染。

对于农民的生活污染，由于难以与农业经济活动的污染分开，可以计算一个比例，由于绿色增加值核算不考虑支出法中的消费活动，故先从农业增加值中扣除。

3.7.3.3 工业、建筑业绿色增加值的核算

工业与建筑业绿色增加值等于工业与建筑业实现的增加值扣除工业与建筑业经济活动造成的资源耗减与环境的降级。

属于工业与建筑业经济活动所引起的资源耗减包括矿物的耗减、森林中开采木材、酸雨对农业、林业的影响。

属于工业与建筑业经济活动所引起的环境降级包括原始森林中开采木材、废水、废气、废物的排放对水、空气、鱼类和野生森林质量的影响，采掘造成的地面塌陷与污染土壤对种植业、林业的影响，工业噪声与建筑施工噪声污染。

3.7.3.4 服务业绿色增加值的核算

服务业属于无形产品行业，一般不直接造成资源耗减，主要消耗的资源性产品都是工业产品。因此，服务业绿色增加值主要是从增加值中扣除环境的降级。属于服务业经济活动引起的环境降级主要有废水排放、废气排放、产生的垃圾、产生的噪声等。服务业产生的污染大家都习惯称之为生活污染。其实服务业活动产生的污染与居民生活产生的污染不同，一个是生产活动产生的，一个是消费活动产生的。但是，这两者又难以完全区别，因为服务业的活动是生产活动与消费活动同时完成的，比如在餐馆和食堂吃饭产生的污染计算在餐饮服务业的范畴里，在家自己做饭产生的污染计算在消费活动中；同样衣服在洗衣店洗涤产生的污染计算在服务业，在家洗则计算在消费活动里，但产生污染的原因并没有本质区别。此外，值得说明的是在计算行业绿色增加值时只能采用生产法和收入法，这两种计算方法都不包括消费活动，因此只能把消费活动产生的污染放在服务业中的环境管理业，便于从增加值中做相应的扣除。

3.7.3.5 几个专门问题

行业绿色增加值的核算是一个庞大的工程，应由粗到细，逐步展开。在细化的过程中还需要解决几个问题。

一是关于企业核算。行业绿色增加值核算离不开企业核算，根据我国的情况可以在有增加值核算基础的企业推行绿色增加值核算。对于具有一定规模以上的工业企业、有资质等级四级及以上建筑业企业、限额以上批发和零售业、住宿和餐饮业企业可以先行试点，逐步建立绿色增加值核算制度。

二是关于主要参数的收集。行业绿色增加值核算的重点是对行业经济活动引起的资源耗减和环境降级的核算，在核算中涉及大量的技术、经济参数，需要进行专门收集。比如农产品质量检测的标准，农田是否被污染的标准，水土流失的计算标准，资源充分利用的标准，“三废”治理达标的标准等等。有一些行业在基层核算中已有现成的统一标准，有些行业由于核算不完善还没有标准或者是没

有统一的标准。因此，要根据我国现有的行业核算状况进行收集，有国家标准的用国家标准，没有国家标准而有行业标准的用行业标准，没有行业标准的参照企业标准或从有关专家的研究论文中去收集。

三是关于核算方法。绿色增加值核算中对资源耗减与环境降级的核算方法较多，主要有市场价值法、机会成本法、收入损失法、补偿与维护费用法。市场价值法是先计算资源耗减与环境降级的有关实物量，参照当期的市场价格计算。机会成本法同样是先计算资源耗减与环境降级的实物量，再乘以单位实物量的机会成本（用于此用途而放弃其他用途所造成的损失、付出的代价）计算。收入损失法主要用于计算环境降级造成生产率下降所引起的收入损失，属于直接计算方法。补偿与维护费用法分别用于计算资源耗减需要的补偿费用和防止环境降级需要的维护费用，属于间接计算方法，虚拟费用法为这一类方法。

3.7.4 绿色 GDP 投入产出表的编制研究

以原有的投入产出表为基础，结合分行业的绿色增加值核算数据，可以编制出绿色 GDP 投入产出表，从而推进投入产出核算和分析。

3.7.4.1 绿色 GDP 投入产出表的框架设计和数据资料收集

绿色 GDP（国内生产总值）投入产出表的设计可以参照 GDP 投入产出表的设计方法。我们知道 GDP 投入产出表的设计是按照 GDP 的三种计算方法设计的。绿色 GDP 同样也有三种计算方法，根据绿色 GDP 的定义，它是从 GDP 中扣除资源耗减和环境降级，可以通过生产法、收入法和支出法进行计算。绿色 GDP 投入产出表的设计有两种方法，一种是一步到位法，表中没有 GDP 这一指标；另一种是二步到位法，表中包含 GDP 和绿色 GDP 两个指标（见表 1）。初次编制绿色 GDP 投入产出表时采用二步到位法表式（五个象限表式）较好。其一是便于数据验证；其二是便于模型研究。

根据二步到位法表式（五个象限表式）收集资料，一是收集原有的投入产出表，可以是基准年表，也可以是延长年表；二是收集分行业计算的绿色增加值的有关资料。由于原有投入产出表的编制已形成制度，有现成的数据资料，所以收集资料主要是收集资源耗减和环境降级方面的数据资料。

从整个国民经济来看，资源耗减包括矿物的耗减、森林中开采木材，水土流失对农业用地生产能力的影响，酸雨对农业、林业的影响等；环境降级包括对鱼的过度捕杀，原始森林中开采木材，猎取野生动物以及残余物排放对水、空气、鱼类和野生森林的质量的影响等。

从各个行业来看，由于其行业特点不同，收集资料的方法也不同。一般来讲，可以分为农业、工业和建筑业、服务业分别收集资源耗减和环境降级的数据。

3.7.4.2 绿色 GDP 投入产出表的编制方法

当获得原有的投入产出表数据、分行业的资源耗减和环境降级的数据后，就可以编制绿色 GDP 投入产出表，具体编制时要确定编表的原则和方法。

首先是编表的原则。一是市场原则。计算绿色国内生产总值中涉及的资源耗减和环境降级数据，已不是存量数据，而是流量数据，从流量数据的特点看已进入当年的市场，可以直接根据市场定价，至少可以参考市场定价。二是权责发生制原则。分行业计算资源耗减与环境降级应以直接为主，即哪个行业直接造成资源耗减与环境降级就计入哪个行业，并从该行业的营业盈余中扣除；对于大自然造成的损失则计算到受损失的部门。三是复式记账原则。因为投入产出表的建立是通过复式记账实现的，对于资源耗减和环境降级计算也不例外，比如酸雨造成的农、林业损失，农、林业受到损失应该记账，但根据责任应该扣减未按标准排放废气造成酸雨的行业，不能从农、林业中扣除，因此可以视为废气排放行业对农、林业的消耗，从废气排放行业的营业盈余中扣除，并放在该行业对应的农、林业一栏中。

再是编表的方法。根据投入产出表的编制特点应该先确定总量，然后确定流量。因此编制绿色 GDP 投入产出表时，关键是确定分行业的绿色增加值，即分行业计算资源耗减和环境降级的价值量。通过各种渠道得到分行业的资源耗减和环境降级数据后，将分行业的营业盈余扣除资源耗减和环境降级价值量计算出分行业的营业纯盈余，那么绿色 GDP 投入产出表的第Ⅴ象限的数据就（行业绿色增加值）确定了。与此同时，绿色 GDP 投入产出表的第Ⅲ象限（资源耗减和环境降级矩阵）的列合计数据也确定了，有了分行业资源耗减和环境降级合计数，再逐列分解，放到相应的部门，也就是确定流量。

当资源耗减和环境降级所包含的内容逐项计算完以后，形成了资源耗减和环境降级矩阵。最后还要进行平衡调整。平衡调整时用表的第Ⅴ象限各部门的营业盈余扣除资源耗减和环境降级，这样第Ⅴ象限和第Ⅲ象限的列合计确定了，第Ⅴ象限为行业绿色增加值，第Ⅲ象限为资源耗减和环境降级矩阵。再将第Ⅲ象限的行合计相应作为第Ⅳ象限中资源环境支出的行合计，同时在第Ⅳ象限最终净使用的对应行用负数反映；再将农村居民消费和城镇居民消费虚拟治理成本放在第Ⅳ象限，为了避免与第Ⅲ象限重复，在调整项一栏中用负数表示。

第Ⅱ象限原有的各项数据不变，只将最终使用栏改为绿色最终使用栏。若将第Ⅱ象限与第Ⅳ象限的对应行相加，则为按支出法计算的绿色 GDP。

3.7.5 北京市绿色 GDP 投入产出模型的实证分析

运用编制的北京市 2005 年绿色 GDP 投入产出表①，并通过计算绿色 GDP 投入产出表的直接消耗系数和完全消耗系数，可以分析北京市 2005 年绿色 GDP 的投入和产出及其部门间的联系。

3.7.5.1 北京市 2005 年绿色 GDP 核算主要结果

北京市 2005 年总产出为 20903.13 亿元，中间投入总计为 13982.41 亿元，增加值合计为 6920.72 亿元。由综合环境资源经济核算出的虚拟治理成本为 32.61 亿元，经环境虚拟治理成本调整后的绿色增加值为 6888.11 亿元。虚拟治理成本占增加值的比重为 0.4712%，绿色增加值占增加值的比重为 99.5288%。未经调整的增加值占总产出的比重为 33.11%，经环境虚拟治理成本调整后的绿色增加值占总产出的比重为 32.82%，调整后的绿色增加值占总产出的比重比原表中的增加值占总产出的比重降低了 0.29 个百分点。

在虚拟治理成本中，水污染虚拟治理成本为 9.92 亿元，占总虚拟治理成本 30.43%；大气污染虚拟治理成本为 22.53 亿元，占 69.09%；固体废物污染虚拟治理成本为 0.165 亿元，占 0.48%。在水污染虚拟治理成本核算中，COD 排放量产生的虚拟治理成本占水污染虚拟治理成本的比重为 90.16%，氨氮化物排放量产生的虚拟治理成本占 9.78%；在大气污染中，氮氧化物排放产生的虚拟治理成本占大气污染虚拟治理成本的比重为 61.19%，二氧化硫排放产生的虚拟治理成本占的比重为 28.76%；在固体废物污染虚拟治理成本中，主要是一般工业固体废物的贮存产生的虚拟治理成本。

3.7.5.2 北京市 2005 年 5 部门绿色 GDP 投入产出表分析

（1）5 部门绿色 GDP 投入产出表的直接消耗系数分析。5 部门的绿色 GDP 投入产出表与原有投入产出表的直接消耗系数差异主要是集中在工业上，因为我们在编制绿色 GDP 投入产出表的时候将环境降级的虚拟治理成本基本上都加到了工业中。其中农业的生产对工业的直接消耗系数变动最多，增加了 0.011，说明工业产品中的环境降级的虚拟治理成本较多地分摊到了农业中，其中也包括了农民生活污染，在以后的农业生产和农民生活中，应该更加注重对环境污染的治理。（见表 3.4）

---

① 统计局每五年编制一次投入产出表，目前最新的 2012 年北京市投入产出表尚未向外公布。绿色投入产出表更新速度则更加滞后，现有公开数据中，2005 年绿色 GDP 投入产出表即为最新数据。

表 3.4 北京市 2005 年 5 部门绿色 GDP 投入产出直接消耗系数

投入＼产出		代码	中间使用				
			农业	工业	建筑业	流通部门	其他服务业
代码		DM	01	02	03	04	05
中间投入	农业	01	0.2827	0.0083	0.0012	0.0005	0.0020
	工业	02	0.2429	0.5642	0.6054	0.2307	0.2151
	建筑业	03	0.0007	0.0021	0.0000	0.0197	0.0274
	流通部门	04	0.0414	0.0525	0.0736	0.0934	0.0566
	其他服务业	05	0.0788	0.1424	0.1633	0.2084	0.2770

资料来源：依据《2005 年北京市绿色 GDP 投入产出（延长）表》数据计算整理。

（2）5 部门绿色 GDP 投入产出表的完全消耗系数分析。通过比较北京市 2005 年 5 部门绿色 GDP 投入产出表与原有投入产出表的完全消耗系数我们可以看到，农业的生产对 5 个产业部门的完全消耗系数变动程度是最大的，系数增加了 0.0647；而工业、建筑业、流通部门、其他服务业的生产对 5 个产业部门的完全消耗系数变动分别增加了 0.0201、0.0168、0.0164 和 0.0165。其中农业生产对 5 个部门的完全消耗系数的增加主要来源于对工业的消耗系数增加，为 0.0491；其次为对其他服务业的消耗系数增加，为 0.0109；说明农业主要承担了工业中间产品的环境降级引起的虚拟治理成本。在其他产业的发展中，由于产生的环境污染很多都进行了治理，已经在实际治理费用中扣除了，所以它们的完全消耗系数的变动都较小（见表 3.5）。

表 3.5 北京市 2005 年 5 部门绿色 GDP 投入产出完全消耗系数

投入＼产出		代码	中间使用				
			农业	工业	建筑业	流通部门	其他服务业
代码		DM	01	02	03	04	05
中间投入	农业	01	0.4080	0.0336	0.0256	0.0135	0.0159
	工业	02	1.0983	1.7581	1.9008	0.9668	0.9714
	建筑业	03	0.0178	0.0265	0.0272	0.0406	0.0501
	流通部门	04	0.1554	0.2015	0.2369	0.1970	0.1630
	其他服务业	05	0.4186	0.6108	0.6774	0.5460	0.6344

资料来源：依据《2005 年北京市绿色 GDP 投入产出（延长）表》数据计算整理。

3.7.6 北京市绿色 GDP 的测算

GDP 和绿色 GDP 总量的形成是一个复杂的过程，受经济、政策、科技水平、资源和环境等众多因素的影响。在此采用时间序列分析方法，以北京市 1978 年至 2007 年 GDP 数据建立 ARIMA 模型，并预测北京市 2008 至 2012 年 GDP 的走势，同时在预测北京市 GDP 的基础上对绿色 GDP 进行测算。

3.7.6.1 北京市 GDP 的 ARIMA 模型的建立与分析

依据 2013 年北京市统计年鉴中地区生产总值（GDP）数据，即北京市 1978 年至 2012 年的 GDP 数据，运用 EViews 软件绘制时序图可以明显看出 GDP 序列含有指数趋势，并具有很强的非平稳性。经多次尝试，采用对 GDP 序列取自然对数，然后进行 1 阶差分使序列达到平稳。

根据时间序列模型的识别规则，若平稳序列的 ACF（自相关函数）拖尾，PACF（偏自相关函数）截尾，则可断定序列适合 AR 模型；若平稳序列的 ACF 截尾，PACF 拖尾，则可断定序列适合 MA 模型；若平稳序列的 ACF 和 PACF 均拖尾，则平稳序列适合 ARMA 模型。考察北京市 GDP 新序列（取对数 1 阶差分）的 ACF 图和 PACF 图可知，样本自相关函数值在滞后两期后迅速衰减的过程非常快，可视为 2 阶截尾；而偏自相关函数值衰减的过程相当缓慢，可视为拖尾，根据序列自相关函数和偏自相关函数的性质，将拟合模型确定为 MA（2）。

3.7.6.2 北京市绿色 GDP 的测算

（1）北京市 GDP 的平滑处理

根据上述研究，北京市 GDP 平滑 ARMA 模型拟采取如下形式：

$$\Delta \ln GDP_t = \varepsilon_t + \theta_1 \varepsilon_{t-1} + \theta_2 \varepsilon_{t-2} \tag{13}$$

即先对 GDP 取对数再进行一次差分，然后建立二阶移动平均模型。

利用这一模型对北京市 2008 - 2012 年 GDP 进行平滑处理，结果如下。（见表 3.6）

表 3.6 北京市 GDP 预测表 单位：亿元

2008	2009	2010	2011	2012
11074.48	12919.53	15071.96	17583.00	20512.38

注：均按当年价格计算。

该模型的预测误差（以 2008 年为例）：绝对误差：11074.48 - 10488.00 = 586.48（亿元）；相对误差：（11074.48 - 10488.00）÷10488.00 = 5.6%。按这一相对误差进行调整，北京市 2010 年地区生产总值（按当年价格计算）平滑后的 GDP 为 14227.93 亿元；2012 年地区生产总值（按当年价格计算）平滑值为 19363.69 亿元。前二年每年约增加 2000 亿元，后两年每年约增加 2500 亿元。

（2）北京市绿色 GDP 的测算

根据北京市 2005 年绿色 GDP 投入产出表数据计算，北京市 2005 年的绿色 GDP（地区生产总值）为 6888.11 亿元，从 GDP 中扣减了 0.4712%。如果按这一比率扣减，北京市 2010 年绿色 GDP 为 14160.89 亿元；2012 年绿色 GDP 为 19272.45 亿元。如果按万元 GDP 能耗和水耗年均下降 5% 测算，北京市 2010 年绿色 GDP 为 14176.05 亿元；2012 年绿色 GDP 为 19299.98 亿元。

北京市自从 2001 年开始，提出"绿色奥运"的口号，连同"人文奥运"、"科技奥运"的口号，成功举办了 2008 年第 29 届夏季奥运会和残奥会。2008 年奥运结束后，紧接着提出"绿色北京"的口号，连同"人文北京""科技北京"的口号一道，极大地促进了北京市绿色经济的发展，也为北京市建立绿色国民经济核算奠定了坚实的基础。北京市 2004 年进行了绿色国民经济核算的试点，取得了大量第一手绿色国民经济核算的数据资料。通过编制 2005 年绿色 GDP 投入产出表，掌握了进行绿色国民经济核算的具体方法。北京市已具备建立绿色国民经济核算的条件，可以先行试点，建立企业绿色增加值核算和行业绿色增加值核算。

由于绿色 GDP 是在 GDP 的基础上计算的，因此可以通过计算绿色 GDP 在 GDP 中所占比重来衡量一个国家（或地区）绿色经济的发展水平。如果资源消耗低、环境保护得力，绿色 GDP 在 GDP 中的比重就会提高；反之，其比重就会下降。有些资源型城市，绿色 GDP 在 GDP 中的比重只有 70% 左右。一般认为，绿色 GDP 在 GDP 中的比重为 94% 左右属于正常，即资源耗减和环境降级的扣除值通常为 6% 左右。北京市 2005 年绿色 GDP 占 GDP 的比重为 99.5288%，其所占比重很大，这充分说明北京市绿色经济的发展水平已经很高。同时，北京市经济也是典型的都市型经济，服务业比重已占到 70% 以上，正向 80% 迈进。服务业比重高，有利于节能、节水和减排。

在北京市的经济发展过程中，产生的环境降级主要来源于工业产品，而受其影响较大的产业为农业，因为其他产业的发展产生的对水资源的污染主要影响了农业的发展。所以，在以后的农业发展中一定要加强对农业用水的治理和农民生活用水污染的治理。通过分析可知，北京市水污染虚拟治理成本处于前五位的产业部门为农业、生产生活服务业、流通行业、科教文卫体行业和化学工业；大气污染虚拟治理成本处于前五位的产业部门分别为生产生活服务业、电力、热力的生产和供应业、流通行业、科教文卫体行业和金属冶炼及压延加工业；固体废物污染虚拟治理成本处于前三位的产业部门分别为煤炭开采和洗选业，电力、热力的生产和供应业，金属矿采选业。北京市要加大对这些行业环境治理的投入，进一步发展绿色经济。

3.8 北京市主要产业部门的绿色影响力和感应度

3.8.1 北京市2007年绿色GDP投入产出表的主要数据

北京市2007年总产出为26749.96亿元，中间投入总合计数为17170.54亿元，原增加值（GDP）总合计数为9579.42亿元，由资源耗减和环境降级引起的虚拟治理成本为32.60亿元，实际治理成本为2.46亿元，扣减由资源耗减和环境降级引起的虚拟治理成本后得到的绿色增加值（绿色GDP）为9546.82亿元。其中由资源耗减和环境降级引起的虚拟治理成本所占增加值的比重为0.34%，绿色增加值所占增加值的比重达到99.66%。扣减虚拟治理成本前的增加值占总产出的比重为35.81%，扣减虚拟治理成本后的绿色增加值占总产出的比重为35.69%，比扣减前下降了0.12%。

3.8.2 六部门绿色影响力系数与绿色感应度系数分析

影响力系数的大小反映了某部门对其他部门的拉动作用，影响力系数越大，说明该部门在国民经济中的支柱作用越大，处于一个主导产业地位。影响力系数通常有三种取值：当影响力系数大于1时，表明该部门对国民经济中其他部门的生产波及程度超过了社会平均影响力水平；当影响力系数等于1时，表明该部门对国民经济中其他部门的生产波及程度和社会平均影响力水平一样；当影响力系数小于1时，表明该部门对国民经济中其他部门的生产波及程度低于社会平均影响力水平。

表3.7　部门的绿色影响力与绿色感应度系数

部门	绿色影响力系数	绿色感应度系数
农业	0.667546681	0.629501434
工业和建筑业	1.026313178	0.988125489
流通部门	0.817003972	1.226354658
生产生活服务部门	1.379690318	1.544822813
科教文卫部门	1.255628367	1.396276609
其他服务业	1.147689185	0.526826854

注：本表依据“北京市2007年6部门绿色GDP投入产出表”数据计算整理。

感应度系数反映了某部门的需求感应水平和社会平均需求感应水平之间的关系。感应度系数越大，说明国民经济中其他部门对该部门的需求感应程度越高，该部门在国民经济中的基础地位越显著，同时伴随一个问题，即当该部门的供给不足时，就会限制国民经济其他部门的发展，成为其他部门发展的瓶颈。感应度系数通常有三种取值：当感应度系数大于1时，意味着该部门所受到的其他部门的感应程度低于社会平均感应度水平；当感应度系数等于1时，意味着该部门所受到的其他部门的感应程度与社会平均感应度水平相同；当感应度系数小于1时，意味着该部门所受到的其他部门的感应程度低于社会平均感应度水平。

依据绿色影响力系数和绿色感应度系数的计算公式，我们计算了北京市2007年6部门的绿色影响力系数和绿色感应度系数。如表3.7所示。

（1）绿色影响力系数的分析。从6部门的绿色影响力系数可以看出，服务业中的生产生活服务部门的绿色影响力系数值最大，排在首位；排在二到五位的依次是科教文卫部门、其他服务业、工业和建筑业、流通部门；而农业位于最末位。6部门中，生产生活服务部门、科教文卫部门、其他服务业、工业和建筑业对北京市国民经济中其他部门的生产的波及程度均超过了社会平均水平，对国民经济的发展具有较大的拉动作用；其余的两个部门，流通部门和农业的对国民经济中其他部门的生产波及程度均低于社会平均水平；其中，生产生活服务部门在国民经济中的支柱作用最为明显，而农业的贡献相对较小。从整体上看，服务业在北京市国民经济中处于主导产业地位，其次是第二产业，最后为农业。

（2）绿色感应度系数分析。从6部门的绿色感应度系数可以看出，依旧是服务业中的生产生活服务部门的绿色感应度系数值最大，然后依次是科教文卫部门、流通部门、工业和建筑业、农业，其他服务业处于最末位。6部门中，生产生活服务部门、科教文卫部门和流通部门的绿色感应度系数大于1，即这3个部门受到其他部门的感应程度高于社会平均感应度水平；其中，生产生活服务部门在国民经济中的基础地位最为显著，同时，当该部门无法提供充足的供给时，就会成为制约其他部门发展的瓶颈部门。从整体上看，服务业处于北京市国民经济中的基础地位，对经济的制约作用最为明显，其次为第二产业和农业。

3.8.3 北京市31部门绿色GDP投入产出表的分析

虽然本文前面已对6部门的绿色影响力与感应度系数进行了分析，但为了能够更全面地研究各产业之间的波及程度及影响，下面将对31个部门的绿色影响力与感应度系数进行分析比较，通过比较2007年与2005年的绿色影响力与感应度系数，可以了解北京市产业结构变化与存在的问题。同时，我们还通过绿色消耗系数与原有消耗系数的比较，研究北京市绿色经济的发展情况。

（1）北京市2007年与2005年绿色影响力系数对比研究

由表3.8可以看出，2007年北京市绿色影响力系数大于1的有25个部门。其中，服务业的绿色影响力系数全部大于1，绿色影响力系数排在前五位的部门分别为生产生活服务部门、科教文卫部门、水的生产和供应业、其他社会服务业以及公共管理和社会组织。服务业占了其中的4席，说明服务业对其他产业的总体拉动作用较大，在北京市国民经济发展中，服务业处于一个主导产业地位，在国民经济发展中起到支柱作用。第二产业中绝大多数部门的绿色影响力系数大于1，农业的绿色影响力系数接近于1，说明在北京市产业结构中，服务业处于主导地位。在影响力系数小于1的第二产业部门中，有的属于传统重工业部门，其产品有中间产品性质；有的属于能源供应和资源开发部门，为其他部门提供原材料，属于产业链中的后向部门，因此与其他产业部门的关联程度较低。

表3.8　北京市2007年与2005年绿色影响力系数对比表

	2007年绿色影响力系数			2005年绿色影响力系数		
	部门	编号	影响力系数	部门	编号	影响力系数
1	生产生活服务部门	28	4.3781	交通运输设备制造业	17	3.0294
2	科教文卫部门	30	4.3338	通信设备、计算机及其他电子设备制造业	19	3.0293
3	水的生产和供应业	25	3.5880	煤炭开采和洗选业	02	2.5562
4	其他社会服务业	29	3.4897	建筑业	26	2.5221
5	公共管理和社会组织	31	3.3964	木材加工及家具制造业	09	2.4639
6	通信设备、计算机及其他电子设备制造业	19	3.2988	仪器仪表及文化办公用机械制造业	20	2.3555
7	交通运输设备制造业	17	3.2358	纺织业	07	2.3411
8	非金属矿物制品业	13	2.9855	通用、专用设备制造业	16	2.3256
9	通用、专用设备制造业	16	2.9540	其他社会服务业	29	2.3068
10	建筑业	26	2.9049	电气、机械及器材制造业	18	2.3007
11	煤炭开采和洗选业	02	2.8828	服装皮革羽绒及其制品业	08	2.2962
12	其他制造业	21	2.7455	其他制造业	21	2.2692
13	木材加工及家具制造业	09	2.6186	非金属矿物制品业	13	2.2466
14	流通部门	27	2.1020	水的生产和供应业	25	2.2291
15	仪器仪表及文化办公用机械制造业	20	2.0720	化学工业	12	2.2264
16	服装皮革羽绒及其制品业	08	1.9313	金属制品业	15	2.2128
17	造纸印刷及文教用品制造业	10	1.8655	电力、热力的生产和供应业	23	2.2072
18	电气、机械及器材制造业	18	1.8197	食品制造及烟草加工业	06	2.1767
19	纺织业	07	1.4374	造纸印刷及文教用品制造业	10	2.1143
20	非金属矿采选业	05	1.3734	石油加工、炼焦及核燃料加工业	11	2.0440

续表

	2007年绿色影响力系数			2005年绿色影响力系数		
	部门	编号	影响力系数	部门	编号	影响力系数
21	农业	01	1.1605	非金属矿采选业	05	1.9868
22	化学工业	12	1.1513	农业	01	1.9119
23	食品制造及烟草加工业	06	1.1487	科教文卫部门	30	1.8689
24	电力、热力的生产和供应业	23	1.0523	流通部门	27	1.7107
25	金属冶炼及压延加工业	14	1.0055	金属冶炼及压延加工业	14	1.7009
26	石油加工、炼焦及核燃料加工业	11	0.5375	生产生活服务部门	28	1.6590
27	金属制品业	15	0.3791	金属矿采选业	04	1.6397
28	金属矿采选业	04	0.3192	公共管理和社会组织	31	1.5833
29	燃气生产和供应业	24	0.1544	燃气生产和供应业	24	0.8730
30	废品废料	22	0.1516	废品废料	22	0.0119
31	石油和天然气开采业	03	0.0727	石油和天然气开采业	03	0.0000

注：本表依据"北京市2007年31部门绿色GDP投入产出表"数据计算整理。

与2005年相比较，可以发现服务业明显成为北京市国民经济发展的主导产业，同时有3个部门的绿色影响力系数下降到1以下，分别为金属采矿业、金属制品业和石油加工、炼焦及核燃料加工业，即这3个部门对国民经济其他部门的拉动作用减小了。

表3.9 北京市2007年与2005年绿色感应度系数对比

	2007年绿色影响力系数			2005年绿色影响力系数		
	部门	编号	影响力系数	部门	编号	影响力系数
1	生产生活服务部门	28	6.6193	生产生活服务部门	28	4.4947
2	电力、热力的生产和供应业	23	3.4048	流通部门	27	2.6650
3	流通部门	27	3.4035	电力、热力的生产和供应业	23	2.4439
4	科教文卫部门	30	3.2037	科教文卫部门	30	2.2418
5	化学工业	12	2.7760	通信设备、计算机及其他电子设备制造业	19	1.9106
6	通信设备、计算机及其他电子设备制造业	19	2.5215	交通运输设备制造业	17	1.7438
7	交通运输设备制造业	17	2.0460	化学工业	12	1.6285

续表

	2007年绿色影响力系数			2005年绿色影响力系数		
	部门	编号	影响力系数	部门	编号	影响力系数
8	通用、专用设备制造业	16	1.5764	金属冶炼及压延加工业	14	1.4864
9	金属冶炼及压延加工业	14	1.3459	石油加工、炼焦及核燃料加工业	11	1.4259
10	煤炭开采和洗选业	02	1.3418	煤炭开采和洗选业	02	1.3528
11	电气、机械及器材制造业	18	1.1387	金属矿采选业	04	1.0012
12	石油加工、炼焦及核燃料加工业	11	0.9045	通用、专用设备制造业	16	0.9247
13	造纸印刷及文教用品制造业	10	0.8070	电气、机械及器材制造业	18	0.8603
14	金属制品业	15	0.8054	其他社会服务业	29	0.7187
15	仪器仪表及文化办公用机械制造业	20	0.7504	造纸印刷及文教用品制造业	10	0.6768
16	石油和天然气开采业	03	0.6950	纺织业	07	0.6403
17	纺织业	07	0.5793	金属制品业	15	0.6389
18	食品制造及烟草加工业	06	0.5431	仪器仪表及文化办公用机械制造业	20	0.6386
19	农业	01	0.5354	石油和天然气开采业	03	0.6050
20	金属矿采选业	04	0.5290	农业	01	0.5270
21	非金属矿物制品业	13	0.4591	食品制造及烟草加工业	06	0.4538
22	木材加工及家具制造业	09	0.4389	建筑业	26	0.3990
23	建筑业	26	0.3782	非金属矿物制品业	13	0.3719
24	其他社会服务业	29	0.3095	木材加工及家具制造业	09	0.3239
25	其他制造业	21	0.1226	其他制造业	21	0.2110
26	水的生产和供应业	25	0.1181	非金属矿采选业	05	0.1721
27	非金属矿采选业	05	0.1111	水的生产和供应业	25	0.1273
28	服装皮革羽绒及其制品业	08	0.1098	废品废料	22	0.1272
29	燃气生产和供应业	24	0.07003	服装皮革羽绒及其制品业	08	0.1020
30	公共管理和社会组织	31	0.02808	燃气生产和供应业	24	0.0671
31	废品废料	22	0.01305	公共管理和社会组织	31	0.0196

注：本表依据“北京市2007年31部门绿色GDP投入产出表”数据计算整理。

（2）北京市2007年与2005年绿色感应度系数对比研究

由表3.9可以得到，2007年北京市绿色感应度系数大于1的部门共有11个，排在前5位的分别为生产生活服务部门，电力、热力的生产和供应业，流通部门，科教文卫部门和化学工业，其中服务业占了其中的3席。在11个部门中，除了服务业的3个部门外，其余的均来自于第二产业，有的属于能源利用部门，有的属于资源开采部门，有的属于高新技术产业，它们都对国民经济中其他部门的制约程度较高。服务业和上述几个部门在北京市国民经济中处于基础地位，同时伴随一个问题，即当该部门的供给不足时，就会限制国民经济其他部门的发展，成为其他部门发展的瓶颈。与2005年相比，食品制造及烟草加工业的绿色感应系数变大，说明该行业对经济的制约作用越发明显，瓶颈作用日益凸显。而其他社会服务业的绿色感应度系数大幅下降，说明其他社会服务业对经济的制约作用减轻了。

3.8.4 北京市2007年31部门绿色影响力和感应度系数分布

表3.10是2007年31个部门绿色影响力和感应度系数完全关联分布情况。

表3.10　2007年31部门完全关联分布表

类别	影响力系数大于1	影响力系数小于1
感应度系数大于1	生活服务部门 电力、热力的生产和供应业 科教文卫部门 通信设备、计算机及其他电子设备制造业 交通运输设备制造业 通用、专用设备制造业 煤炭开采和洗选业 流通部门 电气、机械及器材制造业 化学工业 金属冶炼及压延加工业	
感应度系数小于1	水的生产和供应业 其他社会服务业 公共管理和社会组织 非金属矿物制品业 建筑业 其他制造业 木材加工及家具制造业 仪器仪表及文化办公用机械制造业 服装皮革羽绒及其制品业 造纸印刷及文教用品制造业 纺织业 非金属矿采选业 农业 食品制造及烟草加工业	石油加工、炼焦及核燃料加工业 金属制品业 金属矿采选业 燃气生产和供应业 废品废料业 石油和天然气开采业

当影响力系数大于1，且感应度系数也大于1时，说明该部门对国民经济既具有较大的辐射能力，同时也对国民经济的发展有很大的制约作用。由表3.10可知这类部门有11个：通信设备、计算机及其他电子设备制造业，金属冶炼及压延加工业，电力、热力的生产和供应业，化学工业，科教文卫部门，交通运输设备制造业，通用、专用设备制造业，煤炭开采和洗选业，电气、机械及器材制造业，生活服务部门，流通部门。其中服务业中的部门就占有3个席位，说明服务业在北京市国民经济中的主导地位。

影响力系数小于1，感应度系数大于1的部门属于辐射能力较低，对其他部门制约作用较强的部门。从表3.10中可以发现，北京市没有该类部门。

影响力系数小于1，感应度系数也小于1的部门不仅辐射能力低，而且对其他部门的制约作用也不明显，主要有以下6个部门：石油加工、炼焦及核燃料加工业，金属制品业，金属矿采选业，燃气生产和供应业，废品废料业，石油和天然气开采业。

影响力系数大于1，感应度系数小于1的部门占了14个，虽然这些部门对其他部门的制约作用并不明显，但辐射能力却很强。

3.8.5 北京市绿色消耗系数对比分析

根据编制出的北京市2007年31部门绿色GDP投入产出表和原有投入产出表，可以分别计算出31部门的绿色直接消耗系数与直接消耗系数，绿色完全消耗系数与完全消耗系数，再用绿色消耗系数减去原消耗系数得到两者差值，进行对比分析。

首先，对直接消耗系数进行对比分析。从表3.11中可以看到，直接消耗系数变化最大的是非金属矿及其他矿采选业，其差值为0.05665939，位于第二位到第五位的依次为其他社会服务业、农林牧渔业、电力、热力的生产和供应业和化学工业，其差值分别为0.01977763、0.01113315、0.00830823和0.00823662。非金属矿及其他矿采选业的差值最大，主要原因是分摊了由消耗的煤炭开采和采选业投入的虚拟治理成本，由石油加工、炼焦及核燃料加工业引起的成本，水的生产和供应业以及其自身的虚拟费用。农业的变化主要是由于在水的生产和供应业上的成本引起的。其中，石油和天然气开采业的差值为0，即资源耗减和环境降级成本为0，绿色直接消耗系数等于原消耗系数。

其次，进行完全消耗系数对比分析。从表3.11中可以看到，完全消耗系数变化最大的依然是非金属矿及其他矿采选业，其差值为2.35406652，位于第二位到第五位的依次为废品废料、水的生产和供应业、农林牧渔业和非金属矿物制品业，其差值分别为1.42725614、0.63004949、0.54805792和0.48810834。非金属矿及其他矿采选业完全消耗系数的变化是因为煤炭等燃料燃烧造成大气污染而引起的虚拟治理成本所致。引起农业完全消耗系数变化的主要原因是水污染引起的虚拟治理成本分摊到农业上，促使农业对水的生产和供应业的完全消耗系数增加。

表 3.11　绿色消耗系数与原消耗系数差值

部门	编号	绿色直接消耗系数－直接消耗系数	绿色完全消耗系数－完全消耗系数
农林牧渔业	01	0.01113315	0.54805792
煤炭开采和洗选业	02	0.00080168	0.13823502
石油和天然气开采业	03	0	0.02986305
金属矿采选业	04	0.00219542	0.13238004
非金属矿及其他矿采选业	05	0.05665939	2.35406652
食品制造及烟草加工业	06	0.00293371	0.26660743
纺织业	07	0.0016762	0.16154906
纺织服装鞋帽皮革毛皮羽毛（绒）及其制品业	08	0.00141228	0.08999823
木材加工及家具制造业	09	0.00071294	0.15681717
造纸印刷及文教体育用品制造业	10	0.00251838	0.19526605
石油加工、炼焦及核燃料加工业	11	0.00016218	0.05487962
化学工业	12	0.00823662	0.33887825
非金属矿物制品业	13	0.00137879	0.48810834
技术冶炼及压延加工业	14	0.00159729	0.15617342
金属制品业	15	0.00016122	0.15548686
通用、专用设备制造业	16	0.0005655	0.09573365
交通运输设备制造业	17	0.00025666	0.08631173
电气机械及器材制造业	18	0.00011837	0.15984561
通信设备、计算机及其他电子设备制造业	19	4.2143E－05	0.08744336
仪器仪表及文化、办公用机械制造业	20	0.00045539	0.07974722
工艺品及其他制造业	21	0.00214352	0.15848699
废品废料	22	0.00075569	1.42725614
电力、热力的生产和供应业	23	0.00830823	0.12753738
燃气生产和供应业	24	0	0.0296552
水的生产和供应业	25	2.7853E－05	0.63004949
建筑业	26	0.0002696	0.23881313
流通部门	27	0.00018129	0.04396923

续表

部门	编号	绿色直接消耗系数 - 直接消耗系数	绿色完全消耗系数 - 完全消耗系数
生产生活服务部门	28	2.1812E-05	0.05598203
其他社会服务业	29	0.01977763	0.40502696
科教文卫部门	30	0.00096329	0.11706975
公共管理和社会组织	31	0.00175722	0.08611175

注：本表依据“北京市2007年31部门绿色GDP投入产出表（含原投入产出表）”的数据计算整理。

通过上述分析，可以看出：第一，北京市采取的控制环境污染的措施已见成效。北京市2007年绿色增加值占增加值的比重达到99.66%，比2005年上升了0.13%，扣减虚拟治理成本后的绿色增加值占总产出的比重比扣减前下降了0.12%。与2005年相比，这一比重下降了0.17%。这说明通过严格控制污染排放物和大量资金的投入，起到了一定的作用。但是，虚拟治理成本中大气污染依旧需要重点控制；同时，北京市的水资源短缺，如何提高水资源的利用效率，有效降低水资源的污染，仍需采取进一步的措施。第二，造成北京市资源环境较大损耗的部门有非金属矿及其他矿采选业、电力、热力的生产和供应业、水的生产和供应业、其他社会服务业以及农林牧渔业。这些部门在对北京市GDP做出贡献的同时，也造成了对资源环境的损耗；其中第二产业即工业与建筑业造成的资源耗减和环境降级最为严重。第三，服务业是构成北京市国民经济的主要部门。从服务业的绿色影响力系数和绿色感应度系数可以发现，服务业对其他部门的发展具有较大的辐射作用，同时也制约着国民经济中其他部门的发展。传统服务业的地位依旧显著，同时以金融、保险、旅游、信息技术为主体的现代服务业逐渐成为影响北京市发展的主导产业。第四，工业在北京市国民经济中仍占据一定地位。工业中轻工业的绿色影响力系数大于1，而绿色感应度系数小于1，说明轻工业对其他部门的辐射作用较为明显，但对国民经济发展的制约作用较小。制造业中的通信设备、计算机及其他电子设备制造业，通用、专用设备制造业，电气、机械及器材制造业等高新技术产业属于知识密集型产业，附加值高，产业链长，对北京市国民经济中其他部门的拉动作用大，同时供给不足时也会成为制约其他部门发展的瓶颈产业。第五，农业占北京市国民经济的比重逐渐下降，但地位不容忽视。北京市发展大都市经济使得农业比重有所下降，即便如此，依旧不能忽视农业的发展，因为根据前面的分析可知，农业的绿色影响力系数大于1，说明农业对北京市国民经济其他部门具有较强的辐射作用，即具备一定程度的拉动作用，但同时农业生产也造成了资源环境的损耗，所以我们要重视农业内部的结构优化。

从总体上讲，北京市应该根据其自身的经济特点与发展模式，进行产业结构的优化升级；大力推行循环经济，对污染物的排放制定严格的标准及奖罚措施；提高资源的利用效率，提高能源的使用效率；建立废水、废物的无害化处理厂；通过征税等手段使资源环境的损耗程度降到最低。由于服务业在北京市国民经济中所占的比重最高，是北京市国民经济的主导产业，具有高附加值、资源损耗小的特征，因此提高服务业的产业规模就具有重要的现实意义。首先，根据北京市的城市定位及其自身的资源优势，重点发展金融保险、信息服务、旅游会展、文教卫体等现代服务业；其次，使制造业逐渐渗透到第三产业的服务中，使第二产业和第三产业相互促进、共同发展；再次，综合运用现代化的经营管理理念，对传统服务业进行科学的经营管理，全面提升传统服务业的档次。制造业中的通信设备、计算机及其他电子设备制造业，通用、专用设备制造业，电气、机械及器材制造业等，因其产业链长、附加值高，对国民经济其他部门具有较大的拉动作用，同时这些高新技术产业容易对其他部门起到制约作用，成为瓶颈行业，因此应该加大对上述高新技术产业的投资力度和研发力度。由于工业是造成资源损耗的最主要的部门，因此逐渐降低其在国民经济中的比重，改变工业在北京市的产业布局，即工业的布局可以以中关村科技园区和经济技术开发区为依托，通过将工业企业迁至工业园区，实现工业在北京市周边地带的聚集。在农业的结构调整中，着力发展现代都市型农业。根据北京市的城市特点，将农业逐步渗透到工业和服务业的发展中，通过加大对设施农业、精品农业、加工农业、种子农业、观光农业和出口农业等的投资，提高北京市农业的综合生产能力和经济效益，以促进农业的产业优化升级。应向公民普及绿色 GDP 观念，加强公民环境保护意识，使公民具有主观能动性；制定相关的法律法规政策，为实现绿色 GDP 的增长提供有效保障；与国际接轨，推行企业绿色会计制度，为实现社会的可持续发展奠定坚实的基础。

4. 节能环保产业对环境的影响机制分析

4.1 节能环保产业的内涵

4.1.1 产业内涵辨析

产业是社会分工随生产力不断发展形成的产物，是具有某类共同特征的经济组织的集合，也可以说产业是与生产力水平相适应的社会分工的表现形式，是具有部门、行业等多种层次的经济系统。产业（Industry）一般被认为是介于宏观经济组织与微观经济组织之间的中观经济层次。产业的定义和划分往往服务于特定的经济分析目的，不同的经济分析目的决定了产业的定义和划分有所差异。

当前学术界有多种产业的定义，其中以以下三种最为普遍：一种是将产业定义为“使用相同生产技术、工艺或者使用同种原材料，或产品用途一致的企业的集合。”① 第二种产业定义为：“生产同类产品或服务的经济个体的集合。”② 其三，产业是“既是国民经济按照某一标准划定的门类，又是具有相同生产属性的企业的集合。”③ 要正确把握产业的定义，需要理解以下几点：第一，产业是由企业作为基本元素构成的集合；第二，划分产业的基本标准是由企业是否具有相同的属性来决定的；第三，数量要求也是划分产业所必须考虑的；第四，界定产业的标准在不同的经济阶段是不同的，标准的确定服务于特定的经济分析目的。

从前面对产业的界定我们可以看到，产业是一个集合概念，是指具有某种共同属性的企业的聚合。一般认为，企业或者生产组织是构成产业的基本要素，这些企业或组织具有的共同特征是在物质生产领域从事同一种或同一类产品的生产，不包括政府。也有学者将产业的构成要素扩展为企业、企业的生产活动和企业所提供的产品与服务。如有人将产业定义为：服务于特定经济分析目的同一属

---

① 方甲．产业结构问题研究［M］．北京：中国人民大学出版社，1997：5.

② 杨公朴、夏大慰．产业经济学教程［M］．上海：上海财经大学出版社，2002：3

③ 刘志彪等．现代产业经济分析［M］．南京：南京大学出版社，2001：4

性产品和服务的集合、同一属性的生产经营活动的集合以及同一属性的企业的集合。①

企业是否具有同一属性往往被视为产业划分的基准。从投入产出的角度理解，同一属性一般是指企业所生产的产品或服务的生产工艺基本一致或者用途基本相同，此种标准一般用来确定投入产出表中的产业分类。从产业组织角度来看，同一属性一般是生产的产品或服务具有近似于完全的替代关系，此种标准一般用来分析同一市场上企业之间的市场关系。从产业结构角度看，同一属性是企业在生产时使用的工业、技术或原材料基本一致，或者生产的产品和服务具有相同的用途，此种标准一般用来分析不同行业之间或者同一行业的各中间产品的生产者之间的均衡状态。

需要说明的是，在以“生产同类产品或服务的经济个体的集合”标准定义产业时，我们不仅要考虑生产企业“同一属性”的规定，还要考虑企业生产产品与服务的数量标准。只有当企业在一定时期所生产的产品和服务的产出达到一定数量时，我们才能将这些能够生产具有同一属性的产品与服务的企业集合称之为产业。例如，在20世纪50年代，虽然电子计算机早已出现，但由于当时生产该类产品的企业数量还是比较少，生产的物品也比较单一，没有形成专业化生产，所以这些企业是不能定义为计算机产业的。而等到了20世纪70年代以后，随着从事电子计算机生产的企业的逐步增加，企业的生产规模也逐步扩大，门类逐渐增多，才最终形成电子计算机产业。

界定产业的标准呈现出阶段性差异，第一阶段是以同一商品市场为单位划分产业；第二阶段是以技术、工艺的相似性为根据划分；第三阶段大致以经济活动的阶段来划分。以经济活动的阶段划分产业的标准是动态的，不同的经济活动阶段可能会有不同的产业划分标准，从而在不同的阶段会导致新的产业产生。即随着技术的进步和社会生产力的不断发展，伴随着社会分工的深化，当新的经济活动出现时，从事这一新的经济活动的企业的集合也应该成为新的产业。如信息技术革命、生物技术革命等会形成新的经济活动从而导致信息产业和生物产业的产生。

4.1.2 节能环保产业的内涵辨析

4.1.2.1 节能环保产业的定义及内涵

节能环保产业和传统产业的概念完全不同。节能环保产业是在国内外近几十年的环保产业的发展基础上，在节能产业、新能源产业蓬勃发展的背景下的“新

---

① 刘长洪．利用外资与产业竞争力［M］．北京：社会科学文献出版社，1998：27

概念”或者说是时代的产物。长期以来，节能产业和环保产业是作为两个独立的产业被提及和使用。只是近些年来，随着产业的升级与融合，这两个产业才逐渐成为一个独立的产业，在一些国家和地区甚至被列为支柱产业，受到普遍关注。节能环保产业与现有的第一、二、三产业划分不同，不能简单地隶属于某一产业领域，而是一个跨产业、跨领域、跨地域，与其他经济部门相互交叉、相互渗透的综合性新兴产业。因此，有些专家提出应将它列为继“知识产业”之后的“第五产业”。

当前学术界还没有对节能环保产业形成一致的定义，在对节能环保产业的定义分析之前，我们先分别剖析一下节能和环保的概念。节能最初被有关学者释义为“energy saving”，即在人们的生产生活中通过一定的方法与途径节约和使用能源，尽量降低生产生活所耗费的能源量，抑制能源消费量的上升速度。20 世纪 90 年代初期，节能的释义又转化为“energy conservation”，即在人类的生产生活中尽量保存或保留住能源，减少能源的耗费和散失，希望人类能够在能源消耗量不变的前提下实现经济的发展；近些年来，随着节能技术的提高和人们对能源问题的重视，节能又有了新的释义——“energy efficiency”，即通过提高能源的利用效率，在保持人们耗能不变或降低的基础上，实现经济的更大产值。简而概之，节能是指在保持能源总量不变或降低的基础上，提高能源的使用效率。由于地球上能源的总量是既定不变的，而人类对能源的需求是无限的，所以要实现有限的能源满足人们无限的需求，就必须要节约能源。节约通常有两层含义：一层含义是在人们的生产生活中，减少能量的需求，即在人类经济活动的各个环节提高能源的利用效率，用尽量少的能源消耗创造尽量大的经济产出。另一层含义是与浪费相对应的节约，是指在人类社会化大生产的全过程能够减少或避免能源的浪费。应该说节约的这两层含义是互不冲突、内在统一的。综合上面节能释义的变化历程，结合对节约内涵的解释，我们可以将节能界定为：节能是指在社会化生产的各个环节中，提高能源的利用效率，以使能够实现以尽量少的能源消耗创造出尽量多的财富产出。

环保即环境保护（environmental protection），指人类综合利用有关环境方面的科学理论与方法，协调人类同自然环境之间的矛盾，消除人类活动对环境的各种不良影响，达到保护及改善生态环境目的的所有人类活动的总称。环境保护的内涵包括三个层面：一是对人类赖以生存的自然环境的保护，二是对人类居住、生活环境的保护，三是对地球生物的保护。环境保护的方法和手段涉及多个方面，有涉及环境工程技术的、政府管理的，也有涉及法律、经济甚至政治等多个方面的内容。其主要包括的内容有：（1）防治人类经济活动所造成的一切环境污染，具体包括防治人类生产生活中释放出的废水、废气、废渣以及各种放射性物质、人类活动造成的噪声、难闻气体等；（2）防止人类经济活动或生活活动对于生态环境的破坏，具体包括防止由修建铁路、高速公路、水利设施、建筑工程等基础设施建设对于生态环境的破坏，防止农业活动（包括毁林种田、围湖造田等）、开采矿产资源、海岸线附近及沿河地带的开发等活动对于生态环境的破坏和影响；（3）保护对人类和生态环境具有特殊价值的自然环境，具体包括对大熊猫等稀有物种及其所生活的环境、展示大自然特殊发展历史的遗迹、特殊地质地貌等给予有效的保护。除此之外，如防止水土流失、控制人口增长速度、防治沙漠化和土地盐碱化以及国土规划等都属于环境保护方面的内容。①

综合产业、节能和环保这三个概念，本研究将节能环保产业界定为以治理环境污染、保护自然生态、节约能源、促进自然环境与经济社会协调发展为目的所进行的技术开发、产品生产、商品流通、资源利用、信息服务以及工程承包的再生产体系。一方面，根据归属于节能环保产业的所有经济单位产出的产品有着共同的使用价值，即都能满足消费者使用过程中节约能源及环境保护的需要；另一方面，这种节能与环保效用与一般工业品和农业品不同，它不是满足消费者直接的需求，而是减少消费中对特定生产要素能源的消耗和减少生产及生活过程中对环境造成的污染。因此，构成节能环保产业的企业所生产的产品有着两种使用价值，一种是满足本源需求的使用价值，如节能灯泡的消费是满足消费者照明的需要，可降解快餐盒是为了满足人们盛装食物的要求等；一种是满足次生需求的使用价值，即节能灯泡在满足消费者同等照明需求的过程中可以消耗更少的电能，带来更高的能源利用效率。可降解快餐盒除了可以盛装食物外，比不可降解的快餐盒产生更少的污染，从而给人们带来更为美好的生产生活环境等。节能环保产业不是以第一种意义的使用价值而是以第二种意义的使用价值为尺度来划分的，这和传统的产业基于第一种意义的使用价值来理解是不同的。

4.1.2.2 节能环保产业与低碳经济

目前，“低碳经济”日益成为广受关注的词汇。自从英国人在2003年提出这一概念后，“低碳经济”的说法开始在全世界传播。近来有专家认为节能环保产业就是低碳经济，粗略看起来是有些道理，实际上却不能等同视之。尽管节能环保产业研究的绝大部分内容都与低碳经济的概念相关，但二者还是有诸多不同之处，具体表现在以下几点：

首先，从概念上讲，节能环保是一种以降低能耗、保护环境为目标的生产方式或生活方式，它并不总是与经济相关。低碳经济是以低能耗、低污染、低排放

---

① 中国环保产业协会．中国环保产业潜在市场转化为现实市场的政策研究［M］．北京市：环境出版社，2000：25

为基础的经济模式，它被认为是人类社会继农业文明、工业文明之后的又一次重大进步。

其次，从本质上讲，节能环保产业涉及的是人如何处理与环境的关系的相关问题，节约能源与环境保护的核心是要达到一种人与自然的和谐。低碳经济实质是能源高效利用、清洁能源开发、追求绿色 GDP 的问题，核心是能源技术和减排技术创新、产业结构和制度创新以及人类生存发展观念的根本性转变。

再次，从技术上讲，节能环保产业主要与能源的利用和环境的治理有关，并不必然涉及碳的问题。而低碳经济则始终与温室气体排放相关，涉及可再生能源及新能源、煤的清洁高效利用、油气资源和煤层气的勘探开发、二氧化碳捕获与埋存等领域开发的能有效控制温室气体排放的新技术。

最后，从产业发展的角度来看，节能环保产业是以治理环境污染、保护自然生态、节约能源、以促进环境与经济社会协调发展为目的进行的技术开发、产品生产、商品流通、资源利用、信息服务以及工程承包的再生产体系。低碳经济涉及的行业和领域十分广泛，主要包括低碳产品、低碳技术、低碳能源的开发利用，涉及电力、交通、建筑、冶金、化工、石化等多个产业。

虽然节能环保产业与低碳经济在概念、内涵和外延上都有诸多不同，但是应该看到，节能环保产业绝大部分是符合低碳经济概念的，低碳经济处理的绝大部分问题也是节能环保问题。

4.1.2.3 环保产业、节能产业和节能环保产业

环保产业（Environmental Industry）在国外又被称为环境产业或者生态环境产业，在世界大多数国家指能够生产具有防治污染、保护自然环境、生态保护和功能恢复等功能的产品及服务的企业集合。环保产业在不同的时期和不同的地区往往具有不同的定义和内涵，但是总起来讲，其核心内容是相同的，并且有产业内涵日益扩展的趋势。当前对环保产业的定义有狭义和广义之分。

狭义上的环保产业是指生产具有污染治理与减排、改善生态环境等功能的产品及服务的企业集合，其内涵是防治污染、改善环境，狭义意义上的环保产业的本质属性在于对生产生活所产生的环境污染进行末端治理，减少污染对于生态环境的危害。狭义上的环境产业主要包括三个方面的内容：第一个方面是环境保护产品生产与经营，具体包括大气污染治理设备、污水防治设备、固体废弃物处理设备、电磁污染和放射性污染防护设备、环境监测与分析设备以及环境保护药剂等；第二个方面是环境保护服务，主要包括为环境保护提供工程设计、施工、技术支持等的各种服务；第三个方面是资源的循环利用，主要包括资源循环利用装备和资源循环利用产品。

广义上的环保产业是指国民经济中以改善环境、污染的预防及治理、自然资

源保护为目的所进行的产品生产、商品流通、运营管理、信息服务以及技术支持等生产活动的总称，是防治环境污染和保护生态环境的技术保障和物质基础。其内涵是防治环境污染、改善生态环境、保护自然资源，将环境产业的本质属性拓展为对环境污染进行全面治理，涵盖末端治理、清洁生产、资源综合利用、绿色产品等具体内容。产业内容由五部分构成：环境保护产品生产、洁净产品生产、废物循环利用、环境保护服务、自然生态保护。

节能产业是指生产具有节约能源使用功效和提高能源使用效率的节能产品的企业的集合体。根据节能产品的具体形态，可以把节能产品分为节能功能产品和节能服务产品。节能功能产品包括各种节能灯、节能设备、节能建材、节能型汽车、绝热材料、换热设备、调速装置、远红外涂料、能源监控有关的仪器仪表等；节能服务产品包括节能服务公司的服务项目等。因此，节能产业分为节能功能产业和节能服务产业，这种分类方法有利于为研究有形节能与无形节能产业提供数据。

从上面对环保产业和节能产业的介绍，结合节能环保产业的定义，可以看到，从外延上，节能环保产业小于广义上的环保产业（不仅包括防止环境破坏和污染控制，还包括正面利用生态环境效能）；大于狭义的环保产业（强调发展环境治理产业，以防止环境破坏和污染治理来满足用户的环境需求），也大于节能产业（节水、节油、节电、节地、节材等），应包括节能、资源循环利用和环境保护，涉及节能环保技术与装备、产品和服务等；从内涵上，节能环保产业是以治理环境污染、保护自然生态、节约能源、促进环境与经济社会协调发展为目的所进行的技术开发、产品生产、商品流通、资源利用、信息服务以及工程承包的再生产体系。

4.2 节能环保产业的构成分类及特征分析

4.2.1 节能环保产业的构成及分类

根据国家发改委制定的《节能环保产业发展规划草案》，可以将节能环保产业按产业统计要求划分为节能、资源循环利用和环境保护三个子领域，涉及节能环保技术与装备、产品和服务等。具体而言，节能环保产业涉及的领域包括工业设备领域的节能减排改造、建筑节能、节油及石油替代、节能照明、污水处理等。

（1）节能子领域。节能子领域可以分为节能装备、节能产品和节能服务产业三大类。

节能装备。主要包括节能关键技术装备研发和产业化示范，高效节能装备推广应用和节能监测监管网络建设。

节能产品。主要包括高效节能家电产品、高效节能办公产品、高效节能商用产品、高效节能照明产品、节能和新能源汽车、节能建材产品。

节能服务产业。主要包括合同能源管理、能源审计、节能项目设计、设备和材料采购、人员培训、节能量监测、信息、咨询等服务的节能服务产业。

(2) 资源循环利用子领域。资源循环利用子领域可以分为资源循环利用装备、资源循环利用产品和资源循环利用服务产业三大类。

资源循环利用装备。主要包括资源循环利用关键技术与装备研发、推广应用，急需设备生产规模、出口优势技术与装备。

资源循环利用产品。主要包括固体废弃物资源化、再生资源制品、再制造产品、有机废弃物资源化产品。

资源循环利用服务产业。主要包括再生资源回收体系、餐厨垃圾分类回收体系、循环经济发展服务平台。

(3) 环保子领域。环保子领域包括环保装备、环保产品和环保服务产业三大类。

环保装备。主要包括环保关键技术和装备研发与示范、重点装备推广应用、监测监管设施。

环保产品。包括环保材料、环保药剂、可降解产品、低排放产品。

环保服务产业。包括环保工程服务和咨询服务。

4.2.2 节能环保产业的特征分析

4.2.2.1 节能环保产业的基本特征

探讨节能环保产业的基本特征，对于科学地界定节能环保产业、搞好节能环保产业的运营管理、制定符合节能环保产业特征的政策法律和发展规划都是十分必要的。节能环保产业的基本特征是指节能环保产业所特有的、能够区分节能环保产业和其他产业，并能揭示出节能环保产业与其他产业根本区别的产业特征。概括而言，节能环保产业具有以下基本特征。

(1) 节能环保产业的"两低一高"和"叠加效应"特征。节能环保产业同循环经济是相互关联的。传统产业的生产是以对自然资源的高开采、低利用和对污染的高排放（所谓"两高一低"）为特征的，而节能环保产业则恰恰与此相反，是以对自然资源的低开采、高利用和对污染物的低排放（所谓"两低一高"）为特征的。节能环保产业作为一种绿色产业，与传统产业的不同之处在于其具有"效益叠加效应"。传统产业生产过程中内部物流不会发生循环叠加，生产全过程的整体输入物流之和要大于生产中实际利用物流之和；而节能环保产业的内部物流发生了再利用，是循环叠加。正是由于节能环保产业具有这种叠加效应，所以节能环保产业在生产中的实际利用物流量要远远大于从自然中采集输入的物流量，所以才会导致节能环保产业具有“低开采、高利用、低排放”的特征。

据专家估算表明，每投入1元的节能环保产业的投资，可为全社会带来接近5元的社会外部收益，其中30%是避免环境恶化所带来的健康收益。以太湖流域污染治理工程为例，该工程近两年来总计投入46亿元，而产生的直接社会效益却达92亿元，恰好是投入的两倍之多。[①] 节能环保产业的产出增值效益高，不仅具有“低开采、高利用、低排放”的特征，而且可以渗透于社会经济的各个领域，可以提高整体国民经济的效应水平。

（2）节能环保产业的广泛渗透性和拉动性特征。由于环境问题的广泛性和节能环保技术应用的普遍性，决定了节能环保产业是一种产业关联效应大且渗透性极强的新兴产业。它不仅广泛渗透于社会经济的各个产业部门，而且贯穿于社会生产的全过程，成为将产品生产、环境保护和能源节约高度统一的发展典型。节能环保产业同第一产业的结合点在于农业设施和农产品的绿色化、农业生产中的生态恢复和生态保护、环境资源的高效利用等领域。节能环保产业同第二产业的结合点在于资源的循环利用与节约利用、污染的防治、清洁生产以及节能环保产品的开发等领域。节能环保产业同第三产业的结合点在于环境污染的监测与分析、环境保护工程的设计与优化、环保设施运营管理以及绿色营销等领域。

（3）节能环保产业对环境的外部经济性特征。传统产业的生产活动往往会导致环境压力的增加，对生态环境具有负外部性，而节能环保产业则相反，是具有正的外部经济效应的新兴产业。由于节能环保产品均要求符合环保规范，或有利于能源的节约和利用或有利于污染治理和改善环境，反映了其与生态环境和谐相处的发展理念。节能环保产业的发展不仅能够提供最终产品和服务，而且能够对生态环境施加有力的影响，最终提高了产业外行为主体的总收益，在创造经济价值的同时，也保护和改善了人类赖以生存的生态环境，为人类的可持续发展奠定了坚实的基础。

（4）节能环保产业的环境、经济、社会效益统一性特征。从所生产的最终产品和服务的角度来看，节能环保产业与其他生产部门没有什么本质的区别。然而，从生产过程中人与环境的关系角度来看，只有节能环保产业是与环境和谐相处的，能够实现环境、经济和社会效益统一。节能环保产业以外的其他经济部门

---

① 严立冬．经济可持续发展的生态创新［M］北京：中国环境出版社，2002：64。

的生产过程是通过获取自然资源并对其进行加工使之成为人类所需要的产品或服务，生产目的在于使自然资源发生形态或功能上变化以满足人类生产生活的需要，而当产品或服务进入消费领域以后往往意味着生产全过程的结束。这些产业部门不仅在生产过程中会消耗资源、排放污染，而且即便是进入消费领域后还会继续污染环境和耗费资源。其生产过程和消费过程表现为人类对于环境资源的单方面的索取，不利于环境的保护和稳定，当这种索取超过环境的再生能力时，往往意味着与生态环境的冲突和矛盾，难以实现经济效益与环境效益的和谐统一。节能环保产业的内涵在于保护环境、合理的节约和利用资源、防治环境污染、清除或减少人类的生产活动对环境的污染和损害，其生产目的是为了能给人类带来更为美好的生态环境，突出环境效益和社会效益。节能环保产业作为物质生产部门，不仅能够通过提供节能环保产品和服务来获取经济收益，而且能够通过节约能源和保护环境为人们提供有利于人类健康生活的优质环境，提高人类的生活质量。从这种意义上讲，节能环保产业是具有环境、经济、社会效益统一性的生产部门。

（5）节能环保产业的反生产特征。节能环保产业具有“反生产”的特征。日本学者盘文克在分析生态产业的特点时提出，生态产业是具有“反生产”特征的产业，即生态产业能够把已经消费了的自然资源再返还给自然。具体来讲，节能环保产业的“反生产”特征就是其能够对于人类在生产和消费过程中产生的污染和废弃物进行一定处理后，加以还原，再返还给自然，从而形成自然资源的循环利用。节能环保产业对人类的生产生活发生作用的运行方向是同其他产业完全相反的，其他产业消耗自然资源，产出污染和废物，而节能环保产业则消除污染和废物最终将之变成自然资源的原始形态，改进传统产业对环境有害的生产流程，完全区别于其他生产部门只向自然界索取自然资源而不还原，是具有明显的“反生产”特征的产业部门。

4.2.2.2 节能环保产业的运营特征

节能环保产业的运营特征是指节能环保产业在营运过程中所表现出来的特征，反映的是节能环保产业运营主体之间的特殊关系，是影响产业运营质量的关键因素，揭示节能环保产业的运营特征可以提高节能环保产业运营质量，提高节能环保产业的竞争性，促进节能环保产业形成合理的产业运营机制。

（1）节能环保产业的公益性、经济性与双重依赖性。在计划经济体制下，生态环境的保护往往被当作政府应该承担的社会公益事业，政府代替企业成了环境保护的主体，而企业也就难以承担相应的责任和义务，难以充当节能环保市场的主体。在市场经济条件下，能源节约和环境保护不仅是政府主导的公益性活动，而是由全社会广泛参与的一项经济行动。在市场经济条件下，节能环保产业作为市场机制运行的一部分，其运作方式必须要遵循市场规律，生产上必须建立投入产出核算机制，使企业成为节能环保产业发展的主体。政府在节约能源和环境保护中所起的作用，主要体现在建立健全法律法规、规范市场竞争秩序、培育和扩大节能环保市场、鼓励公众的节能环保意识等方面上。

节能环保产业具有公益性和经济性的双重性质。由于其公益性，需要政府制定一系列的优惠政策，激励、鼓励、推动、引导节能环保产业的快速发展。由于其经济性，需要我们尊重产业发展的一般规律，对节能环保产业的发展充分尊重市场的作用，减少不必要的束缚，促进其健康稳定地发展。节能环保产业的健康发展需要政策、市场、投入、技术和意识五个环节协同发展才能实现。在这五个环节中，“市场”往往会成为制约节能环保产业发展的关键因素。依据“木桶理论”：一只由多块长短不一的木板组成的水桶，其容积由最短的木板决定，根据发达国家的经验，市场化水平较低已经成为发展节能环保产业亟须解决的一个问题。当然，市场化并不意味着不需要政府规制，由于节能环保产业具有政策和市场的双重依赖症，因此在确定节能环保产业运营机制时，要充分考虑到政府和市场对节能环保产业发展的重要作用，具体而言就是要建立以市场机制为主，以政府规制为辅的产业化运营机制，所以在以后很长一段时期以内“命令 + 控制”依然是节能环保产业发展的主要动力。

（2）节能环保产业的运营具有对技术的高度依赖性。节能环保产业属于高新技术产业，产业在运营过程中具有对环境技术的高度依赖性，技术进步是促进节能环保产业发展的源泉。当今，科学技术已经融入人们生产生活的每一区域，环境技术已经成为促进节能环保产业发展最重要的驱动力量，它决定着节能环保企业的生存和发展。环境技术对节能环保产业的发展共有两种影响途径，即环境技术市场交易途径和环境技术创新途径。环境技术主要依靠这两种途径对节能环保产业施加影响。由于环境技术对节能环保产业具有巨大作用，因此环境技术的市场潜力也非常巨大，环境技术的发展是当前西方发达国家发展环境产业领域的重点，据不完全估计，当前全球环境技术市场需求总额约为5000亿美元，达到全球对节能环保产品市场需求的将近一半，这也反映出节能环保产业的运营对于环境技术有高度依赖性。

（3）节能环保产业的高速增长性。随着能源的紧缺和环境问题的日益严峻，节能环保产业已经成为当前发展最为迅速的产业之一，甚至在一些环境产业较为发达的国家如美国、日本等，节能环保产业已经成为推动其经济增长的主导产业。在美国，现在环境产业的年增长率是其国内生产总值年增长率的 2.65 倍，狭义的环境产业产值约占其国内生产总值比重的 2%，而环境产业就业人数占到总就业人数的1%。[①] 环境产业的发展对于西方发达国家增加就业率和提高产业经济竞争力做出了重要的贡献，例如挪威的环境产业生产的产品和服务每年约有60%用于出口。相信随着能源问题的日益严重，随着全球环境压力的增加，节能环保产业一定会受到各国越来越多的重视，其发展速度也将不断提高，进而使其成为各国促进经济增长的主导产业力量。

4.2.2.3 节能环保产业的发展特征

节能环保产业的发展特征是节能环保产业在发展过程中所表现的特征。了解节能环保产业的发展特征对于揭示其发展规律、明确其发展方向具有十分重要的意义。

（1）节能环保产品结构发展的层次性。在节能环保产业的发展过程中，其产业内涵是不断发展的，其生产的产品和副业是在不断变化的，产品结构具有非常明显的变化轨迹，即由最初的污染治理和控制型产品向污染预防型产品转变，由环境污染末端治理型产品向全过程治理控制型产品转变，由单纯的节约能源到寻找新的替代能源转变，对于生产所产生的废弃物由收集处理向废弃物的循环利用转变，节能环保产品由只含有单一环境功能向具有复合环境功能与其他功能的方向转变。

（2）节能环保产业发展驱动因素的阶段性。由于节能环保产业具有公益性和经济性的特征，决定了其发展具有对政府规制和市场的双重依赖，可以说政府规制和市场是驱动节能环保产业发展的两个最重要的因素，然而这两个因素在不同的阶段对节能环保产业的驱动程度是不一致的。在节能环保产业发展的初始阶段，由于产业规模还比较小，市场机制还没有形成，人们对于环境保护的意识也比较淡薄，同时环境产权也未界定清楚，企业往往不愿意投入到节能环保产品的生产中来，产业的发展只能依靠政府投资和政府推动，这个时期政府规制是推动节能环保产业发展的主导力量。随着节能环保产业的发展和市场机制的日益健全，产业的经济效益逐渐得到体现，节能环保产品逐渐成为市场的主流消费趋势，环境产权的界定也日益清楚，这时企业在追求利益的动机的驱使下会逐渐参与到节能环保产品的生产中来，市场成为驱动节能环保产业发展的主要力量。

（3）节能环保产业发展的国际不平衡性。节能环保产业是我国的特殊称谓，在其他国家一般将从事环境保护的相关产业称为环境产业。当前在国际上，发达国家同发展中国家的节能环保产业在产业发展水平、技术水平、产业结构以及产业绩效等诸多方面呈现明显的不平衡性。具体而言，以经合组织成员国为代表的发达国家的节能环保产业水平更高、规模更大、技术发展水平也更高，产业结构

① 徐篙龄．世界环保产业发展透视：对中国的政策思考［J］．管理世界，1997：181.

上基本完成了由初级向高级的转化，市场机制已经成为驱动产业发展的决定性因素。从产业规模方面看，以美国为代表的西方发达国家环境产业在国内生产总值中所占的比例一般都超过2%，环境产业已经成为推动经济发展的重要力量，也是西方发达国家的主导产业。① 从技术水平方面来看，西方发达国家已经形成了从能源节约到新能源利用，从终端污染处理到全过程污染防治的具有很高针对性的环境技术服务体系，他们所具有的环境技术往往具有较高的科技含量，能够解决本国乃至世界范围内的复杂的环境问题。当前西方发达国家环境产业的发展重点已经从环境污染的终端治理领域转向清洁产品和清洁技术领域，环境保护的思路也由单纯的治理向环境功能的恢复与污染的预防方面转变。在产业结构和产业绩效方面，西方发达国家环境产业的产业结构更为合理，产业的市场集中度更高，单一细分领域大型企业往往占据主导性地位，环境产业的人均产出水平更高，企业的生产效率也更高，有些国家甚至将环境产业作为国家的主要出口产业。与发达国家相比，发展中国家的环境产业发展水平要落后的多，有些发展中国家的环境产业甚至刚刚处于起步阶段，产业发展重点领域仍然局限于环境污染的终端治理，产业规模普遍偏小，环境技术的发展水平比较低，环境产业产出占国内生产总值的比重较低，设备成套化程度低、运行成本高，产业重复建设现象较严重，中小企业占据了市场的主导地位，市场集中度比较低，产业绩效不明显。

4.3 节能环保产业外部性分析

4.3.1 外部性的概念

外部性的概念最先是在20世纪初期由剑桥大学的马歇尔和庇古提出的。此后，外部性问题便成为经济学研究的一个重要的领域。外部性是指两个经济个体在没有任何经济交易的前提下，由一个经济个体向另一个经济个体转移物品或效应的现象。这个关于外部性的定义强调的是物品或效应的转移是在缺乏经济交易的前提下发生的，也就是说物品或效应的转移供应者和接收者之间并未进行任何谈判，也未达成任何的协议。由于外部性问题是人类经济生活中的一个普遍性问题，所以自外部性的概念产生后，越来越多的经济学家从不同的角度对外部性问题进行了深入的研究。

一般而言，经济学意义上的外部性是指一个经济主体的经济活动对其他经济

① 林沛．要把环境产业提到更重要的地位上来［M］．前线，1999，（2）：14.

主体造成的影响，由于这种影响并没有通过以价格为基础的交易表现出来，所以，其影响是外在的。经济学家道格拉斯·诺斯认为：个人收益或成本与社会收益或成本之间的差异，意味着有第三方或者更多方在没有他们许可的情况下获得或承担一些收益或者成本，这就是外部性。①

4.3.2 节能环保产业外部性分类

根据外部性的概念来分析，节能环保产业具有外部性特征，主要表现为下列几个方面：

（1）正外部性。外部性按照对影响对象的影响性质，可以分为正外部性和负外部性。节能环保产业所提供的产品和服务不仅可以满足消费者的需求，而且还可以为全社会节约能源，改善环境。节能环保产业的发展不仅能够提供最终产品和服务，还能够对生态环境施加有利的影响，最终提高了产业外行为主体的总收益，在创造经济价值的同时，也保护和改善了人类赖以生存的生态环境，为人类的可持续发展奠定了坚实的基础。因此，节能环保产业是具有正外部性的产业。

（2）区际外部性。外部性按照空间上能否转移，可细分为区内外部性和区际外部性。如果外部性的影响仅仅限定于本区域内，而对其他区域没有造成影响，我们称之为区内外部性；反过来，如果外部性的影响不仅限于本区域而且对其他区域也造成了影响，则称之为区际外部性。节能环保产业不仅减少了本生产区域范围内的污染，而且减少了污染在不同区域空间上的扩散，因此节能环保产业的外部性呈现区际外部性特征。

（3）代际外部性。外部性按照在时间上能否发生转移，可以划分为代内外部性和代际外部性两种。如果外部性对后人不会造成影响，而只影响到当代人，则被称为代内外部性；反之，如果外部性的影响不只局限于当代人，还牵扯到了后人，则被称为代际外部性。节能环保产业由于其最终的作用对象是环境和自然资源，因此其影响的并不仅仅是消费节能环保产品的当代人，而且会间接惠及后代人。因此，节能环保产业的外部性呈现出代际外部性特征。

（4）公共外部性。外部性根据其影响范围的不同可以分为私人外部性和公共外部性。私人外部性指外部性的影响范围仅限于单个或少数经济个体之间；而公共外部性则是指外部性对其影响范围内所有经济个体带来影响，并且任何受到影响的个体都难以拒绝。节能环保产业所产生的外部经济在其影响范围内会使所有的成员无一例外地带来额外收益，并且受影响者都难以拒绝，具有公共产品的

---

① 道格拉斯·诺斯．经济学的思维方式［M］．北京：世界图书出版公司，2005（11）：265

非竞争性和非排他性特征。因此，节能环保产业是一种公共外部性。

4.3.3 节能环保产业的外部性与纵向联动效应

节能环保产业的外部性能对当地的污染治理和环境保护产生积极的影响作用，它不仅发生在节能环保产业内部，而且发生在节能环保产业同其他产业之间。一般把单纯存在于产业内部的外部性影响称之为水平联动效应或横向联动效应，该效应主要是指节能环保企业使同一行业内的其他企业受益；把存在于产业间的外部性，称为垂直联动效应或纵向联动效应，主要是指节能环保企业会对其他产业产生有利的影响。概括起来，节能环保产业的纵向联动效应主要通过以下几个途径表现出来：

（1）示范效应。节能环保产业通过采用环境技术降低了资源的消耗，保护了生态环境，取得了较好的经济效益和社会效益，在整个社会起到良好的示范作用，有利于在全社会形成崇尚节约、注重环保的社会风尚。

（2）结构效应。一方面，由于具有对技术的高度依赖性，节能环保产业的出现本身就意味着产业结构的优化与提高；另一方面，节能环保产业的发展和节能环保技术的扩散，会引起其他产业的技术改造和管理创新，减少了其他产业同环境之间的矛盾和冲突，促使其他资源密集型和污染密集型产业向环境友好型和技术密集型产业方向转变，促进了产业结构的升级。

（3）前后波及效应。节能环保产业通过向其他产业的厂商购买原材料或零部件，使供应商提高了生产效率，同时，节能环保企业所生产的产品和服务又会帮助其他产业降低能源消耗和减少环境污染，从而减少其生产活动造成的社会成本，在政府监管到位的前提下会增强其市场竞争力。

4.3.4 节能环保产业正外部性分析

节能环保产业具有很强的正外部性，其正外部性主要通过该产业所生产的产品和服务具有消费的正外部性体现出来。节能环保产品消费的正外部性是指消费者（个人或组织）消费节能环保产品时对环境造成了有利影响，但这种有利影响并不能为消费者本次消费行为所得，或者说消费节能环保产品的私人利益小于社会利益（包括私人利益），二者的差额就是消费节能环保产品带来的净社会利益，即正外部效应。正是节能环保产品这种正外部性的存在，扭曲了市场机制，降低了资源配置效率，使得市场不能实现节能环保产品的社会最优消费（生产量），最终导致社会福利的损失。

由于节能环保产业外部性具有区际外部性和公共外部性的特征，我们在分析其正外部性特征时至少受到以下两方面的制约：一是由于节能环保产业的最终作用对象——环境（如臭氧层）的产权是不可以清晰界定给个人的，因而在分析节能环保产业的正外部性时利用科斯等人的产权分析框架显然不合适；二是节能环保产品消费正外部性影响的对象涉及消费者、生产者、环境等多个方面，因此运用注重两个参与者的讨价还价交易模型也难以有效解释。基于此，我们将以消费的正外部性为中心，利用一些简单的模型去分析节能环保产品市场中的正外部性市场失灵问题，以便为进一步的研究做出铺垫。

前面的论述提到构成节能环保产业的企业所生产的产品和服务有着两种使用价值：一种是满足本源需求的使用价值；一种是满足次生需求的使用价值。节能环保产业不仅可以提供产品和服务，满足消费者的直接需求，而且能为整个社会节约资源，改善环境。节能环保产业的正外部性就体现在节能环保产品在满足次生需求时所体现的使用价值上。设节能环保产品给全社会带来的总效应为 U，则该效应可以分为两部分：U_1 和 U_2，其中 U_1 代表节能环保产品满足人们本源需求所带来的效应，U_2 代表节能环保产品满足人们次生需求所带来的效应。显然，在市场经济中，在完全竞争条件下，由于人们对节能环保产品满足人们次生需求所带给自己的效应难以准确判断，加之由于环境产权难以有效界定从而难以避免“免费乘车”现象，结果导致人们在购买节能环保产品时往往只会对节能环保产品满足人们本原需求的部分付出代价，而不会为节能环保产品满足次生需求部分给予价格。

我们假定一个没有政府介入的完全竞争的节能环保产品市场，该市场是由无数的消费者和生产者构成的。如下图 4.1 中，其中 MR_C 和 MC_C 曲线分别表示消费者在消费节能环保产品时的私人边际消费收益（消费者所获效用）和边际消费成本。由于假定该市场为完全竞争市场，所以边际消费成本曲线为一水平线，且满足 $MC_C = P_0$，即边际消费成本等于消费者的购买价格。MR_S 为消费者在消费节能环保产品时所产生的社会边际消费收益（包括私人边际消费收益），边际效应递减规律决定了 MR_S 曲线和 MR_C 曲线的形状是向下倾斜的。由于消费者对于节能环保产品的消费具有正外部性，在消费时并没有得到全部消费收益，即有一部分消费收益“外溢”了，受益的对象为全体经济个体，外溢的消费受益的大小等于 U_2，这就使得消费者的私人边际消费收益要小于社会边际消费收益。在图中这种关系即表现为 MR_C 曲线要低于 MR_S 曲线，两者之间的纵向差距便是消费节能环保产品时所产生的正的外部效应，其大小为 U_2。这时消费者会按照效应最大化（$MR_C = MC_C$）的原则来安排消费决策，最终选择购买的节能环保产品的数量为 q_{c0}。但由于节能环保产品消费正外部性的存在，q_{c0} 显然并不是一个社会最优消费量，社会的最优消费量应该在 $MR_s = MC_C$ 时的消费量，即为 q_{s0}。从上面的分析我们可以看到，由于节能环保产品具有消费的正外部性特征，使得消费者选择的个人最优消费量要小于社会最优消费量，从而导致节能环保产品的实际消费量要小于达到社会资源有效配置时所要求的社会最优消费量，即 $q_{c0} < q_{s0}$。

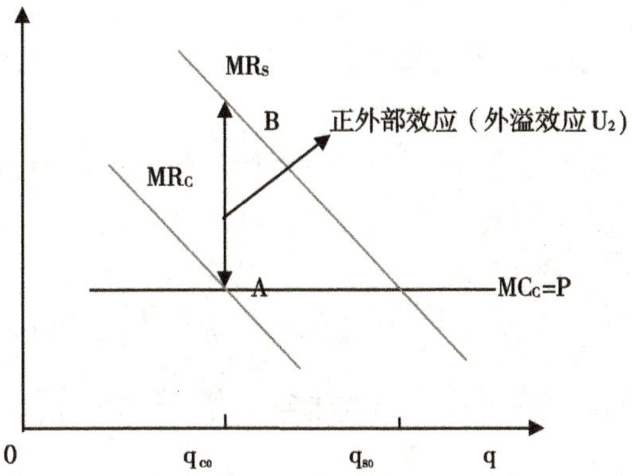

图 4.1　节能环保产品消费的正外部效应分析

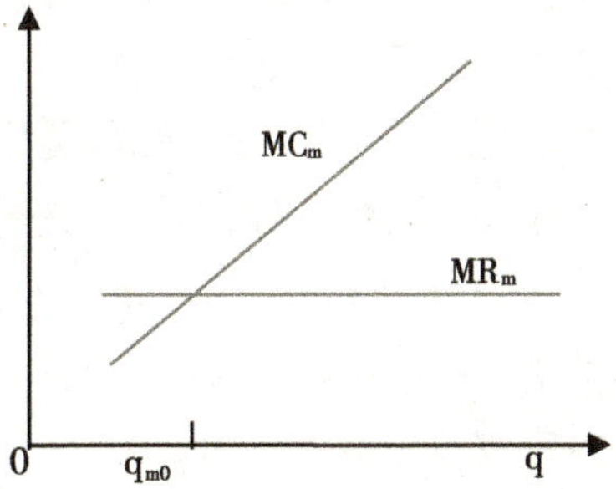

图 4.2　节能环保产业生产者行为分析

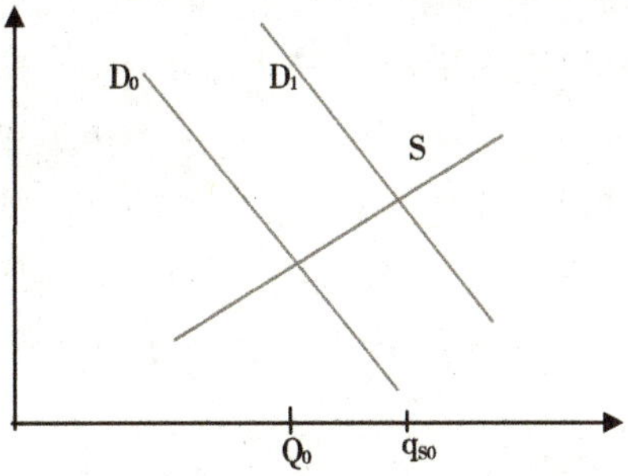

图 4.3　节能环保产业的正外部性市场失灵

上面是对消费者市场进行的分析，下面我们再对生产者市场进行分析。图中 MR_s 和 MC_c 分别表示节能环保产品的生产者的边际收益曲线与边际成本曲线。生产者要获得最大利润必须按照利润最大化原则（$MR_m = MC_m$）安排生产，其

选择的最优产量为 q_{m0}。从另一个角度来看，在生产者边际成本既定的条件下，其最优产量 q_{m0} 将由 MR_m（$MR_m = P$）决定，最终决定于市场（消费者）需求状况。即生产者只能根据消费者的消费意愿来安排生产，即所谓的“需求导向理论”。

从前面我们对消费者的消费行为和对生产者的生产决策行为的分析中，不难看到，由于节能环保产业存在产品消费的正外部性，使得在完全竞争条件下基于经济个体理性决策的市场机制难以实现社会最优的消费（生产量），即：$q_{c0} = q_{m0} = Q_0 < q_{s0}$。这就是节能环保产品市场中的正外部性市场失灵，如图 4.3 所示。

4.3.5 节能环保产业的正外部性与环境压力分析

发展节能环保产业可以降低人类经济活动所导致的环境压力，促进经济的可持续增长。节能环保产业对环境压力的影响主要通过两条途径表现出来：一条是节能环保产业可以有效地减少人类生产活动所造成的污染，企业生产造成环境污染的外部性内部化；另一条是节能环保产业可以通过节约自然资本的方式降低环境压力。节能环保产业对环境压力的影响都是通过其外部性特征发生作用的。

4.3.5.1 节能环保产业正外部性与环境污染外部性内化分析

（1）环境污染的外部性分析。按照科斯定理，在产权界定清晰的前提下，市场制度通过价格机制能够消除外部性的影响使资源达到最优配置，使全社会达到帕累托最优状态。然而在产权界定不清楚的情况下，人类的经济活动难免会导致外部性问题的产生，从而导致私人成本和社会成本或者私人收益和社会收益不一致，导致“市场失灵”。环境资源由于其本身所固有的公共属性，也表现出强烈的外部性特征。企业在开发和利用环境资源时便表现出很强的负外部性，例如，污染性企业在利用环境资源进行生产时会对大气、河流等造成污染，如果大气和河流的产权没有界定清楚，那么其生产造成的污染成本往往由全社会共同承担，而销售产品所获取的收益却被污染性企业所独享。这样，由于私人成本要小于企业应该承担的社会成本，所以导致对企业而言的最优产出水平也必然偏离社会的最优状态，其现实表现就是污染产品生产过多导致环境压力超出正常水平（环境自净能力）。

假定某企业 A 在生产过程中除生产用于获利的产品外还会生产出副产品——污水，而污水的排放会对周围居民的利益造成损害，即其生产具有负外部性，这就意味着其私人成本要小于实际社会成本。图 4.4 中，我们用 PMC 曲线表示该企业的私人边际成本曲线，用 PMR 曲线表示其私人边际收益曲线。于是衡量该企业生产的社会成本之供给曲线 S_0 将会高于其私人成本供给曲线 S（图中 S_0 与 S 之间的纵向距离 ac，表示企业在第 Q_1 单位产量所造成的外部成本）。我们知道在该模型中使资源配置达到最优状态所必须满足的条件是社会边际收益（SMR）等于社会边际成本（SMC）。因此能够达到社会最优状态的产量应在 Q_0 处（即 SMR 等于 SMC 之产量）。而在存在市场失灵的情况下，企业 A 的实际产量为 Q_1（即 PMB 等于 PMC 之产量）。也就是说，对于对环境资源开发有负外部性的生产企业，缺乏清晰产权界定的市场机制自由运行的结果是，企业生产的产品数量（Q_1）将超过社会最优产量（Q_0）。之所以这样，是因为企业可以在不必支付环境污染成本的前提下实现超额生产，这一超额生产（Q_0Q_1）往往会给社会带来一定的福利损失，其损失的大小就是图中三角形 abc 的面积。因此，从社会福利的角度来看污染性企业的负外部性会降低社会的资源配置效率。

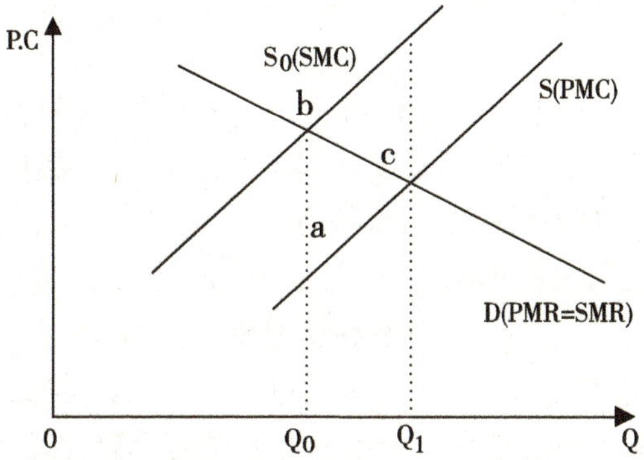

图 4.4　环境污染外部不经济性与环境效应

（2）节能环保产业与环境污染外部性的内部化。所谓污染外部性的内部化，就是将生产者或消费者产生的外部费用纳入他们的生产和消费决策中，由他们自己承担或“内部消化”，从而弥补外部成本与社会成本的差额，以解决污染外部性问题。

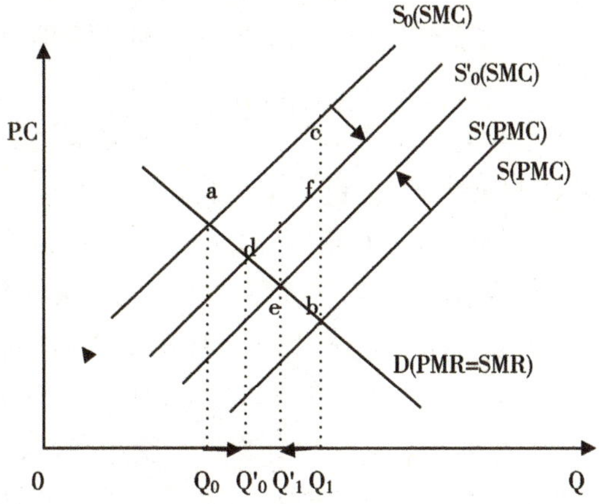

图 4.5　外部经济性与环境效应

节能环保产业的外部性主要通过该产业所生产的产品和服务具有消费的正外部性体现出来。节能环保产品消费的正外部性是指消费者（个人或组织）消费节能环保产品时对环境造成了有利影响，但这种有利影响并不能为消费者本次消费行为所得。以前面所讲的 A 企业为例，假如 A 企业为了减少污水排放购买了污水治理设备，本身购买环境污水治理设备这种行为并不能给该企业带来收益，相反购买污水治理设备却要提高该企业的私人成本，然而购买污水处理设备却可以减少该企业的污水排放从而减少该企业生产行为所产生的社会成本，从而部分弥补或全部弥补私人成本和社会成本的差额。这样必然导致私人边际成本（PMC）曲线向上移动，同时由于污染减少社会边际成本（SMC）必然下降，所以其结果必然是私人产出减少，超量生产（Q_0Q_1）变小，从而社会福利增多。如图 4.5 所示。

最初 A 企业的私人边际成本曲线为 S（PMC），社会边际成本曲线为 S_0（PMC），此时，社会的合意产量为 Q_0，实际产量为 Q_1，超量生产为 Q_0Q_1，社会福利损失为图中 abc 之间的面积。企业购买污水治理设备并投入生产后，私人边际成本曲线向上移动为 S'（PMC），而污水排放的减少导致环境的改善，从而使社会边际成本曲线为 S_0（PMC）向下移动为 S'_0（PMC），此时，社会合意产量为 Q'_0，企业实际产出为 Q'_1，超量生产为 $Q'_0Q'_1$，社会福利损失为 def。显然在企业购买污水治理设备后虽然企业私人产量降低，然而社会合意产量却升高，并且社会福利损失减少。从前面的分析我们可以看到，促使环境污染性企业消费节能环保产品，可以利用节能环保产品的正外部性特征，实现环境污染外部性的内部化，最终达到减少环境污染、降低环境压力的效果。

4.3.5.2 节能环保产业正外部性与自然资本节约

节能环保产业正外部性对环境压力产生影响的另一条途径是节能环保产业发展可以提高自然资本的利用效率，使人类生产在产量不变的情况下减少自然资本的使用量，达到降低环境压力的效果。

节能环保产业正外部性对自然资本节约的影响也是通过其所具有的消费正外部性表现出来的。假设某一经济产业链当中有且仅有两家生产性企业 A 和 B，两家企业的生产都会消耗自然资本，消耗量由其产品产量和自然资本的要素使用效率决定。设经济产业链中存在一社会计划者，该计划者为保持环境可持续发展，每期为两家生产者提供的自然资本量之和都等于自然资本的每期更新量，设自然资本每期的更新量为 E，则 $E = E_A + E_B$（E_A、E_B 分别为企业 A、B 再生产中所消耗的自然资本数量）。显然当 A 企业减少自然资本使用量时，企业 B 便可以在生产中投入更多的自然资本从而带来更多的产出，即企业 A 的减少自然资本使用量的行为对 B 产生了良好的影响。

假设企业 A 在生产中采用了节能环保产品，用来提高其生产中的自然资本使用效率，设每单位自然资本使用效率提高 r。为便于分析，假设企业在没采用节能环保产品前每生产一单位产品都需使用一单位自然资本，企业 A 在生产过程中保持产量为 Q_A 不变。显然企业 A 采用节能环保产品会减少自然资本的使用量，在社会计划者分配给二者总量既定的情况下，企业 A 的行为显然会使企业 B 有更多的自然资本投入到生产中，从而带来更高的产量，即企业 A 的行为给企业 B 带来了好处。不仅如此，企业 A 的行为还会带来总产量的增加，从而使整个社会在自然资本消耗量保持不变的情况下实现产出总量的增加。由于社会计划者分配给两者的自然资本总量恰好等于自然资本的更新总量，因此企业 A 的行为实际上会使整个社会在保持环境可持续发展的前提下实现总产量的增加，即实现经济的可持续增长，如图 4.6 所示。

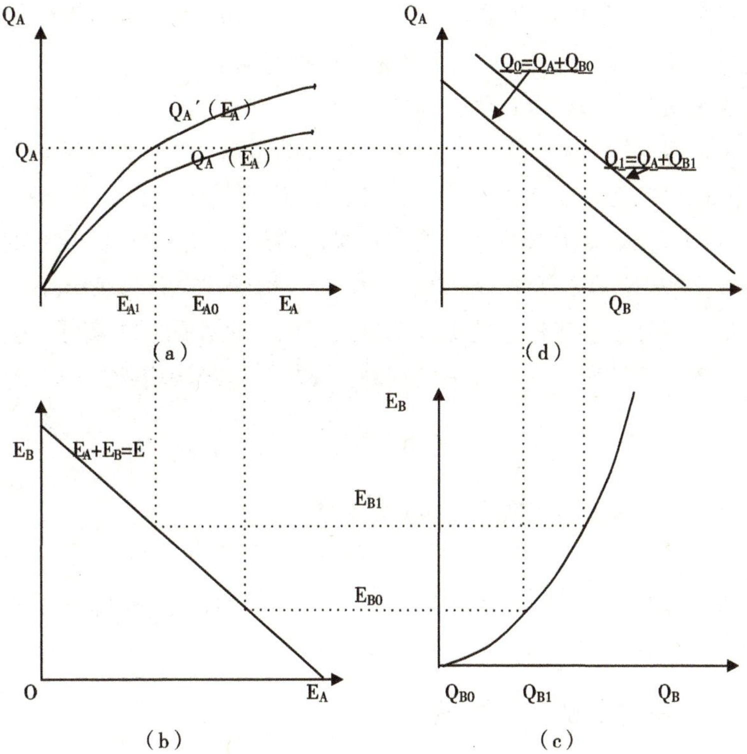

图 4.6　节能环保产业的正外部性与自然资本节约

图（a）描绘了企业 A 在使用节能环保产品前后，生产相同产量的产品所耗费的自然资本，图中两条曲线 $Q_A(E_A)$ 和 $Q_A'(E_A)$ 代表企业 A 在使用节能环保产品前后总产量线，从图中我们可以看出，企业 A 在采用节能环保产品前生产

Q_A 单位的产品须使用 E_{A0}（$E_{A0}=Q_A$）单位自然资本，使用节能产品后，在保持产量不变的情况下其生产 Q_A 单位产品只需要耗费 E_{A1} 单位自然资本即可，显然在自然资本节约率为 r 的情况下，我们可以得到：$E_{A1}=Q_A\times(1-r)$。

图（b）说明的是在社会计划者的调解之下，企业 A 和企业 B 每期投入到生产中的自然资本之和是固定的，等于自然资本每期的更新量。

图（c）显示的是企业 B 在企业 A 使用节能环保产品前后产量的变化情况。如图所示，在企业 A 使用节能环保产品之前，企业 B 的产量为 Q_{B0}（$Q_{B0}=E_{B0}=E-E_{A0}$），在企业 A 使用后，企业 B 的产量变为 Q_{B1}，显然我们可以得到：$Q_{B1}=E_{B1}=E-E_{A1}=E-E_{A0}\times(1-r)=E-Q_A\times(1-r)=Q_{B0}+Q_A\times r$，即企业 B 的产量增加 $Q_A\times r$。

图（d）代表的是社会总产量在企业 A 使用节能环保产品前后的变化情况，可以看到，在企业 A 使用节能环保产品之前社会的总产量为 Q_0（$Q_0=Q_A+Q_{B0}$），使用后变为 Q_1（$Q_1=Q_A+Q_{B1}$），总产量增加了 $Q_A\times r$。

综合四个图，我们可以看到，尽管企业 A 的产量在使用节能环保产品前后没有发生变化，但其行为却给企业 B 带来了良好的影响，并且这种影响没有得到补偿，因此我们可以将企业 A 的行为认定为具有正外部性的行为。这种行为不仅影响到企业 B 的产量，而且还导致社会总产量的增加，使全社会在投入的自然资本总量保持不变的情况下，总产量增加了 $Q_A\times r$。由于社会计划者分配给两者的自然资本总量恰好等于自然资本的更新总量，因此企业 A 的行为实际上会使整个社会在保持环境可持续发展的前提下实现 $Q_A\times r$ 单位的经济增长，即实现经济的可持续增长。

4.4 节能环保产业的主体行为分析

产业主体是促进产业发展的微观基础，产业的主体行为影响着产业的发展方向，节能环保产业共有三大行为主体，他们分别是企业、政府和消费者。

4.4.1 企业的节能环保行为分析

节能环保产业的贡献主要体现在环境和经济两个方面。对于以利润最大化为目标的企业来讲，并不关心生产所带来的环境收益，决定其生产意愿和决策的是其生产的节能环保产品所带来的收益。从理论上讲，企业在生产节能环保产品时可以通过两种方式提高收益，一种方式是降低产出的边际生产成本，另一种是提高产品的节能环保效果，以卖得更高的价格。

4.4.1.1 成本降低的主要途径

节能环保企业可以降低社会的边际成本，降低的途径有两条：一条途径是通过提高自然资本的要素使用效率达到节约自然资本的效果，自然资本的价格越高，该途径的成本降低效果就越明显，节能环保企业所能获得的成本节省就越显著。企业提高自然资本的要素使用效率的途径主要是通过采用更高水平的节能环保技术来实现。采用更高水平的节能环保技术可以有效地提高要素的生产效率，从而实现等量的要素投入带来更大的产出，也就等于降低了企业的边际生产成本。另一条途径是厂商通过加强生产管理和控制，对生产流程的重新设计和调整提高企业的生产经营效率，从而降低边际生产成本，但这部分成本降低空间的大小主要取决于企业内部的X非效率程度和企业在降低X非效率过程中面临的各种阻力，存在着较大的不确定性，

4.4.1.2 产品收益的不确定性

节能环保企业可以通过提高产品的节能环保效果，将产品卖更高的价格以提高收益。节能环保产品对消费者而言具有双重效应，一种是满足消费者本原需求而产生的效应，如节能灯泡可以带给消费者光明；另一种是满足消费者次生需求时所产生的效应，如节能灯泡还意味着更少的能源消耗。由于节能环保产品对环境的正外部性效果，对一些具有较高环境意识的消费者来讲具有较高的效用，因此，这些消费者愿意付出比一般产品更高的价格。所以节能环保产品企业可以通过提高产品的节能环保效果以获得更高的产品售价，这是节能环保企业提高其收益的另一个主要途径。然而需要注意的是与其他产品的属性不一样，节能环保产品的节能环保属性是暗含的，很难被消费者直观地识别。为了使消费者能够认知产品的节能环保属性，企业需要向政府或相关单位申请节能环保认证，并进行广告宣传。如果这部分投入费用过高，企业从节能环保产品的溢价中所获的实际收益将大大降低，甚至没有收益。

另外，由于节能环保产品的节能环保属性是暗含的，很难被直观地辨认，容易造成节能环保产品市场的信息不对称，而引发逆向选择问题。如果政府的监管不到位，市场上就可能有假冒的节能环保产品出现。如果消费者无法将节能环保产品同其他非节能环保产品区分开来，消费者就不愿为此多支付价格。显然由于“劣币驱逐良币”现象的存在，即使消费者对节能环保产品存在偏好，企业也无法为其制定高价格。

显然，节能环保产品能否获得产品的溢价收益，要取决于消费者节能环保意识的高低和节能环保产品市场上的逆向选择程度。对企业来说，这两个因素都是外生变量，具有很大的不确定性。

4.4.2 政府的节能环保行为分析

政府的节能环保行为主要有两种，一种是直接节能环保行为，即政府在政府采购中对节能环保产品的购买行为，也被称为政府的绿色采购。另一种是间接节能环保行为，是指政府为了经济社会的可持续发展，通过制定产业公共政策、设定制度框架、引导企业和消费者选择节能环保生产方式或生活方式等促进节能环保产业快速发展的行为方式。

4.4.2.1 政府的直接节能环保行为

政府将对节能环保产品的采购作为一项具体的采购政策，具有对经济的宏观调控功能。首先政府对于节能环保产品的购买，可以加大节能环保产品的市场需求，从而有力地推动产业的发展。其次，在节能环保市场上政府作为理性的消费者，对节能环保产品的采购行为具有明显的政策导向作用。政府加大对节能环保产品的采购，不但会对社会上的绿色消费起到示范和引领作用，而且能进一步促进节能环保产业的发展；实施政府绿色采购，不但可以有效地促进产品结构中的绿色化程度，而且可以提高全社会的节能环保意识，加快节能环保产品市场的发展。实施政府绿色采购，还可以促使企业选择绿色生产行为，减少生产中对环境资源的损害；实施政府绿色采购，还有利于树立政府的良好形象，有利于实现与国际市场接轨。

4.4.2.2 政府的间接节能环保行为

本研究在分析政府的间接节能环保行为时主要从两个方面着手：一是研究政府与节能环保企业及消费者之间的行为问题，二是研究中央政府同地方政府之间的博弈行为关系问题。

首先，作为制度的制定者，政府可以通过设定合理的、有利于节能环保产业发展的制度框架来促进产业的发展。合理的政府规制能有效地约束节能环保企业和消费者的经济行为，减少他们在经济活动中的不确定性，保证市场竞争的公平性和公正性，减少由于信息不对称造成的消费者的逆向选择问题。如果制度设计不合理，则会导致市场中的经济人会理性地从事“不合理行为”，即不合理的制度设计会促使人们选择不合理的经济行为。由于竞争性约束和交易成本约束的存在，政府所设定的制度架构往往并不总能有效地发生作用。[①] 因此，政府要促进节能环保产业的健康发展，除了需要制定合理的制度架构外，还需要在综合考虑交易各方的行为选择的情况下制定有效的产业发展政策，以真正地促进节能环保

---

① 道格拉斯·诺思．经济史中的结构与变迁（译本）[M]．上海：上海人民出版社，1995：132

产业的发展。由于节能环保产业的外部性的存在，节能环保企业和消费者能否选择有利于产业发展的经济行为，在很大程度上取决于政府的制度安排和政策设计。企业和消费者作为经济人都是以自身利益最大化为原则从事经济行为的，如果国家的政策设计和制度安排能有利于两者利益最大化的实现，那么企业和消费者就会选择从事有利于节能环保产业发展的经济行为。所以，对于政府来讲其主体节能环保行为的合理性主要体现在能否制定有利于引导企业和消费者选择节能环保行为的政策和制度安排，实现政府政策和制度绩效的最大化。

其次，制度经济学代表人物布坎南曾对“仁慈的政府”假设提出质疑，按照他的观点，政府同市场中的经济人一样是自私的，是以成本—收益分析为依据，在其从事行为中追求自身利益最大化的组织，只不过其所追求的利益并不一定是财富。Anthony Downs 认为，“政府官僚就是其产出不能通过市场途径来衡量的组织或个人，政府官僚只依赖其上级来晋升，所以，他们的行为准则是上级的偏好。”① 结合布坎南同 Anthony Downs 的观点，可以在一定程度上将中央政府和地方政府都看为自私的利益集团，其行为都表现为两面性：一方面，中央政府和地方政府都需要承担国民所赋予的经济与社会管理责任；另一方面，中央政府希望获得全体社会公民最大化的支持，而地方政府则寄希望能获得职位上的提升。显然，当二者之间的利益一致时，地方政府会积极地支持中央政府，而当两者之间存在利益冲突时，地方政府则可能尽量维护自己的利益。由于中央政府和地方政府之间存在信息不对称，并且中央政府对地方政府的监督成本也比较高，导致中央政府和地方政府两者之间互相博弈，这种博弈行为会大大降低政府的工作效率。以节能环保产业的发展为例，中央政府在从事行为决策时往往会考虑行为的长期性，因此，从经济的可持续增长的角度考虑，中央政府会支持节能环保产业的发展。对地方政府而言，由于其任职时间比较短，在考虑行为决策时往往较少考虑行为的长期性。由于在短期发展节能环保产业可能会同经济增长产生矛盾，实际上地方政府并不具有发展节能环保产业的积极性，因此中央政府与地方政府在发展节能环保产业上就可能会出现博弈行为，而两者之间的博弈无疑会大大降低政府在节能环保工作方面的运行效率，不利于节能环保产业的快速发展。

中央政府之所以和地方政府存在博弈行为是有着深厚的历史渊源的。在计划经济时期，由于中央政府权力高度集中，全国实行统一的财政体系、统收统支、统一核算。地方政府的财事权力很小，是中央政策的被动执行者，其局部利益也

① AnthonyDowns. A theory of Bureaucracy [J]. AmerieanEeonomieReview, 1965, (3) Vol: 13, 439 - 446.

很小。“尽管存在寻租的制度基础，但寻租的可能性仍然非常小”①，在这种体制下中央政府与地方政府的行为之间冲突很小，其目标和行为是一元的。因此，计划经济时期中央政府和地方政府之间只存在很小的博弈行为。改革开放后，我国为了增强地方经济的活力，提高地方政府发展经济的积极性，逐步实施市场取向的放权和分权，使得地方政府的财权和事权逐渐扩张，逐步成为具有独立利益的行为主体，其日常行为也有了更为广阔的寻租空间。假如缺乏制度约束，那么地方政府为追求更高的租金会尽其所能地去掠取消费剩余和生产剩余。由于中央政府在衡量地方政府工作绩效时往往以 GDP 总量、吸引的外商投资总额、上缴利税总量等指标作为其考核的依据，这种以 GDP 为核心的政绩考核体系也是造成中央政府和地方政府之间存在博弈行为的制度原因。特定的绩效考核体系决定了地方政府会将大部分精力放在满足这些考核指标上，而漠视考核体系外的指标，如社会对环境的污染、自然资源的过度开发、利用等问题。

中央政府为促进节能环保产业发展而设定的各种政府政策和制度安排很大程度上是为了更好地推动社会经济的可持续发展，提高全体公民的社会福利；而地方政府之间的竞争则源于政绩考核体系所带来的动力。因此必须健全现行的考核体系，更多地将自然资源的节约、生态环境的保护、经济结构的调整以及居民收入的增加等问题纳入到考核体系中，减少中央政府和地方政府之间的不合理博弈行为，提高政府在改善生态环境等方面的工作绩效。

4.4.3 消费者的节能环保行为分析

消费者的节能环保行为是受多种因素共同影响的结果，其反映了节能环保产品的需求方向，影响着节能环保产业的发展。在分析消费者的节能环保行为之前我们有必要对节能环保产品的消费同传统产品的消费做一下区分和分析。

由于在生产时包含了一部分绿色成本，大部分节能环保产品的价格要比传统产品高一些。随着节能环保技术的发展和人们对节能环保产品需求的加大，节能环保产品的生产成本将会不断降低，最终可能达到甚至低于传统产品的生产成本。那时，节能环保产品当然比传统产品更富有竞争力。然而在现阶段，由于节能环保产业刚处于初步发展的阶段，节能环保产品的生产成本依然较高，在市场竞争时很难在价格上发挥出优势。下面，我们将在节能环保产品面临成本劣势的情况下，探讨节能环保产品和传统产品在消费市场上面临怎样的差异。

图 4.7 中 U_1 和 U_2 两条消费者效应曲线分别代表了不具节能环保意识的消费

---

① 林毅夫，蔡昉，李周. 中国的奇迹：发展战略与经济改革（修订版）［M］上海：上海人民出版社，1999.

者在使用节能环保产品和传统产品时所得到的效应情况。U_2'代表具有节能环保意识的消费者在消费节能环保产品时的效应情况。显然，具有节能环保意识的消费者相对于不具备节能环保意识的消费者对节能环保产品给予了更高的评价。图中横坐标轴代表消费者购买商品所付出的花费，纵坐标轴代表所购商品带给消费者的效应。由于边际效应递减规律的存在，图中三条曲线 U_1、U_2 和 U_2'必然存在着向上倾斜的关系，即随着消费者购买产品数量的增加，其所得到的总效用也将越来越大，但单位花费所带来的效应是递减的。

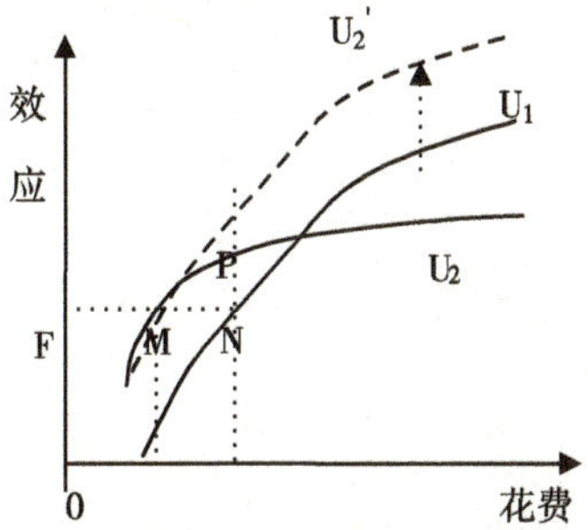

图 4.7　消费者主体行为分析

在节能环保产业发展的初级阶段，由于消费者并不具备节能环保意识，因此他们往往只考虑商品带给他们的直接效应，这样在消费者获得同样大的直接效应的情况下，由于绿色成本的存在，购买节能环保产品要比传统产品付出更多的费用。当节能环保技术发展到一定阶段以后，随着人们对于节能环保产业的重视，相比一般生产技术而言人们必将给予节能环保技术更多的研究和投入，节能环保产品的生产成本会不断降低，最终低于传统产品的成本，因而两条曲线 U_1 和 U_2 必会存在一交点 P。但在现阶段，节能环保产品的生产成本是大于传统产品的，也就是说现阶段正处在 P 点以前的这部分。假如现阶段市场上存在节能环保产品 A和传统产品 B，这两种产品都能带给消费者相同大小的直接效应，从图中我们看到不具节能环保意识的消费者购买两者的花费是不一致的，购买节能环保产品要比普通商品多花费 MN 的价格。

消费者作为“理性经济人”，在经济活动中往往把追求利益最大化作为唯一目标。消费者在购买商品时会通过“成本—收益”分析对其经济行为做出优化选择，而不会考虑其消费行为对社会总体利益和代际利益的影响。因此，在经济活动中利益驱动是决定消费者行为的主要因素，消费者会根据自身的利益去决定是否购买节能环保产品。只有其购买节能环保产品的成本至少不高于由此带来的效应时，消费者才会选择它。在绿色技术发展到 P 点以前的阶段，对于不具备节能环保意识的消费者来讲，相同花费的传统产品要比节能环保产品带来更多的效应，因此会选择购买传统产品。对于具有节能环保意识的消费者来讲，由于其对节能环保产品具有更高的评价，因此，节能环保产品相对于传统产品来讲能给他们带来更大的效应，这些消费者相对于不具备节能环保意识的消费者来讲也愿意为其花费更高的价格。

从上面的分析我们可以看到，要使更多的消费者购买节能环保产品主要有两条途径。一条是提高消费者的节能环保意识。当他们的节能环保意识提高了，对节能环保产品的评价就会提高，也就愿意为其付出更高的价格。另一条途径是降低节能环保产品的生产成本，主要通过加强绿色技术进步以提高节能环保产业的生产效率来实现。

5. 节能环保产业对经济可持续增长的作用机制分析

降低经济增长的环境压力，是使经济增长路径向经济可持续增长路径收敛的基本条件。然而，环境压力是经济活动对环境影响的总和，环境压力变化的背后原因是生产技术条件和结构的变化，这些变化决定了经济增长路径向可持续路径收敛的内在机制。在第四章中我们曾证明，节能环保产业具有正外部性的特征，该特征对于减少生产过程中的资源消耗、减少污染具有十分重要的作用，因此，节能环保产业对于减轻经济产出所带来的环境压力具有显著效果。本章将在上两章的基础上，探求经济增长过程中环境压力的决定因素，分析节能环保产业对经济可持续增长的作用机制，证明节能环保产业尤其是绿色技术进步能够有效地减轻经济增长所带来的环境压力，促使经济增长路径向经济可持续增长路径收敛。

5.1 经济可持续增长收敛的内在机制

降低环境压力是实现经济增长路径向可持续增长路径收敛的根本途径，而环境压力是受多方面因素共同影响形成的。本研究将根据 Grossman 和 Krueger 的环境压力影响分析的相关理论建立关于环境压力分解模型，以求能够找寻到影响环境压力的主要因素。

5.1.1 环境压力分解模型

为了能更好地找寻影响环境压力的因素，我们将某一经济体总的环境压力按产业的角度进行分解。设该经济体共有 n 个不同的产业，其中 i 产业的经济产出为 y_i，则 i 产业由于生产所造成的环境压力可以表示为公式（5.1）。

$$E_i = \frac{E_i}{y_i}\mathrm{y_i} = \alpha_i y_i \tag{5.1}$$

式中 E_i 表示 i 产业产出所造成的环境压力，系数 α_i 代表 i 产业单位产出所导致的环境压力。因为生产中所耗费的自然资本的量和污染的产出水平主要受该产业生产中采用的技术的水平影响，技术水平的高低决定着产出所造成的环境压力的大小，所以我们也可以将 α_i 看为 i 产业的技术系数，系数越高代表技术水平越低，生产造成的环境压力也就越大。如果用 Y 表示该经济的总产出，那么该经济体生产活动所导致的环境总压力 E 可以通过（5.2）式来表示：

$$E = \sum_1^n \alpha_i y_i = \mathrm{Y} \sum_1^n \alpha_i \frac{y}{Y} = \mathrm{Y} \sum_1^n \alpha_i \varepsilon_i \tag{5.2}$$

式中 ε_i 表示 i 产业的产出在总产出中所占的比重。对（5.2）式按时间微分，可以得到公式（5.3）：

$$\dot{E} = \sum_1^n \alpha_i \varepsilon_i \dot{Y} + \sum_1^n \alpha_i \dot{\varepsilon}_i Y + \sum_1^n \dot{\alpha}_i \varepsilon_i Y \tag{5.3}$$

式中，$\dot{E} = \frac{dE}{dt}, \dot{a} = \frac{da}{dt}$，$\dot{\varepsilon}, \dot{Y}$ 依此类推。将（5.3）式两侧分别除以 E 可以得到下式：

$$\hat{E} = \frac{\dot{E}}{E} = \dot{Y} \frac{\sum_{i=1}^n a_i \varepsilon_i}{E} + \frac{Y}{E}\left(\sum_{i=1}^n a_i \dot{\varepsilon}_i + \sum_{i=1}^n \dot{a}_i \varepsilon_i \right) \tag{5.4}$$

∵ 由（5.2）式可以推得：$Y = \frac{E}{\sum_1^n a_i \varepsilon_i}$

∴ 可以将（5.4）变化为：

$$\hat{E} = \frac{\dot{Y}}{Y} + \frac{Y}{E}\left(\sum a_i \dot{\varepsilon}_i + \sum \dot{a}_i \varepsilon_i \right) \tag{5.5}$$

从（5.5）式我们可以看到，经济增长所导致的环境压力的变化率的大小主要取决于三个因素，它们分别是：经济增长速度 $\dot{Y}/Y$、技术的变化率和产业结构的变化率 $\dot{\varepsilon}$。这表明，在总产出不变的情况下，如果出现有利于自然资本节约的技术进步或者经济结构出现有利于环境的变化（污染密集型产业所占份额下降，环境友好型产业所占份额上升），那么环境压力将会下降；反过来，如果技术水平和经济结构保持不变，那么产出每上升 1% 就会带动环境压力上 1%。

如果用 e_i 表示 i 产业造成的环境压力在总的环境压力中所占的份额，即 $e_i = \frac{E_i}{E} = \frac{a_i \varepsilon_i Y}{E}$，则有公式（5.6）。

$$\frac{Y}{E} = \frac{e_i}{a_i \varepsilon_i} \tag{5.6}$$

将（5.6）式代入（5.5）式，我们可以得到公式（5.7）：

$$\hat{E} = \hat{Y} + \sum e_i \hat{a}_i + \sum e_i \hat{\varepsilon}_i \tag{5.7}$$

Grossman 和 Krueger 将（5.7）式右边三部分分别界定为经济产出对环境压力的规模效应、技术效应和结构效应。

5.1.2 规模效应、结构效应和技术效应对于环境压力的影响

5.1.2.1 规模效应与环境压力

产出增加所导致的规模效应会加大环境压力。在结构效应和技术效应一定的情况下，经济规模的扩大会使更多的自然资本以生产要素的形式投入到生产中，在物质能量守恒定律以及熵增定律的作用下，任何产出的增加都会加大对自然资本的消耗，而自然资本的消耗会增加总体环境压力。特别是在自然资本的产权界定不清晰的情况下，经济的增长会导致自然资本的过度利用，导致环境污染的外部性难以内部化，经济增长对环境压力的负效应会增大。

5.1.2.2 结构效应与环境压力

如果说规模效应反映的是一个经济体的经济规模，那么结构效应侧重的就是不同门类的产出对环境形成的总体压力的影响。不同产出门类由于生产特性不同，生产过程中所需要的要素投入也不同，其单位产出对环境造成的压力也存在很大差异。当环境友好型和技术密集型产业在总产出中所占的比例上升时，会减轻环境的压力；反过来，污染密集型和资源密集型产业在总产出中所占比例上升时，会增加环境的压力。例如，如果按照三次产业分类法划分产业结构，那么在三次产业中，第一产业和第三产业是对环境资源要求比较低的产业，它们消耗的自然资源和生产产生的污染也比较少；第二产业是工业化国家经济的主体，也是资源耗费的主体，相应地造成的污染相对于一、三产业也就比较多。长期以来，我国工业废气排放量占总排放量的 80% 多，工业废水排放量尽管一直在下降，但到现在仍超过 40%，工业废水排放量虽然少于生活污水排放量，但也是我国当前的主要污染之一，而工业固体废弃物更是占了全国固体废物的绝大部分，并且总量一直在稳步上升。①

5.1.2.3 技术效应与环境压力

技术效应反映的是人类在生产过程中取得的技术进步对于环境的影响。如果假定规模产出和产出结构保持不变，由于生产活动采用不同的生产技术，其最终导致的环境压力也必然不同。需要指出的是，技术进步并不一定会导致环境压力降低。现有的研究表明，技术进步同环境压力之间有着比较复杂的关系。各国经济增长对环境压力影响的实践也显示技术进步并不一定会导致环境压力的降低。

---

① 王慧炯、甘师俊、李善同等，可持续发展与经济结构［M］．北京：科学出版社，1999：39.

实际上，对环境保护来说技术进步是一把双刃剑：一些技术进步有利于环境质量的改善，另一些技术进步则可能增加生产的污染排放。据此，我们可以把技术分为红色技术和绿色技术（有些学者将绿色技术称为环境技术）。红色技术是指那些以提高产量为目的而不考虑环境质量的生产技术，绿色技术是指以保护环境为目的能够提高环境要素的要素使用效率或者能够产生更少污染的技术。简而言之，红色技术是指虽能提高产出效率但是可能会对环境有害的技术，绿色技术是指对环境有益的技术。红色技术虽然能提高生产效率，加大经济产出，但对环境的作用可能是负面的。绿色技术主要通过两个层面来实现降低环境压力：一个层面是节能技术可以通过改变生产中的劳动、资本同自然资本要素比例的变化，来提高自然资本的要素使用效率，进而有效地降低单位产出的环境压力；另一个层面是环境保护技术可以降低人类生产活动所产生的各种污染，进而达到降低单位产出的环境压力的效果。

5.1.3 实现经济可持续增长的路径分析

从（5.7）式我们可以看到，规模效应、结构效应和技术效应共同决定了环境压力变化率的大小。在经济增长过程中，规模效应会加大环境压力，从而加大自然资本的消耗，不利于经济的可持续增长，这也是经济增长会导致环境恶化的主要原因。环境保护主义者认为的经济增长一定会导致环境恶化的观点，实际上强调的也是由产出增加引发的规模效应。若要实现经济增长，规模效应便难以避免，（5.7）式中右侧部分第一项便必然为正。因此，若要降低环境压力（即式中左侧部分为负），便只能依靠式中第二项和第三项之和为负才能实现。因此，如果要实现经济增长路径向经济可持续增长路径收敛，就必须保证反向变动的结构效应与技术效应之和大于规模效应，如公式（5.8）所示：

$$\sum e_i \hat{a}_i + \sum e_i \hat{\varepsilon}_i > -\hat{Y} \tag{5.8}$$

通过第四章的分析我们知道，在经济增长过程中，要实现经济增长同环境可持续发展的双赢就必须要降低经济增长所带来的环境压力，而降低环境压力的根本途径在于加强有利于环境可持续发展的结构效应和技术效应，并使两者之和能够抵消规模效应对于环境的影响。

将前面的分析同实践结合在一起，我们就可以找到实现北京市经济可持续增长的两条路径：一条是通过经济结构调整，减少地区经济中污染密集型产业所占的比重，提高环境友好型和技术密集型产业所占的比重；另一条是加强技术进步尤其是绿色技术进步，提高生产中自然资本的要素使用效率，降低生产生活所造成的污染。近些年来，发达国家由经济增长引发的环境问题日益减少，同这些国家采取的结构调整策略有很大的关系。发达国家积极利用经济全球化，通过国际贸易和国际的产业转移，将大量的劳动密集型和污染密集型企业转移到第三世界国家，而在本国大力发展环境友好型产业，从而有力地缓和了经济增长同生态环境之间的矛盾，实现了经济增长同环境可持续发展的双赢局面。Hetige 曾在 1997 年分别对美国、日本、英国和加拿大四个发达国家在 1980—1996 年间经济结构变化对环境污染的影响作了实证研究。研究显示：这四个国家的经济结构调整对于减轻这些国家的环境污染起了非常重要的作用。[①] 如表（5.1）。

表 5.1　四个发达国家产业结构调整对环境污染的影响

国家	一氧化碳	二氧化硫	二氧化碳	固体废弃物
美国	-21.1	-27.7	-29.6	-19.3
日本	-36.2	-37.1	-40.3	-32.7
加拿大	-8.	-15.2	-16.7	-8.6
英国	-10.3	-15.6	-21.4	-14.4

资料来源：Jaffe. A. Economic growth and Environmental Quality [J]. Principle of Environmental and Resource Economics，2000。

需要说明的是，虽然发达国家的实践证明，产业结构调整能够对环境污染产生非常有利的影响，但是由产业结构调整所导致的结构效应的普遍性、适应性却是值得考量的。因为产业结构调整从本质上讲，只不过是环境污染或环境压力在不同国家和地区之间的转移，发达国家可以转移给发展中国家，但是发展中国家往何处转移呢？因此，并不是任何一个国家都可以利用结构效应。只有当一个国家发展到一定阶段时，它才可以利用产业结构调整完成产业升级，从而利用结构效应减轻环境压力。对于发展中国家而言，通过产业结构调整减轻环境压力的空间是非常有限的，因为不以产业转移为前提的产业结构调整是由其要素禀赋结构决定的，对于发展中国家来讲，以制造业为代表的产业往往是其优势产业，由于知识资本和技术的缺乏，通过技术进步来迅速地完成产业升级和产业调整是不现实的。经验研究证明，对于发展中国家来讲如果为了减轻环境压力而不考虑本国的实际国情，在知识储备和技术储备还不够的情况下实施产业结构调整，只会使本国企业在国际竞争中丧失优势，对于经济发展是不利的，这显然有悖于经济可持续增长的初衷。

因此，尽管结构效应和技术效应都可以有效地减轻环境压力，但是对北京市来说，实现经济可持续增长主要还是靠技术效应。前面我们曾经提到过，技术进步按照环境的关系可以分为两种，一种是红色技术进步，另一种是绿色技术进

① 转引自郭培璋，中国工业可持续发展研究［M］，经济科学出版社，2002：126.

步，其中对环境有益的是绿色技术进步。现实生活中的绿色技术主要包括污染排放治理、废弃物的再循环利用以及能源节约利用等多种形式。前面论述的有利于降低环境压力的技术效应正是绿色技术进步的结果。

5.2 节能环保产业对于结构效应与技术效应的作用机理

本研究前面提到，降低环境压力是实现经济增长路径向可持续增长路径收敛的必由途径，而环境压力的降低主要受规模效应、结构效应和技术效应三种效应的影响。在不影响经济增长的前提下，要降低环境压力只能通过提高结构效应和技术效应来解决。下文将对节能环保产业同三种效应的关系展开分析，从而说明节能环保产业的发展可以有效地降低环境压力，使经济增长路径向可持续增长路径收敛。

5.2.1 节能环保产业与结构效应

结构效应侧重的是不同门类的产出对环境形成的总体压力的影响。不同产业的要素投入不同，生产过程不同，单位产出的环境密度就存在很大差异。如果一个经济体产出的增长主要来自于资源密集型和污染密集型产业，产出增长导致的环境压力将会被放大；如果一个经济体其产出的增长主要来自于知识密集型产业和清洁产业，产出的增加导致的环境压力将会被缩小。大力发展节能环保产业有助于一个国家或地区的经济结构的改变，能显著地增加环境友好型产业在国民经济中所占的比重，从而减小产出增加对环境压力的影响。节能环保产业对于结构效应的作用，可以从下面几个角度进行分析：

一是节能环保产业如果按照三次产业划分法划分属于第三产业，而按照五次产业划分法划分属于第五产业，因此，发展节能环保产业本身就意味着产业结构升级，也就有利于增强降低环境压力的结构效应。

二是节能环保产业对其他产业的关联效应将有力地促进传统产业的改进和新兴产业的出现。节能环保产业是以节约环境资源、减少环境污染以满足人类对高质量的环境需求为特征的。由于节能环保产业广泛渗透于各个经济门类当中，这一特征使节能环保产业的发展能够有力地促进产业结构的升级与转型，一方面，由于节能环保产业具有对技术的高度依赖性，节能环保产业的出现本身就意味着产业结构的优化与提高；另一方面，节能环保产业的发展和节能环保技术的扩散，会引起其他产业的技术改造和管理创新，减少了其他产业同环境之间的矛盾和冲突，促使其他环境密集型和污染密集型产业向技术密集型方向转变，促进了产业结构的升级。节能环保产业对产业升级和转型的作用主要表现在：在经济结构总体构成上，以节能环保产业为代表的现代新兴产业的增长速度将显著高于制造业；而在制造业中，传统的以资源密集型和污染密集型为背景的夕阳产业将会逐渐衰落和被淘汰，而以现代高新技术和节能环保技术为背景的现代朝阳产业则会出现大的发展。总之，节能环保产业的发展将促使整个经济系统逐渐向绿色化转变，即生产技术将向绿色技术转变、产品将向绿色产品转变、消费将向绿色消费转变等等。当前，我国正处在经济结构转型的关键时期，而结构转型就需要对那些高污染、高资源消耗的产业和企业进行改造，可以预见的是，节能环保产品和节能环保技术将会对这些行业和企业的改造发挥重要的作用。因此，节能环保产业的发展一定会在我国产业结构转型和升级中发挥重要的作用。

三是节能环保产业属于战略性新兴产业，也属于高新技术产业。通过大力发展节能环保产业，可以促进节能环保产品和环境技术在其他产业门类的应用，尤其是在一些资源密集型和环境污染型的传统夕阳产业门类的应用，可以延长这些产业部门的生命周期，提高这些产业门类的综合竞争力。

为促进产业升级和产业发展，我国政府于2005年7月9日审议通过了《促进产业结构调整暂行规定》（以下简称《规定》），并在当年12月正式发布。《规定》确定了我国产业结构调整的方向：“推进产业结构优化升级，促进第一、第二、第三产业健康协调发展，逐步形成以农业为基础、以高新技术产业为先导、以基础产业和制造业为支撑、服务业全面发展的产业格局，坚持节约发展、清洁发展、安全发展，实现可持续发展”。[①]《规定》指明了今后我国产业结构调整的重点和方向，肯定了发展节能环保产业对我国产业结构调整的重要推动作用。

5.2.2 节能环保产业与技术效应

前面我们曾经提出，技术效应是发展中国家降低环境压力的主要因素。节能环保产业的发展对于加快绿色技术的进步，促进技术效应在降低环境压力方面发挥作用具有十分重要的意义。节能环保产业对于技术效应的作用主要表现在节能环保产业可以有效地促进绿色技术的发展，通过促进绿色技术进步起到降低环境压力的效果。

5.2.2.1 绿色技术

（1）绿色技术的界定。绿色技术在国际上被称为环境技术、清洁技术或者生态技术等。绿色技术这一称谓是根据国际上普遍使用的“环境产业”术语而来的，绿色技术在国内被称为环保技术或节能环保技术，一般被界定为：是人们为了经济的可持续增长而旨在节约自然资本、保护生态环境、避免环境污染过程

---

① 转引自中国科学院可持续发展研究组，中国可持续发展战略报告，北京：科学出版社，2002：48。

中所使用的各种措施和手段的总称。目前对绿色技术的分类，按照其功能，大致可划分为下面几类：

A. 环境保护技术。环境保护技术又被称为环境无害技术，主要是指人类在节约自然资源、防治环境污染和合理利用能源等方面所利用的技术的总称，主要包括清洁生产技术和末端治理技术两大类。

清洁生产技术。清洁生产在我国政府颁布的《清洁生产促进法》中被界定为："通过采用对环境无污染的洁净能源和材料或利用先进的生产技术和设施等措施，能够提高自然资源的利用率，并能从源头上降低污染。减少生产过程中或产品使用过程中造成的污染，以降低对国民健康和生态环境的破坏。[①] 清洁生产技术是指在清洁生产过程中所使用的各种有利于保护环境的技术。

末端治理技术。如果说清洁生产技术是为了防止和减少可能要产生的污染，那么末端治理技术就是为了消除已经产生的污染。因此末端治理技术可以被定义为：在污染或废弃物已经产生的情况下，人类利用现有的技术水平对污染物进行处理以减轻其对环境的影响的技术。末端治理技术是清洁生产技术的有力补充，是清洁生产技术不能完全消除污染条件下的产物。

B. 资源循环利用技术。资源循环利用技术是指人们对在生产生活中所产生的各种废旧物品进行循环再利用所采用的技术，包括人们在生产生活中产生的各种废弃物及不能有效利用的余热、余压等。资源循环利用技术有利于提高人们对自然资源的利用效率，减少人们的生产活动对环境的不利影响。

C. 节能技术。节能技术是指人们在生产或生活中利用的能够提高能源利用效率的技术。由于自然资本是有限的，而人们对其的需求是无限的，因此大力发展节能技术以提高能源的利用效率已经成为人们优先重视的问题。有些学者甚至将节能技术看作继煤、石油、天然气及核能源之后的世界第五大能源。许多国家加大了对节能技术的研究和投入，并努力提高国民的节能意识，把国民节能意识和环境保护意识视为国民文明水平的主要标志之一。

D. 新能源技术。新能源技术是针对传统能源具有不可再生性而产生和发展起来的新技术，主要包括人们对于开发太阳能、风能等可再生能源所利用的技术。新能源为自然资本提供了替代品，对于节约能源和环境保护具有极其重要的意义。

5.2.2.2 节能环保产业与绿色技术

从环境技术的定义及其内涵可以看到，节能环保产业的发展与绿色技术具有十分密切的关系。绿色技术本身就是为了提高环境保护的技术水平，而节能环保

---

① 转自靳云汇，刘学．中国环境技术市场初步研究［J］．数量经济技术经济研究，1998（8）．

产业的发展则是建立在绿色技术基础之上的，两者之间相互影响、相互促进。一方面，节能环保产业的发展会推动绿色技术的升级与进步；另一方面绿色技术的进步又会将节能环保产业推向更高的水平。具体来讲，节能环保产业的发展对绿色技术的推动作用主要表现在以下几点：

（1）节能环保产业的发展为绿色技术的发展提供更为雄厚的物质基础。绿色技术的发展是以节能环保产业为基础的，节能环保产业的发展可以为绿色技术的发展提供资金保障和人才保障。

（2）节能环保产业的发展决定了绿色技术发展的方向与水平。绿色技术归根到底是为节能环保产业服务的，节能环保产业的需求决定了绿色技术的方向和发展水平，因此大力发展节能环保产业可以为绿色技术的发展提供发展方向和应用市场。

（3）节能环保产业是典型的高技术密集型产业，绿色技术是促进节能环保产业发展，提高产业发展水平的主要动力。以我国台湾地区为例，在台湾环境产业所有从业人员中，从事技术方面的人员要占到总数的大约55%。而在加拿大，环境产品生产制造企业中科研技术人员大约占到总人数的40%，在环境咨询业中，这个比例更是达到了70%。[①] 可见，节能环保产业作为高技术产业，一方面成为促进产业结构优化的发展方向，另一方面要求我们在大力发展节能环保产业时要充分考虑其高技术密集型产业的特点，加强对与绿色技术的研发与投资，创立绿色技术交易市场，真正地通过促进节能环保产业的发展来提高产业的技术水平。

从前面的分析可以看到，节能环保产业的发展对于促进产业结构调整，推动绿色技术进步具有非常重要的作用，因此加大节能环保产业的发展能够有效地提高结构效应和技术效应，减少生产活动所带来的环境压力。由于降低环境压力是实现经济增长路径向经济可持续增长路径收敛的充要条件，因此，节能环保产业对于促进经济增长路径向可持续增长路径收敛，促使经济实现可持续增长具有非常重要的意义。下面本研究将把节能环保产业同环境库茨涅茨曲线联系在一起，进一步证明节能环保产业对于经济可持续增长的重要作用。

5.3 节能环保产业与环境库茨涅茨曲线

5.3.1 环境库茨涅茨曲线

在20世纪50年代，著名经济学家西蒙·库茨涅茨曾经对经济增长与收入差

---

① 林世渊．台湾环保产业发展及政策演进分析［J］．亚太经济，2003：68.

异的关系提出一个假想：在经济增长的最初阶段收入差异会伴随着经济增长而变大，当经济增长到某一时点时，该差异达到最大，而后随着经济增长收入差异会逐渐变小。按照这一假设经济增长与收入差异之间便存在着一种“倒 U”型的关系。这一关系后来被大量的实证研究加以证明，并称之为库茨涅茨曲线。后来，经济学家 Krueger 在分析环境与收入关系时借用了库茨涅茨曲线，并从实证上证明了环境同收入之间“倒 U”型关系的存在。由于经济增长与环境污染之间存在着同经济增长与收入差异之间相一致的“倒 U”型曲线关系，因此 Panayotou（1993）把反映经济增长同环境污染之间关系的曲线称之为环境库兹涅茨曲线。

环境库兹涅茨理论假说反映了经济增长同环境质量之间的一种内在的必然联系，为理解环境同经济增长的关系提供重要的理论依据。需要说明的是，尽管环境库茨涅茨曲线反映环境质量最终会随着经济增长得到逐渐改善，但并不意味着不需要考虑人类生产活动对环境的影响而只是一味地发展经济就可以了。这是因为，如果经济发展所导致的环境退化超过了环境阀值，人类将会付出很大的成本或代价才能使之恢复本来状态，而如果超过了环境阀值还不注意对环境进行保护，继续毁坏环境，那么最终环境的退化也将不可逆转，人类将永远无法使其恢复到本来状态，最终会导致生态环境的崩溃。环境阀值对于人类很多赖以生存的自然资源都存在，如河流湖泊、草原、森林等。如果这些资源遭到严重的破坏，那么需要很长时间并且投入很大的成本才能使它们得到恢复。即使经济增长同环境质量之间存在“倒 U”型关系，那么也需要采取一定的手段防止“倒 U”型曲线超出生态阀值。事实上环境库兹涅茨曲线只是描述人类收入水平同环境质量之间的一种关系，收入尽管十分重要，但只是影响环境质量的一个因素，并不意味着收入增加一定会最终导致环境质量的改善。

5.3.2 环境库茨涅茨曲线与规模效应、结构效应、技术效应

EKC 假说提出后，许多学者从不同的角度建立经济模型解释 EKC 曲线的形成。如 Kristrom 从收入效应和替代效应的角度解释了“倒 U”型曲线的形成，Selden 和 Song（1995）将污染的存量或流量作为代表性消费者的生产函数和效用函数中的变量，用优化控制理论分析消费者的效用最大化问题，得出了关于环境和收入的“倒 U”型曲线等等。

然而，当前关于 EKC 曲线最为经典的学说便是 Grossman 和 Kruege 的理论，该理论将经济增长、收入变化对环境质量的影响分解为规模效应、结构效应和技术效应三类效应，认为这三种效应决定了 EKC 曲线的基本形状。本研究对环境压力影响因素的分析模型就是建立在该理论之上的。正如本研究在模型中证明的，规模效应不利于环境质量的改善，而技术效应和结构效应则恰恰相反。因

此，一个国家在经济发展的最初阶段，由于经济增长一般为粗放式经济增长方式，经济增长的技术含量比较低，经济结构的层次也比较低，此时结构效应和技术效应还不是很明显，规模效应要大于结构效应与技术效应之和，所以在这个阶段环境质量是不断恶化的。随着经济规模的扩大和经济水平的提高，经济结构不断优化，技术水平尤其是绿色技术水平不断增加，这样就会促使结构效应和技术效应逐渐增大，当两者之和大于规模效应时，环境压力将不会随着经济规模的扩大而增加，这时的 EKC 曲线将会出现拐点。而后环境质量会逐渐改善，从而使 EKC 曲线呈现“倒 U”型形状。

5.3.3 节能环保产业对环境库茨涅茨曲线的影响

按照环境库茨涅茨理论如果在经济发展过程中，政府能够通过发展节能环保产业或其他手段来促进经济结构调整和技术进步尤其是绿色技术进步，就可以使该曲线发生移动，如图 5.1 所示。

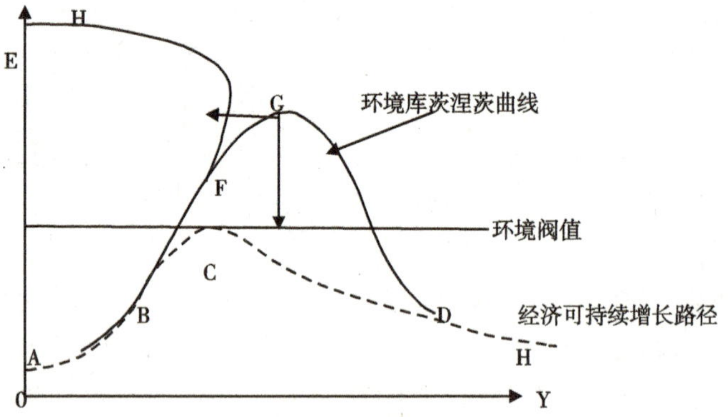

图 5.1　经济可持续增长与 EKC 曲线

图中黑色横线为环境阀值，由于环境资源的有限性和某些资源的不可再生性，任何经济体都会最终面临着一个生态环境的限值。如果经济发展超过该限值，生态环境会持续恶化，我们把这个限值称为环境阀值。EKC 曲线尽管揭示了收入同环境质量存在着“倒 U”型关系，但这并不意味着发展中国家的经济发展到一定阶段必然会带来环境质量改善。这是因为，如果环境退化超过环境阀值而得不到改善，环境就可能持续恶化，当达到一定程度环境退化就不可逆，此时可能导致的就是环境崩溃。按照该路径发展的经济增长路线称为生态毁灭型经济增长路线，如 ABFH 曲线所示。图中 ABFGDE 曲线为一般的环境库茨涅茨曲线。该曲线显示，虽然经济增长最终回到了可持续的增长路径上来，但付出的环境代价比较大。ABCDE 曲线反映的是在经济起飞阶段加大节能环保投入后形成的新的经济增长路径，该曲线拐点右半部分 CDE 曲线，被认为合意的经济可持续增长路线。通过该图可以看出，通过发展节能环保产业可以有效地强化结构效应和技术效应从而减轻环境压力，使 EKC 曲线向左和向下移动，最终使拐点提前出现，经济增长路线也没有超过环境阈值，从而最终到达经济可持续增长的路径上来。

6. 考虑节能环保投入的最优可持续增长分析

节能环保产业的发展可以有效降低人类经济活动所带来的环境压力，有利于实现经济增长路径向经济可持续增长路径收敛，即有利于实现经济可持续增长。那么在节能环保产业的作用下经济一定能实现可持续增长吗？实现的条件又是什么呢？本章将针对这两个问题展开研究。在已有文献研究的基础上，在新古典经济增长理论的框架下，通过将耗竭性能源资源，特别是以节约能源和减少污染为目的的节能环保投入加入到拉姆齐—卡斯—库普曼斯模型中构建了一个带有环境污染约束的新古典增长模型。在此基础上，通过综合分析经济可持续增长模型的最优增长路径，探讨在考虑环境投入和环境污染约束的前提下，实现经济可持续增长的条件，并进一步讨论各经济、环境参数对实现经济可持续增长的影响。

6.1 模型描述

假设存在一个简单的封闭经济，该封闭经济中只存在一个经济人，这个经济人既是生产者又是消费者。为了简化模型，假设该封闭经济的生产技术是外生的，劳动和资本在环境资源的约束下用于生产活动，生产要素的供给给定且缺乏弹性。这一经济体系的运行机制如下：唯一经济人作为生产者，利用一部分资本存量 K 和环境资源存量 E 作为生产要素生产商品，在商品生产过程中会消耗部分自然资本，并且会对环境造成污染，于是他又将资本存量取出一部分 I 用于提高环境资源的使用效率和治理污染。作为消费者，他通过商品消费和环境享受获得满足，那么对这个经济人来讲，他的问题就是在自己的预算约束下，选择他的消费路径、资本存量积累路径和环境资源积累路径来极大化他的效用。

6.1.1 投入和产出

假设产出 Y（t）由经济人投入人造资本存量 K（t）和自然资本 E（t）来生产，技术为不受时间影响的柯布—道格拉斯技术，规模收益不变，于是有（6.1）式：

$$Y(t) = f(K(t), E(t)) = AK(t)^{\alpha}E\quad(t)^{1-\alpha} \tag{6.1}$$

在（6.1）式中，Y 为最终产出，$A>0$ 为外生的一般性生产技术参数，E 表示投入到生产部门中的自然资本数量。假设 f（K（t），E（t））是二阶连续可微的，并且满足：

（1）f（0，E（t））＝0，f（K（t），0）＝0，即没有资本投入或者没有自然资本投入都不可能生产出产品。这也是人们通常讲的"没有免费的午餐"。

（2）函数 f（K（t），E（t））是投入要素的增函数。即其他条件不变的情况下投入要素越多产出会越多。根据生产函数的可微性，该条件可以表示为：$fK>0$，$fE>0$。

在本研究中，假设在某一个时点上经济中物质资本存量的净增加等于总产出 Y 减去总消费 C。因此，物质资本的积累方程可以用公式（6.2）表示：

$$\dot{E} + \dot{K} + I = Y - C \tag{6.2}$$

式中 $\dot{E}+\dot{K}+I$ 表示由于投入到生产中的要素所带来的物质资本的增加，I 表示由于经济人为减少环境约束所进行的节能环保投资，$\dot{E}$、$\dot{K}$ 表示时间的导数，其中，$\dot{K} = dK/dt$，$\dot{E} = dE/dt$。

6.1.2 环境质量

环境质量主要受经济人生产所带来的要素消耗和环境污染、自然资本的自我更新和经济人为减少环境制约所进行的节能环保方面的投资三方面的影响。其中，要素消耗和环境污染主要由经济人的产出规模和生产技术等因素决定。由于假定生产技术是外生的，为简单起见我们假设要素消耗和环境污染主要由产出规模决定，我们可以设 $P(Y,\gamma 2) = \gamma_2 Y$，用来表示现有生产技术下产出对环境质量的影响，其中 γ 表示单位产出对环境质量所带来的影响，γ 越大代表现有技术水平下对环境质量影响越大。γ 与企业生产所采用的绿色技术水平有密切关系，γ 越大代表水平越低。环境自我更新是指环境具有消除部分污染和促使部分自然资本再生能力。设自然资本总量为 E，自然资本的更新率为 θ，则自然资本的自我更新量为 θE。经济人所进行的节能环保投资是指经济人为减少环境对于生产的约束作用，为保持环境的稳定而进行的节能环保方面的投资。节能环保投资主要用于两个方面，一个方面是为了节约生产中的自然资本使用量，提高自然资本的要素使用效率而进行的投资；另一个方面是为了减少生产所产生的污染排放而进行的投资。假定用于提高自然资本利用效率和污染治理行为的资本存量投入部分为 I，则该部分投资会有助于提高环境质量，减少环境对生产活动的约束，设节能环保投资环境治理函数为 M（t）＝m（I）式中 M 是可以微分的，并且 >0，显然我们可以得出在某一时刻环境资源的净改变量，如公式（6.3）所示：

$$\dot{E} = M - P + \theta E = m(I) - \gamma Y + \theta E \tag{6.3}$$

假设环境质量存在一个上限值 E_{max}，该值意味着人类的生产活动已经长期停止，人类的经济活动已经不能再对环境产生不利的影响。同样假设环境质量还存在一个下限值 E_{min}，该值意味着人类所能容忍的最差的环境质量，低于该值意味着将发生不可恢复的生态灾难。由此，我们可以得到一个临界生态阀值，假设环境质量 E 遵循如下约束条件：

$$E_{min} < E < E_{max}$$

6.1.3 消费偏好

效用函数是一个多元函数，人类所追求的福利除了消费外，还包括环境、闲暇等，而拉姆齐模型存在一个明显的假定，即追求尽可能高的消费效用水平是唯一的福利目标。实际上，人们的福利不仅应当取决于当前的物质消费流，而且也应当包括环境质量。因此，假定代表性消费者在无限时域上对产品消费和环境质量产生效用，且有一个标准的固定弹性的效用函数，如公式（6.4）所示：

$$U(C, E) = \frac{C^{1-\sigma}-1}{1-\sigma} + \frac{[1-(-E)^{1+\omega}]}{1+\omega}, \sigma > 0, \omega > 0 \tag{6.4}$$

在公式（6.4）中，$U(C, E)$ 表示该经济人的瞬时效用函数，σ 表示边际效用对消费的弹性，在这里它是常数，是跨期替代弹性的倒数且存在 $1/\sigma = U'(C)/U''(C)$；并满足 $UC>0$，$UCC<0$，$UE>0$。ω 为经济人对环境质量的偏好程度，因为环境质量同产出对环境的影响 P 密切相关，P 越大意味着环境质量越差，经济人对环境的偏好程度就越低，即环境偏好同产出对环境的影响存在着反向的关系。

由此，我们可以得到代表性的消费者一生的福利，如公式（6.5）所示：

$$W = \int_0^{\omega} U(C,E)\, e^{-\rho t} dt \tag{6.5}$$

在公式（6.5）中，ρ 是时间贴现率，也可以代表经济人对经济可持续增长的关心程度。ρ 越大，表明越漠视以后的福利，表示完全不关心以后的利益，也表明对现在和未来给予相同的重视。

6.2 实现经济可持续增长的条件分析

6.2.1 模型的最优发展路径

经济人的目标是寻求在无限时域上的效用最大化，其动态最优化问题如下列公式所示：

$$W_{max} = \int_0^{+\infty} U(C,E)e^{-\rho t}dt \tag{6.6}$$

$$\text{S.t}\ Y(t) = f(K(t),E(t)) = AK(t)^{\alpha}E\quad(t)^{1-\alpha}\quad \alpha \in (0,1) \tag{6.7}$$

$$\dot{E} + \dot{K} + I = Y - C \tag{6.8}$$

$$\dot{E} = M - P + \theta E = m(I) - \gamma Y + \theta E \tag{6.9}$$

$$E_{min} < E < E_{max} \tag{6.10}$$

$$\omega \in (0,1)$$

最优增长路径的 Hamilton 函数为（6.11）式：

$$H = U(C,E) + \lambda\{AK^{\alpha}E^{1-\alpha} - C - I - m(I) - \theta E + AK^{\alpha}E^{1-\alpha}\gamma\} + \mu\{m(I) + \theta E - AK^{\alpha}E^{1-\alpha}\gamma\}$$

$$= \frac{C^{1-\sigma}-1}{1-\sigma} + \frac{[1-(-E)^{1+\omega}]}{1+\omega} + \lambda(AK^{\alpha}E^{1-\alpha} - C - I) + (\mu - \lambda)\{m(I) + \theta E - AK^{\alpha}E^{1-\alpha}\gamma\} \tag{6.11}$$

在（6.11）式中，为 Hamilton 函数乘子，表示资本现值影子价格，代表从时刻 0 来看，在时刻 t 一个单位资本存量的增加所带来的最优效用增加量，μ 是环境资源的影子价格，代表从时刻 0 来看，在 t 时刻一个单位环境资源的增加所带来的最优效用增加量。最优条件为：

对函数中的 C 求一阶导数，并令 $H_C = 0$，可以得到（6.12）式：

$$C^{-\sigma} = \lambda \tag{6.12}$$

对函数中的 I 求一阶导数，并令 $H_C = 0$，得到（6.13）式：

$$\lambda = \mu m'(I) \tag{6.13}$$

即：
$$\mu = \frac{1}{m'(I)}\lambda$$

对 Hamilton 函数中 K 和 E 分别求导，得到欧拉方程式：

$$\dot{K} = \frac{\partial H}{\partial \lambda}, \dot{\lambda} = -\frac{\partial H}{\partial K} + \rho\lambda = \rho\lambda - \lambda\frac{\alpha Y}{K} + (\mu - \lambda)\frac{\gamma\alpha Y}{K} \tag{6.14}$$

$$\dot{E} = \frac{\partial H}{\partial \mu}, \dot{\mu} = -\frac{\partial H}{\partial E} + \rho\mu = \rho\mu - (-E)^{\omega} + \mu\theta \tag{6.15}$$

由一阶条件（6.12）、（6.13）式以及欧拉方程式（6.14），我们可以得到最优消费路径和最佳环保投入如公式（6.16）所示：

$$g = -\frac{1}{\sigma}[\rho - \alpha\frac{Y}{K} + (\mu - \lambda)\gamma\alpha\frac{Y}{K}c^{\sigma}] = \frac{1}{\sigma}[\alpha\frac{Y}{K} + \gamma\alpha\frac{Y}{K}\frac{m'(I)-1}{m'(I)} - \rho] \tag{6.16}$$

由于在经济平衡增长路径上，Y、K、C、A 以相同比率增长，所以就有公式（6.17）：

$$g = \frac{\dot{Y}}{Y} = \frac{\dot{C}}{C} = \frac{\dot{K}}{K} \tag{6.17}$$

即公式（6.18）：

$$g = -\frac{1}{\sigma}[\rho - \alpha\frac{Y}{K} + (\mu - \lambda)\gamma\alpha\frac{Y}{K}c^{\sigma}] = \frac{1}{\sigma}[\alpha\frac{Y}{K} + \gamma\alpha\frac{Y}{K}\frac{m'(I) - 1}{m'(I)} - \rho] \tag{6.18}$$

上述一阶条件（6.12）、（6.13）式和欧拉方程，完整地描述了系统的最优动态过程。该系统最优增长路径的关键在于选择状态变量和变量控制，使经济人的跨期效用达到最大化。显然，要实现经济的可持续增长就必须要使 $g>0$，即公式（6.19）。

$$\alpha\frac{Y}{K} + \gamma\alpha\frac{Y}{K}\frac{m'(I) - 1}{m'(I)} > \rho \tag{6.19}$$

可得：

$$\alpha\frac{Y}{K} + \gamma\alpha\frac{Y}{K}\frac{m'(I) - 1}{m'(I)} > \rho \tag{6.20}$$

整理可得：

$$m'(I) > \frac{\alpha\gamma A^{\alpha-1}E^{1-\alpha}}{\alpha AK^{\alpha-1}E^{1-\alpha} + r\alpha AK^{\alpha-1}E^{1-\alpha} - \rho} \tag{6.21}$$

显然不等式（6.21）是引入节能环保投资后，实现经济可持续增长的充分必要条件。

6.2.2 对于经济可持续增长条件的进一步分析

为便于进一步分析节能环保投资与经济可持续增长之间的关系，我们把公式（6.21）进一步整理为：

$$m'(I) > \frac{\alpha\gamma A^{\alpha-1}E^{1-\alpha}}{\alpha AK^{\alpha-1}E^{1-\alpha} + r\alpha AK^{\alpha-1}E^{1-\alpha} - \rho} = \frac{\alpha\gamma Y/K}{\alpha Y/K + r\alpha Y/K - \rho} \tag{6.22}$$

我们知道 Y/K 代表经济人投入人造资本的资本－产出比，假设 $G_r = Y/K$，显然，G_r 的大小同该经济人的生产技术有很大关系，则（6.21）式又可表示为（6.23）式：

$$m'(I) > \frac{\alpha\gamma A^{\alpha-1}E^{1-\alpha}}{\alpha AK^{\alpha-1}E^{1-\alpha} + r\alpha AK^{\alpha-1}E^{1-\alpha} - \rho} = \frac{\alpha\gamma Gr}{\alpha Gr + r\alpha Gr - \rho} \tag{6.23}$$

通过该固定不等式右边参数的数值，可以发现，只要能维持节能环保投入对环境质量改善的边际贡献率能够长期大于一个临界值，经济就能实现可持续增长，并且左边部分越大，越可能满足经济可持续增长的条件。

由于 α（代表人造资本在总产量中所占份额）和资本产出比 G_r 的大小同经济人的生产技术有很大关系，而生产技术是相对稳定的，因此 G_r 也是相对稳定的一个参数。从前面我们可知 γ 表示单位产出对环境质量所带来的影响，显然 γ 同节能环保技术有很大关系，γ 的大小由节能环保技术水平决定，因而也是相对比较稳定的。ρ 是时间贴现率，代表经济人对经济可持续增长的关心程度。显然 ρ 也是比较稳定的一个参数。由于生产技术参数 G_r 、节能环保技术水平 γ 和时间贴现率 ρ 在短时间内是比较稳定的参数，因此我们可以假定不等式（23）右边是一个固定的常数，其大小主要由生产技术参数 G_r 、节能环保技术水平 γ 和时间贴现率 ρ 决定。

如果 $m'(I)$ 是单调递增的，那么不等式的成立条件显然比较容易满足，越是大的节能环保投入越容易满足该不等式，并且随着节能环保投入的增加，节能环保投资 I 必然存在一个数值保证满足该不等式。如果 $m'(I)$ 是不变的或单调递减的，则该不等式的成立条件不容易满足，在这种情况下加大节能环保收入可能会适得其反。由此，证明 $m'(I)$ 是单调递增的便成了证明发展节能环保产业对经济可持续增长重要性的关键。

6.3 节能环保投入的边际贡献率与环境库茨涅茨曲线

6.3.1 节能环保投入的边际贡献率与环境库茨涅茨曲线

为了便于分析，我们另设立一模型。假定在经济中只存在一个家庭，该家庭无生产性行为，在此情况下，外部性的影响为零，单个家庭的最优化就是帕累托最优。假定污染是由家庭消费造成的，可以得到家庭的效用函数，见（6.24）式：

$$U = U(C,P) \tag{6.24}$$

其中，$U_C > 0, U_P < 0$ 。因为污染是由消费造成的，所以该家庭可以通过治理污染或者减少消费来减少污染。假定 I 表示消费者用于治理污染的总投入。可以得到（6.25）式：

$$P = P(C,I) \tag{6.25}$$

$$P_c > 0, P_i < 0 \text{。}$$

假定家庭总的资源禀赋为 Y，消费和治理污染的相对成本为 1，于是可以得到 $C + I = Y$ 。

假定效用函数和污染函数呈下列简单形式：

$$U = C_0 - P \tag{6.26}$$

$$P = C_0 - C^{\alpha} I^{\beta} \tag{6.27}$$

（6.26）式表示污染的边际效应损失为 1。在（27）式中，C_0 为污染治理前的总污染量，消费者污染治理函数采用了标准的柯布 - 道格拉斯生产函数，表示为 $C^{\alpha} I^{\beta}$ ，如果该家庭是通过 C 和 I 之间的取舍来实现个人效用的最大化，那么将

（6.23）式带入（6.22）式，在满足收入约束条件 $C+I=Y$ 的前提下，最优的生产投入量和污染治理投入量分别为公式（6.28）和（6.29）：

$$C^*=\frac{\alpha}{\alpha+\beta}Y \tag{6.28}$$

$$I^*=\frac{\alpha}{\alpha+\beta}Y \tag{6.29}$$

将公式（6.28）和（6.29）代入公式（6.27），可以得到该家庭最优的污染排放量，如公式（6.30）所示：

$$P^*(I)=\frac{\alpha}{\alpha+\beta}Y-\left(\frac{\alpha}{\alpha+\beta}\right)^{\alpha}\left(\frac{\alpha}{\alpha+\beta}\right)^{\beta}Y^{\alpha+\beta} \tag{6.30}$$

（6.30）式反映的是污染与收入之间的关系，即环境同收入之间的关系，可以作为环境库茨涅茨曲线的函数表达式。

上式的二阶导数方程式为公式（6.31）：

$$\frac{\partial^2 P^*}{\partial Y^2}=-(\alpha+\beta-1)\left(\frac{\alpha}{\alpha+\beta}\right)^{\alpha}\left(\frac{\beta}{\alpha+\beta}\right)^{\beta}Y^{\alpha+\beta-2} \tag{6.31}$$

由于环境库茨涅茨曲线一般被认为呈倒“U 型”凸函数曲线，所以可以得到公式（6.32）：

$$\frac{\partial^2 P^*}{\partial Y^2}=-(\alpha+\beta-1)\left(\frac{\alpha}{\alpha+\beta}\right)^{\alpha}\left(\frac{\beta}{\alpha+\beta}\right)^{\beta}Y^{\alpha+\beta-2}<0 \tag{6.32}$$

又因为有（6.33）式所揭示的关系：

$$I^*=\frac{\beta}{\alpha+\beta}Y \tag{6.33}$$

所以我们可以得到公式（6.34）：

$$\frac{\partial^2 P^*}{\partial Y^2}=\frac{\partial^2 P^*}{\partial I}\times\frac{\beta}{\alpha+\beta}=-(\alpha+\beta-1)\left(\frac{\alpha}{\alpha+\beta}\right)^{\alpha}\left(\frac{\beta}{\alpha+\beta}\right)^{\beta}Y^{\alpha+\beta-2}<0 \tag{6.34}$$

即：$\alpha+\beta>1$

显然，污染治理投资是规模报酬递增的，即污染治理投资对环境质量改变的边际贡献率是递增的。

6.3.2 实现经济可持续增长的路径选择

再回到不等式（6.21）中，我们可以看到，有两种途径可以提高不等式满足的概率：其一是使不等式左边不断增大；其二是使右边减小也有助于不等式的成立。既然节能环保投资的规模报酬是递增的，意味着 $m'(I)$ 是单调递增的，那么随着节能环保投资的不断加大则 $m'(I)$ 也会不断变大，从而满足经济可持续增长的函数限制将越来越宽松，经济可持续增长实现的可能性也越来越大。假如不等式右边既定，则随着节能环保投资的加大，不等式必然会得到满足，亦即经济可持续增长必然能够实现。

除了加大节能环保方面的投资有助于实现经济的可持续增长，提高 α（人造资本所得在总产量中的份额）和人造资本的资本－产出比 G_r 的大小或者降低时间贴现率 ρ 的大小也有助于不等式的实现。无论是提高 α 和 Gr 的值，还是降低 ρ 和 γ 的值，不等式右边部分就会变小，这也有助于不等式得到满足。我们知道，时间贴现率 ρ 代表经济人对经济可持续增长的关心程度，或者代表人们的环境意识，ρ 越小意味着越重视后代的福利，越具有环境保护意识。而 γ 与生产中的绿色技术水平有着重要关联，绿色技术水平越高意味着产出造成的环境影响越小，单位产出对环境质量所带来的影响 γ 也就越小。α 代表人造资本所得在总产量中所占的份额，同人造资本的生产技术有关，份额越大代表着人造资本相对于自然资本更具产出效率，人们也就乐意在生产中投入更多的人造资本而减少自然资本的利用量，显然这对环境是有利的。G_r 代表人造资本的资本－产出比，同人造资本的生产技术有关，G_r 越大代表人造资本的资本－产出比越高，经济人也就越乐意用人造资本去替代自然资本投入生产，从而减少自然资本的利用量。显然，提高 G_r 对环境是有利的，即对实现经济可持续增长是有利的。

7. 节能环保产业运行机制及北京市相关产业发展的环境压力

本章根据环境压力的分解模型，通过对环境压力进行分解，说明环境压力主要受规模效应、技术效应和结构效应三种效应影响。由于节能环保产业具有正外部性的特征，其发展能够有效促进产业结构优化和绿色技术进步，因此大力发展节能环保产业能够有效地增强结构效应和技术效应，从而能够起到降低环境压力的作用。要降低环境压力必须要增强有利于降低环境压力的技术效应和结构效应。本章将对北京市节能环保产业与环境压力之间的关系进行实证研究，通过实证研究证明北京市节能环保产业的发展同环境压力的降低之间存在着正相关性，进而证明发展节能环保产业可以有效地降低环境压力，实现经济增长路径向可持续增长路径的收敛。

7.1 主要发达国家节能环保产业运行机制分析

环保产业作为新兴的朝阳产业已经成为多数国家经济发展不可或缺的支柱。越来越多的国家和地区开始实施“绿色新政”，推出各种政策措施和法律法规，加大投资力度，使环保产业在运行机制方面卓有成效。环保产业运行机制是环保产业有效推进和迅速发展的重要保证，是发展环保产业的各种相关因素相互作用的功能体现。不同国家根据本国的实际情况形成了具有不同特点的运行机制。

7.1.1 美国环保产业的运行机制

7.1.1.1 美国环保产业发展概况

(1) 多样化的环保管理体制

美国是一个由50个州组成的联邦制国家。联邦政府设有环境保护署，并在全美设立了10个直属分局，负责区域内各州环保问题的协调、审批和监督联邦政府所管辖的项目。依据美国宪法，50个州都有立法权，每个州依其所立法规行事。因而各州在环保管理体制上的差异较大。但就环保管理体制来说，可以分为两类。一类与中国现行环保管理体制相近，即对可能影响生态环境的活动的审批和监督要由环保部门负责；另一类是对可能影响生态环境的活动的审批和监督按行业分类，由不同行业的行政主管部门负责。不管是哪一类，对建设项目环境影响的审批均由一个部门牵头，会同其他相关部门提出审查意见。美国部分州通过立法，对建设项目环境影响评价的审批实行审查收费制度，按各有关部门工作人员所花的审查时间计算，向建设项目提出单位收取费用，所收费用直接进入各行政审查部门。收取费用的理由主要是为了防止开发建设商对审查部门意见不做任何修改又重新申报，从而增加政府部门工作人员的额外劳动。在审批时间上，对简易、复杂项目分别有不同的要求，最长的可达两年，对一些重大的、有争议的项目，时间还可能更长。如加利福尼亚州西海岸石油勘探开采环境影响评价的审查时间就长达十几年，相关材料有 25 箱之多，到现在还未做批复。

在环保内部机构设置方面，基本上按管理的物质对象来划分，而不是像中国按环境管理阶段来划分，即按空气、废水、同体废物等管理对象来设置管理机构，分配工作任务。从项目的新建审批到建成后环保设施正常运行，都由一个部门实行全过程环境管理和监督。如加利福尼亚州专门设立了加州南海岸空气质量管理局，印第安纳州环境管理部在其内部设立污水管理处、空气质量管理处、固体废物管理处，实行分类管理。这样的机构设置有利于对项目实行全面环境管理，职责分明，同时也克服了由一人审批各类环境影响评价书。由于一人不可能精通各类专业知识而造成审查出现失误的弊病。

倡导深入人心的环境保护理念是美国各级环保部门的一个重要职责，也就是在全社会各阶层、各领域组织开展环境保护的讨论和宣传。经过几十年的努力，这项工作的成果卓有成效。环境保护理念、意识已经充分反映在美国的政治、经济、文化之中，也充分体现在美国人的思想观念、思维方式之中，可以说是深入人心、渗入各行各业。具体来说，表现在以下几个方面：

一是尽可能使用可再生建筑材料。美国城市的马路两侧有数量众多的电线杆和照明灯杆，仔细一看，电线杆都是粗大的树木，路灯杆都是镀锌钢管；城市中一些道路的路沿石是钢板和硬木，绝大部分住宅用木柱、木板建成。美国人认为这样做的益处是即使这些设施毁坏了，但其材料完全可以降解或回收利用，对生态环境既不会造成污染，也不会构成任何威胁。如果大量使用水泥、混凝土，一方面在开采、加工过程中对生态环境产生较大破坏、污染，另一方面一旦废弃无法自然降解，对生态环境也会产生污染。

二是在多数道路上设有“多人行车道”，给合伙用车人提供方便。美国的货物运输和居民出行主要依赖汽车。美国大约平均每 1.5 人就拥有 1 辆汽车，高速公路一般都是双向各有 3 – 5 个车道，宽度是中国的 8 倍多。美国大气污染物的主要来源是汽车尾气，因此，尽可能减少汽车使用，鼓励多人乘车，减少汽车尾气排放是美国环境保护的一个重要政策。其重要措施之一是在大部分公路上增建多人行车道，只允许有两人以上乘坐的车辆在此道上行驶，一人驾驶的车辆禁止驶入，否则予以重罚。多人行车道上车辆少，往往车速高于其他行车道，也极少出现堵车现象。不少居民纷纷加入合伙用车人行列，有效地降低了环境压力。

三是生态环境保护排第一，经济发展排第二。旧金山的硅谷是领导世界科技发展的前沿地区，在硅谷地区的海边有几千亩尚未开发利用的滩涂。1997 年旧金山市政府为了满足硅谷发展用地需求，准备规划开发其滩涂。仅土地出让收入就可达 30 余亿美元，其开发建设在信息、生物、材料等高科技企业进入后所获各方面收益更是无法估算。但在计划实施之初，进行勘探作业时，人们发现在这片湿地中生活着几百条在美国甚至全球仅存的水蛇。于是，这片土地的开发规划引来人们的争议，是发展还是保护，孰重孰轻，说法不一，人们亦争执不下。但是，有一点可以肯定，这一开发计划因为几百条水蛇的存在而搁浅，直至今日都未正式实施。这说明美国把生态环境保护的地位看得比经济发展还重要。

（2）规范运作的环保产业市场

美国环保产业在法律法规、市场运作和日常监督上，已经步入一个规范有序的轨道。在垃圾清扫、运送、处置上形成了一个从垃圾收费到招标确定专业处理公司的完全市场化的运行体系。各州均立法规定，向产生垃圾的个人和企业收取垃圾处理费。垃圾清扫运输公司通过中标获得垃圾处理权，包括垃圾回收权或收集权、垃圾运输权、辖区进入权、经营管理权等，并利用所赋予的权力直接向其辖区范围内的住户和单位收取垃圾处理费。具体做法是，每周一次由垃圾清扫运输公司按时派专车到辖区上门装收垃圾，将垃圾送进中转站，对其中可再生的垃圾，如塑料、废纸、玻璃、金属等通过分拣后销售给需求部门。对于不可再生或不能再利用的垃圾将其全部运到垃圾填埋场所，由填埋场所的人员加以填埋，进行卫生处理。垃圾处理场处理垃圾要向垃圾清扫运输公司收缴一定数额的处理费。在美国正是有这样一种协调的秩序和缴费、收费的资金运作机制，才使污染物得到无害化处理和清洁生产的循环再利用，同时也保证了环保产业的投入—产出效益，有效促进了环保产业的发展。

7.2.1.2 完善的政策体系

（1）环境管制政策

各国经验证明，环境管制是环保产业发展的前提，需要政策支持。美国的环境管制政策对于落实强制性的法律环保标准、明晰管制要求、促进市场发育、激励创新机制、前瞻发展预期等方面具有重要作用，也可以说环境管制政策是环保产业刚性发展的杠杆。20 世纪 70 年代初以来，美国国会在推进建立和完善环境的相关法律法规方面做出努力，已经有 30 余部环境法律法规生效，涉及面也比较广，包括废物管理、水污染、大气污染等法律，应该说美国的环保管制政策起步较早，在推行和实施方面可谓独树一帜。当然，美国的法律政策也经历了曲折过程，特别是在全球环境恶化、气候变暖等问题日渐突出的情况下，美国政府放慢了脚步，出现了似是而非的态度，使美国的环保技术竞争力下降。例如在小布什执政时期，他公然拒绝签署《京都议定书》，结果给美国的环保技术开发和相关产品需求带来了极大的不确定性，严重影响了低碳和新能源技术研发等方面的投资积极性，在一定程度上造成美国的环保产业开发落后于日本和欧盟等国家。美国的某些环保领域甚至于受到中国、韩国，以及印度等一些发展中国家的挑战。奥巴马执政后，在气候变化等方面采取了一些积极政策。既支持国会立法，又促进美国环保总署（US EPA）加快在《清洁空气法》框架内管制温室气体的进程，这大大激起了美国国内投资相关技术研发的热情，扭转了小布什执政时期的被动局面。美国环境管制政策及其发展轨迹表明，从总体上看，美国环保产业的发展与环保管制政策有直接关系，尤其在环保技术开发方面，环境管制政策起到至关重要的作用。在环保管制政策的作用下，近年来美国环保产业发展的动力源也趋于多样化。越来越多的企业环保责任意识增强，甚至有一些企业制定了高于法律法规的环保目标标准，产生了微观经济实体开发环保市场和技术创新的动力源效果。

一个国家的环境管制政策直接影响该国环境产业竞争力的高低，美国环境管制政策已成为推动环保产业发展的重要因素。不过，也有不同声音认为，美国的环境管制政策还谈不上与时俱进，需参照其他一些先进国家的经验。也有人认为，近年来美国环保产业有滞后于其他国家的情况，主要表现在：缺少中期战略；拒绝对碳排放总量的控制；投资于清洁能源与技术不足甚至下降；联邦机构之间各自为政，缺少必要的沟通与协调；清洁技术的研发投入不够；技术商业化尚未充分实现；公众的环保意识还有待进一步提高等。可见，由于国际社会密切关注和社会公众意识不断提高，美国在环境管制政策方面的压力依然很大，需要不断更新完善。

（2）技术创新政策

20 世纪 70—80 年代，美国政府在立法的基础上，还充分调动行政职能和利用经济手段助推环保产业发展，并取得了明显的效果，其环保产业年均增长率一度保持在 10% 的高水平上。但是，进入 90 年代以来，许多国家都开始把环保产业作为国民经济新增长点从而推出各种促进政策，特别是在技术创新这一块更是加大了力度。最为典型的是日本和德国，这两个国家在技术创新方面可谓异军突起，使美国面临着挑战。考虑到未来全球环保市场竞争愈发激烈，特别是发展中国家的环保市场不断开发和扩大开放的情况下，维持环保产业对本国经济的持续推动力，激烈竞争已经成为大势所趋。美国政府于1995年制定并颁布了《国家环境技术战略报告》，旨在通过一系列政策推进并加快环保技术的创新，以占领环保产业发展的制高点。政府推出环保技术政策，其核心目标是大力促进新型环保技术开发和应用。同时，在追求实现经济发展总体目标的前提下，最大限度地降低各种投入的消耗，即通过清洁生产实现最低消耗目标，以此促使企业提高生产素质，保护并改善环境。在推行环保技术政策中，美国政府要求各级政府逐一加以落实，同时强调政府必须与产业部门紧密配合，加强合作，并确定了一系列关键领域重点开发项目，包括：生物技术、清洁能源、工业生态、污染清除和恢复、管理决策信息技术和可持续的农产品技术、生态系统的恢复和管理等。从美国的实际情况看，虽然在小布什执政期间，他对气候变化等环境问题采取了强硬的消极立场，但是美国对气候变化的科学技术研究却始终没有停步，追求技术创新一直是美国社会经济发展的动力源。在新能源技术开发方面，美国政府也做了大量投入，其目标主要是开发和利用新能源技术，包括近期项目——无碳发电厂示范项目；中期项目——以氢作为能源运输和存储介质的相关技术开发项目；远期项目——清洁的核聚变发电技术项目等。此外，美国政府还预计在2020年前在美国广泛使用一种无污染的氢燃料电池车，以此减轻对石油进口国的依赖和改善环境。在应对气候变化方面，美国政府已经于2003年7月公布了《美国气候变化科学计划的战略规划》；2005年8月又推出了《美国气候变化技术规划》。这两项规划投入巨大，仅是2005年的预算就都达到了20亿美元。值得注意的是，美国政府在开发环保技术的同时，还特别注重培育社会大环境以保证技术创新政策在全社会得以顺利推行，同时也能从全社会角度考虑问题以扭转近几年美国很多领域竞争优势下滑的局面。例如，美国国会于2007年通过了《竞争力法》，授权总统制定并采取一系列政策和措施，以增强美国教育、科技、研发实力，推进科技企业发展，同时能够更多吸引世界各国的顶尖人才，从而提升美国在全球的竞争力。《竞争力法》对美国科技管理等直接相关的部门至关重要，例如能源部就是重点支持的部门之一，主要资助他们进行可替代能源等重要领域的研发。在该法律框架内，奥巴马政府已经提出一项国家级计划，主要是加强清洁能源方面的科学、技术、工程和教育的开发，此计划于2011年申请经费达7400万美元。

（3）产业化政策

美国政府高度重视环保产业发展，其产业化政策一直向环保产业倾斜，特别是在投资力度上表现突出。美国环保总署（US EPA）是美国研究和执行环保事务的最高机构，多年来环保总署的环保投入资金预算始终保持在65亿－80亿美元，他们将这些资金主要投入到环保基础设施项目、环境技术研发项目和信贷投资等，这些投资为美国环保产业发展提供了重要保障，特别是极大推进了环保技术的研发。除了大量资金投入外，美国政府还制定战略目标，发展环保产业可持续开发规划。例如，在环保产业技术开发方面制定各类技术均衡发展的目标，在此基础上重点发展污染预防技术、将投资向高风险技术倾斜、注重长返还期项目的开发，并且积极地促进环保技术的国际合作。在这一战略目标引领下，各有关部门均制定了环保产业发展的长期计划，以便落实。例如早在克林顿执政时期，美国环保总署（US EPA）就曾牵头制定并实施了环境技术发展计划，该计划仅1994—1995 年就对 274 个研发项目投资 1 亿多美元，主要通过加强产学研合作，将环保有关技术和开发产品紧密联系在一起，与商业化融为一体，这就极大地加快了环保技术的产业化进程。在落实计划中采取目标评估的方式，对诸如试验、示范、操作等每一个关键环节都予以跟踪评估，对出现的问题及时解决，以保证整体目标实现。美国产业化政策的实施是卓有成效的。例如，美国最早成功孵化出的一批中小型环保企业，如今在环保领域都已经发展成为数万家相当活跃的公司和组织。实际上，20 世纪 90 年代之初，美国政府就制定了具有铺垫意义的加速技术产业化计划，主要在提供研发场地、申请许可审批和技术示范等方面给予支持和落实。在项目选择上完全以环境和市场需求为前提，选择那些针对性强，具有推进环保产业化发展意义的项目。这种与市场挂钩，开发市场需求的环保技术和产品，是一种很好的机制。政府机制只有与市场机制有机结合起来才能产生预期效果，这是值得学习借鉴的。

（4）环保财税政策

在市场运行机制中，财税政策起着至关重要的作用，税收是约束，也是一种激励，它对于培育和完善市场经济是任何其他机制都不可替代的。美国作为市场经济发达国家，非常重视利用财税政策这一经济杠杆助推市场经济向前发展，在环保产业发展中也同样将环境税收政策贯彻在其中。美国在发展环保产业中较早采取了税收手段，从 20 世纪 80 年代初开始引入，至今已经形成了较完善的环境税收政策体系，税收制度运行已有自己相对清晰的轨迹。美国的财税政策主要体现在征收环境税和减免税等约束和激励机制上。目前美国征收的税种主要有：环境税，包括高耗能工业的固体废物处理税、噪音税和垃圾税等；资源开采税，包括矿产开采税等。美国一方面征收环保税，另一方面通过减免税收等手段对各种环境友好行为给予鼓励。例如，对于积极安装环保设施，自觉控制环境污染的企业给予减免税收的政策，这就极大地鼓励了企业走环境友好之路。政府规定：凡是积极购买并安装节能设备的公司或企业均可以享受税收抵减优惠政策。例如规定在民用和商用等各种建筑中，凡是安装改善能效设备的可抵减 20% 的税金；凡是购买新房并配备节能设备的可抵减 1000—2000 美元的税金，其中若低于联邦能耗标准30%的可抵1000美元税金，低于50%的可抵2000美元税金。美国政府还积极地推行环保工程的全免税政策，例如对医疗卫生废物储存工程、市政各种固体废物贮存工程、污水处理工程等公共事业建设和公共投资项目采取完全免税的政策，以此推动环保公共设施和环保服务业的发展。美国政府针对关键领域的技术创新采取财政资助的方式，主要通过示范补贴、提供研发经费以及贷款等各种手段支持环保产业相关技术、产品和服务的开发。近年来，为应对金融危机，奥巴马政府采取新的产业政策，对美国的传统优势产业——信息技术、汽车和金融进行升级、创新，其具体做法就是对这些产业进行绿色改造，将绿色产业因素纳入传统优势产业发展之中，给传统产业注入新的活力。同时也十分注意这些传统产业对环保产业发展的作用，形成了环境产业发展的新动力和新优势，这是美国应对金融危机的重要举措。在进行经济刺激计划中，奥巴马政府实施能源与环境计划，并投入了710亿美元用于落实该计划；另外在绿色税收计划中还安排了200亿美元投入资金。这些资金占整个经济刺激计划投资的近9%。美国的财税政策作为政府推进环保产业发展的必要手段，已经成为重要的长效机制，这种机制的激励和约束作用，激活了环保产业市场。可见政府行为只有在完善的运行机制中才会奏效，只有在市场机制的作用下才有规律性可言，政府行为只有与市场机制衔接好，才能产生良好的目标效果。

（5）环保贸易政策

随着各国环保产业的发展，环保产品贸易也在全球贸易中的比例迅速增大。据有关资料表明，在2004－2009年的国际贸易中，全球环保产品贸易额增长了近一倍，而且这种增长还是在经历了全球金融危机中取得。可见，新兴的环保产业具有强大的生命力，环保产品贸易的发展潜力巨大。在这样的发展局面中，美国大力推进环保贸易活动，其主要做法就是通过环保贸易的政策措施有针对性地对一些国家开发环保贸易技术市场，通过技术转移来扩大和占领国际环保贸易市场份额。其政策的国际目标市场是发展中国家、贸易伙伴等。首先，对发展中国家通过技术转移出口环保产品以及提供相关服务，同时配置援助项目来拓展国际市场。具体做法是，将援助和开发有机结合起来，最终在发展中国家扩大环保产品和服务的市场份额。例如，美国国际开发署（USAID）主持运作的目标市场之一的埃及在近20年里接受美国修建和改善污水基础设施等投入金额超过了27亿美元。同时，对发展中国家在环保技术、清洁生产和绿色旅游业等方面取得了很可观的出口效益。但是，从总体上看，由于援助性的投入较多，并没有直接带来较大的出口增长，不过却为后续的技术输出和培训服务等打下了基础。其次，寻找环保贸易伙伴，占领环保贸易市场。例如，作为美国最大的环保贸易伙伴之一的墨西哥，在美国环保总署和美国国际开发署的组织落实下，对本国的自来水供应和沿美墨边境的废水处理进行了大举改造，投入了大量资金建设基础设施。同时美国还对墨西哥在工业、商业以及居民生活中涉及的环保产品和服务、可再生能源以及清洁生产技术等方面进行投入。目前，墨西哥大部分环保市场已经被美国的环保技术供应商占据。环保贸易伙伴关系，为美国环保产品与服务建立了相对稳定的出口基地，同时为美国开发新市场创造了大量机会。最后，美国大力支持本国企业进入环保贸易国际市场。美国针对不同国家引导本国企业建立环保外贸关系，采取贸易推广、扩大出口、转让技术、直接采购、劳务输出、信息支持和直接与当地企业合作等方式为本国企业发展环保贸易开路。美国政府推出的各种环保贸易政策和激励机制，使美国在相当长的时间内称雄全球环保市场。但是，近年来由于美国与国外的贸易摩擦加剧，再加上各国对环保产业开发力度不断加大，形成了以新能源、清洁技术为特点的新型环保产业发展竞赛，使得美国的优势减弱，甚至逐渐失去了其在全球环保贸易中的领先地位。例如，2009 年美国环保产品的出口额为 215 亿美元，仅占全球环保贸易额的 14.1%，大大低于出口份额第一的德国，也被中国超过。为缓和国内矛盾、扩大就业，奥巴马政府于 2010 年 3 月推出了“全面性战略计划”。这个计划主要是为美国环保产品和服务业，以及可再生资源等环保产业寻找国际市场，其中强调加大对中国、印度、巴西等发展中国家的出口，力争出口额在 5 年内翻 1 倍，同时创造 200 万个就业机会。此外，美国还大力推动新能源、低碳经济的发展，旨在占领环保贸易的新制高点。目前，从全球发展趋势来看，以新能源、低碳经济、气候变化为主导的新型环保技术和服务将成为未来环保贸易的主战场，美国将为此推出更多的政策支持。

总之，美国推出的各种环保产业政策和激励机制对其环保产业的发展起到了重要作用，其经验值得借鉴。首先，美国环保产业运行机制的亮点在于财税政策，其财税政策较好地体现了约束与激励机制。一方面通过征收环保税，实现对企业污染行为的约束；另一方面通过减免税收等手段对各种环境友好行为给予鼓励。其财税政策作为政府推进环保产业发展的必要手段，已经成为重要的长效机制，这种机制的激励和约束作用，激活了环保产业市场。其次，在环保管制政策的作用下，高标准的环境保护目标和法律法规增强了企业的环保责任意识，也催生了微观经济实体开发环保市场和技术创新的动力。这些都是值得肯定和借鉴的地方。另外，还有几点值得注意的地方。第一，在环保产业发展的初期、中期要及时拿出切实可行的政策措施。主要是在战略层面为企业指明方向，以便形成持续稳定的发展态势，并夯实环保产业发展的基础，这样就会从根本上形成政策推进和机制保证的环保产业发展的良好局面。第二，制定环保产业各项政策切记一定要以市场因素和市场机制为前提，要遵循市场经济运行规律，切忌单纯以政府行为和行政命令的手段行事，因为政府行为若与市场相悖，经济活动就会受到惩罚。第三，要注意运用好财税杠杆的功能，使税收政策真正发挥调控作用，特别是政府在财税支持政策方面要有配套措施，以此激励企业促进环保产业发展。

7.1.2 日本环保产业的运行机制

7.1.2.1 日本环保产业的现状

日本的环保产业已经进入市场机制引导下的自律发展阶段。近30年以来，日本的环境政策、方针、法制、标准等环境措施不断加强，导致环保产业、绿色清洁消费等开始风靡。环保产业从特定的污染型产业向全部的产业，从官方的需要到民间的需要，从城市向各种地域辐射，市场规模也不断扩大。1999年，日本通产省进行了21世纪产业商业讨论，预计2050年环境相关产业的市场规模将达60兆日元。迄今为止，日本环保企业有3000家左右，环保产业的项目超过800种，以大企业的广域、集中、高科技，中小企业的分散、区域、低技术性为特征。环保产业给日本的社会和经济带来的贡献引人注目，如地区产业的活化，就业机会增加和环境保护等。

7.1.2.2 日本环保产业发展的特点

（1）通过立法的刚性手段促进环保产业发展

二战后，日本全国上下倾力于经济的恢复和发展，没有把环境问题提到日程上来。1955－1973年日本经济主要靠拼消耗，走重化工业发展道路进入高增长时期，但随之而来的就是环境污染问题日趋严重，甚至出现了严重的公害问题。特别是进入20世纪60年代，能源消耗迅速增大，环境问题更加严峻。加“四大公害”事件（水俣病、第二水俣病、哮喘病、痛痛病）引发反公害群众运动，成为日本环境污染的时代标志，引起国际社会的极大关注。正如日本著名的经济学家都留重人总结的那样：“在过去的20年里日本的极其高速的增长是在牺牲各种不能买卖的舒适环境的基础上获得的，同时它也使一般群众遭受了花钱也不能解脱的牺牲。”日本的环境公害使人们认识到以牺牲环境和危害人们身心健康为代价的经济活动是不可取的。在日本全国反公害的呼声不断高涨和受害市民大批进行法律诉讼的形势下，日本政府觉察到公害问题到了必须解决的地步，其解决的主要手段就是立法。例如，日本1958年出台了“水质保护法”和“工厂废物控制法”；1962年制定了“烟尘排放规制法”；1964年颁布《河川法》《林业基本法》；1967年通过了《污染对策基本法》《环境污染控制基本法》《公害对策基本法》；1968年出台了《大气污染防治法》《噪音管制法》等。这些法律法规发挥的强制作用，使日本环境公害的矛盾得到缓解，并开始从防止公害转变为保护环境，特别是注意从生产源头入手解决问题，同时还细化了政府、企业和个人的责任。

进入20世纪70年代，日本进入了环境保护时期，环境保护方面的法律法规更加健全。例如，1970年颁布了《废弃物处理法》《公害纷争处理法》《水质污染防治法》《海洋污染防治法》；1973年制定了《公害健康损害赔偿法》；1979年推出了《能源使用合理化法》等，这些法律为进一步保护环境发挥了重要的保障作用，环境状况有了明显的改善。但是，在治理公害的过程中日本政府始终把经济发展作为“硬道理”而优先考虑，企业也以最大限度追求利润为主旨。进入80年代，日本政府建立科技立国战略，并推出以开发新能源为中心的“新阳光计划”、以节能为目的的“月光计划”和“地球环境技术开发计划”，随即带来了科技发展的同时又带来新的污染的局面，即高科技创造了利润，也带来了新的公害。进入90年代，日本政府调整了环境管理理念，将经济优先发展转变为兼顾经济与环境上来，并颁布了一系列法律法规。例如，《环境基本法》《节能法》《再循环法》等，目的是使日本的经济和环境和谐发展，走可持续发展道路。1993年将原有《污染对策法》修订为《环境基本法》，此法经2008年最新修改通用至今。1994年，日本制定了《21世纪议程行动计划》，致力于在21世纪建立循环型经济社会系统。2000年推出《推进建立循环型社会基本法》，主要构造发展循环经济。2001年，日本实施《资源有效利用促进法》，积极推行降消耗、再利用的循环经济。

（2）健全的财政与技术创新体制为环境保护保驾护航

长期以来，日本政府广泛运用财政补贴的方式支持企业自行建立治污、防污设施。20世纪60年代，日本政府通过人民财金公司、小商业财金公司、日本发展银行等金融机构给众多企业提供贷款以帮助企业防治污染，保护环境。到了1965年，为了应对更广泛的需求，日本政府又成立了专门的污染控制服务公司，也就是后来的环境事业团。环境事业团主要是对日本各级地方政府和私营企业提供资金及技术支持，以应对日益严重的环境污染问题。具体而言，就是通过运用财政及金融手段，大力支持涉及环境保护的贷款项目、建设转让项目以及全球环境项目等。同时，日本各级地方政府也出台针对性政策为控制环境污染提供财政金融支持。

为解决环境问题，日本政府还采取了免除税收的办法。对于一些环境问题严重、急需进行污染治理的地区，政府会尽可能给予他们特定的环境污染控制规划资助，这一资助远高于其他地区的政府资助。基于环境污染控制计划，受资助地区无论是扩建现有工厂还是建立新厂都将受到严格限制，同时鼓励企业搬迁，在其他合适的地区重建厂房。

以日本主导产业之一的汽车工业为例，尽管日本工业技术先进，所生产的燃油发动机以低油耗、低污染闻名于世，但是在2001年7月，日本政府仍然公布了“低公害车开发普及行动计划”。在该计划中，日本政府提出在2001年之前，日本全国的低公害车运行数量要实现1000万辆的目标；其中350万辆应符合清洁能源车的要求。为了实现这一计划目标，日本政府出台了许多具体的优惠政策：对于低排放、低污染的汽车实行购置税减免政策，在汽车使用税方面，实行相应的减免政策，部分公众团体和各级政府职能部门还会酌情出台一次性补助方案，以鼓励企业单位和个人尽量购买清洁能源车辆。

（3）在环境保护方面，企业的积极性和自主性强

1961年，日本出台了“特定工厂控制污染组织法”，对有关环境污染防治问题做出了严格的规定，制定了排放废水、烟尘、震动和噪音的相关环境指标，任何企业在组织生产时均不得超过环境指标，一旦违反，该企业要承担治理全部环境污染的责任。同时，该法律还要求每个企业将环境保护的责任落实到个人，设置特定的环境管理岗位。在这一时期，虽然法律条文得以出台，但实施效果并不显著，原因在于企业是在法律的严格监督和约束下被动地进行环境污染防治的，缺乏自主性和积极性，很多企业阳奉阴违，违法偷排的行为时有发生，导致工矿企业的生产废料堆积如山，无法处理。为应对这种局面，日本政府痛定思痛，同时采取约束机制与激励机制，侧重于调动企业参与环境保护的主动性和积极性，效果明显。进入90年代以后，日本政府成功实现了让企业主动治理污染问题的目标。在一系列政策的激励下，日本企业在产品设计之初就充分考虑了环境保护的要求，在环境模拟技术与环境协调技术方面取得了重大进展。事实证明，企业在环境治理方面的投入并不都是成本，企业完全可以通过节能降耗将付出的治理成本弥补回来，从而使管理变得更加有效率，并且还会由此产生良好的社会声誉，使产品获得更多的社会认同，这对于企业的长期持续发展是非常有利的。

7.1.2.3 日本环保产业的分类

近年来，日本环保产业取得了显著增长，环保产业市场逐年扩大，主要包括两个方面：一是基于技术开发的科技类环保产品得到广泛应用，二是基于增值服务的服务类环保产品的蓬勃发展。

（1）科技类环保产业

科技类环保产业主要指如下几个方面：

①废弃物处置技术。日本是一个工业大国，工业生产带来的废弃物是环境污染的重要源头，因此该国对于废弃物的处置与利用十分重视，形成了一个专门的资源再利用产业，这个产业被称之为静脉产业。静脉产业的涵盖范围比较宽泛，

实际上囊括了从垃圾采集、运输、资源再利用、填埋处置到开发新产品的全部过程。当前，日本正在力争建设循环发展型社会，所以出台了一系列资源循环回收利用法，这为静脉产业的进一步发展提供了契机。

②环境污染治理技术。环境污染治理技术对于世界各国都有着极为重要的意义，日本对此尤其重视。在日本国内，污染治理技术主要侧重于废水、废气、废渣的处理以及污染土壤的分析与净化等方面。目前污染土壤净化的市场前景看好，统计显示潜在市场将达1兆日元左右。

③新型生物材料技术。新型生物材料是对传统工业材料的替代，它具有低能耗、低污染、低排放的优势，能够克服传统材料导致的环境污染问题。但新型生物材料也存在重大不足，那就是价格太高，导致企业难以承担，所以目前新型生物材料的市场竞争力还比较弱小，大规模的推广应用短期内还难以实现。

④新能源技术。新能源主要是指有助于节能减排，减少环境污染的清洁能源，具体包括各种可再生能源的开发以及现有能源的集约回收利用。可再生资源是指水能、风能、潮汐能、太阳能的开发与燃料电池技术的推广运用，能源的集约利用是指在都市中排热等时候对一些被浪费掉的能源的回收。新能源市场潜力巨大，以太阳能为例，保守估计其未来市场规模将达1兆日元，而燃料电池的未来发展前景也被业内人士广泛看好。

⑤环境调和型设施。近年来，日本经济增长乏力，房地产市场非常不景气，地产商无奈之下致力于通过提升房产附加值的办法来扩大销售额，这就产生了所谓的环境调和型住宅。环境调和型住宅追求环境与人居的共生，力求营造一个环境友好型的居住环境，其主要切入点为新型节能住宅。为此，日本专门修改了《节能法》，其中规定：对于符合未来节能要求的新型住宅，给予250万亿日元的新增贷款规模的支持，资金由住宅金融公库拨付。

（2）服务类环保产业

在努力开发环保技术，大力发展科技类环保产业的同时，日本还尽全力发展流通、教育、咨询等软件性、服务类的环保产业。与科技类环保产业相比，日本服务类环保产业的拓展领域要更加广泛，预计未来市场规模会达到1.5兆日元左右。相对于欧美国家而言，日本的环境保护理念有很多方面值得商榷，导致日本服务类环保产业落后。就环保理念和环保政策来说，欧美各国普遍重视对组织系统和管理制度的构建，能够从根本上解决环境污染问题；日本则恰恰相反，他们醉心于运用科技和改革处理、控制环境污染问题，这是一种治标不治本的办法。目前，日本已经逐渐意识到过于依赖技术这一弊端，开始重视从教育、咨询、服务等各个方面培育国民的环保意识和环保理念，从而促进了服务类环保产业的发展。

服务类环保产业主要包括：

①基于环境保护的教育与信息服务。同欧美各国相比，日本在环境保护方面的教育要落后许多，国民在环保意识和环保理念方面还需进一步加强。为了改善落后局面，日本当局开始反省自身，督促环境自省加强环境教育。在环保信息服务方面，日本注重日常情报信息的收集、分析与应用，在多媒体和网络技术的支持下，日本在发展环境情报商务、开发环境教育软件方面成长迅速，这些行业也普遍被业内人士看好。

②环境影响评价。1996 年 6 月，日本的《环境影响评价法》颁布实施，为保证环境影响评价市场提供了法律依据。日本正在建设的环境影响评价系统极为具体，它包括了前期的高精度环境调查分析，中期的环境咨询服务以及后期的生态环境影响评价，并在此基础上进一步做出对未来战略的环境影响评价，以便政府做出相关对策。

③环境认证咨询服务。为了督促企业注重环境污染的防治，日本在推广环境认证咨询方面极为重视，使 IS014000 的环境质量认证体系在日本广受欢迎。目前日本设立了 30 个机构负责审查 IS014000 认证工作，相继有 4600 多个公司获取了 IS014000 认证资格。另外，不仅企业单位热衷于获取环境认证资格，事业单位和各级地方政府也在不断争取环境认证资格，目前大约有 8000—10000 个事业单位取得 IS014000 认证。

④物资流通。在环保产业的物资流通领域，处于最核心地位的当属静脉物流体系。为了对民用与工业废弃物回收再利用，日本目前正努力建设相应的静脉物流体系，以促使自身尽快地向循环型社会发展。在市场体系的主导下，只有保证废弃物的廉价性、效率性和性质安定性，才能实现资源的回收再利用。而要做到这一点，对于运输系统的要求非常高，该系统必须能够尽可能地保证废弃物的性质稳定性，同时以最短的输送路线运送废弃物，这就是静脉物流体系的特殊性。目前日本在这方面已经取得一定的进展，许多企业建有专门的网络物资调配系统，并且成立了关于废弃物交易的专业中介机构，从而为早日建成静脉物流体系奠定了基础。

7.1.2.4 日本环保产业的发展政策

20 世纪 90 年代以来，日本政府对环境保护法律做了大量的修改，并且颁布了《环境影响评价法》《环境基本法》等一系列法律法规，希望通过法律规制、行政干预和价格机制调节，调动广大公众参与环境保护的积极性和主动性，改变过去完全由政府强制进行环境保护的做法。但是，日本并没有完全放弃政府的引导作用，先后出台了一系列环保政策和标准，取得了社会认可和支持，从而促进了环保产业的发展，其产品的国际竞争力也不断提高。

（1）环保技术支持政策。日本不仅工业发达，而且非常重视科技的研发。因此，日本推出了一系列政策措施，助推环保技术发展。在加大投入，努力开发自身技术的基础上，还时刻关注国外技术发展动态，积极引进适合自身的国外先进技术。这种双管齐下的技术支持政策使日本环保技术水平在二三十年之内突飞猛进，部分项目已经达到世界一流水准，甚至超越了美国。雄厚的技术储备使日本能够生产极为先进的环保设备，一方面增强了日本国内应对环境污染问题的能力，在做到低成本的同时实现了低消耗和低污染，为集约利用资源、降低工业污染度做出了贡献。另一方面，技术创新使日本环保设备生产企业在国际上竞争力极为强劲，产品输出规模剧增，企业盈利逐年翻番，环保产业实现了良性循环发展。

经过长期的技术支持政策，日本环保产业持续发展，其环保技术已经与电子技术和汽车技术并列为世界三大先进技术，在国际上占有重要地位。目前，日本在发展环保技术方面有了新的思路，即以国际化的视角看待环境保护问题，在此基础上以日本为主导构建全球环境保护体系。一方面积极开展国际合作，参与全球环境科学综合研究，并对全球环境进行总体性监测；另一方面基于全球环境污染的严峻形势，推销全球环保产业理念，以自身技术优势为基础，争取立足国内，并向国际市场扩大环保技术和设备的输出，实现国家利益。

（2）环境管理政策。为了解决环境污染问题，日本转变了过去侧重于事后处理的思想，而把重点放在了预先防范上，重视工业项目的环境影响评价研究，争取将风险控制在最低，尽可能做到防患于未然。因此，日本近年来制定了非常严格的环境保护标准和相关法规，采用强化管理的方式处理环境问题，力争尽量减少突发性事故对环境及经济造成的危害。另外，在强化管理的同时，日本还出台了若干财政金融优惠政策，如财政补贴、低息贷款、税收减免、加速折旧等方式，其所需资金来源从国家投资和排污收费中列支。

为了实现社会与自然环境的协调发展，日本通产省于 1999 年 7 月，提出了构建“循环型经济社会”的概念，即实现资源集约循环利用，强调人与环境共生的发展模式。为了贯彻这一方针，日本国会先后审议通过了《有效利用资源促进法》《建设再利用法》《家庭电器循环法》《容器包装循环法》《食品再利用法》等一系列法律法规，并在此基础上健全完善其他配套法规与政策措施。在建设“循环型经济社会”的过程中，日本愈发地意识到环保问题的重要性，随着环保理念的推广和环境教育工作的开展，企业和公众的思想也随之转变，提出了“零排放”的新概念。所谓零排放，就其内容而言，一方面是要控制生产过程中不得已产生的废弃物排放，力争将其减少到零；另一方面是将不得已排放的废弃物充分利用，最终消灭不可再生资源和能源的存在。就其过程来讲，零排放是指将一种产业生产过程中排放的废弃物变为另一种产业的原料或燃料，从而通过循环利用使相关产业形成产业生态系统。零排放理念的提出，说明企业已经意识到，环境保护问题不仅关乎全局，而且也与企业的发展息息相关。为了实现“零排放”的宏伟蓝图，日本在建设工业区、港日、公路、居民住宅小区等基础设施时，分别制定了具体的“零排放”方案实施计划，以促进整个环保产业的发展。

日本环保产业运行机制的最大特点在于刺激企业和民众的环保需求。一方面，通过颁布《环境影响评价法》《环境基本法》等一系列法律法规和环保标准，引导和约束企业加强防范环境污染，重视工业项目的环境影响评价，争取将风险控制在最低。另一方面，更重要的是，在建设“循环型经济社会”的过程中，重视环保理念的推广和环境教育工作的开展，调动广大公众参与环境保护的积极性和主动性，使得企业和公众的思想随之转变。由此形成企业和民众对环保产品和服务的市场需求，有利于环保市场形成持续的需求，促进了环保产业的发展，使其国际竞争力也不断提高。不难发现日本在发展环保产业方面有着丰富的经验，这对于中国环保产业发展具有较强的借鉴意义。日本企业善于借助当前全球各国发展环保产业的大环境，顺势而为，纷纷突破行业固有界限，努力进行技术创新，研制新型环保设备，力争占领国内和国际市场。这样不但实现了企业的盈利，而且有效促进了日本经济的发展，取得了一箭双雕的良好效果。这些值得我们深思，以便在未来环保产业的发展过程中实行赶超式战略，促进社会与环境的和谐发展。

7.1.3 欧洲主要国家环保产业的运行机制

7.1.3.1 欧洲主要国家环保产业的发展现状

(1) 英国的环保产业

同其他发达国家相比，英国的环保产业发展相对滞后，环保产品研究、开发方面的投入也远低于其他同类国家，在国际竞争中处于不利地位。为了改变落后局面，英国政府出台了一项“预测挑战基金”计划，用以推动环保产业的技术创新预测以及环保企业的筹建。据统计，该计划历时3年，共耗资4000万英镑。1995年，在《英国竞争白皮书》中，英国政府首次提出将环境部与贸工部合并，成立专门的环保市场局，在全国范围内协调环保产业的发展和加速环保产品市场的培育。同时，白皮书还强调将出台新的政策措施鼓励环保技术的研发、促进环保产品的出口和完善环保企业的管理，以增强英国环保产业的国际竞争力。在政策层面，白皮书推崇自由的市场机制，主张减少环保产业的政府管制，并据此制定了专门的环保产业发展规划。目前，这些政策已经初见成效。

根据“预测挑战基金”计划，英国政府确定了环保产业的优先发展领域，在这一领域内启动了所谓“联系计划”。该计划主要用于推动环境技术与服务的发展，致力于通过工业废弃物的回收再利用，来实现减少工业污染的目的。该计划历时5年，共耗资450万英镑，资金由贸工部负责拨付。通过上述计划的实施，英国环境技术服务的研究与开发取得了显著进展，研发主体也由研究机构逐渐向企业转变，企业已经成为环保技术的创新主力。

近年来环保产业在英国得到了快速发展。截至2004年底，英国在环境技术领域有各类企业1.7万家，就业人数40万人，年营业额250亿英镑。根据英国政府确立的目标，到2010年和2015年，可再生能源发电量将分别占总发电量的10%和15.4%，到2050年二氧化碳排放量将减少60%。在发展环保产业的过程中，英国具备明显的自身优势，具体表现在清洁技术、水处理、空气和土地污染控制、海洋污染控制、噪音和震动控制、可再生能源、环境监测等领域；但英国也面临着一些障碍，如技术创新能力不足、信息服务平台不健全、国际市场竞争激烈等方面。为了解决这些障碍，英国政府出台了一些具体措施，主要包括：环保法律的改革与完善，技术创新激励机制的创建，促进产品出口，建立环保产业信息数据库等。

（2）法国的环保产业

2007年，经过四个多月的全民辩论和专家小组审定，法国总统萨科齐对外宣布了一系列环保新措施，从农业、交通、税务、住房建设、能源等各个方面入手，决心把环保问题作为法国政府的重要任务来对待。主要在以下几个方面提出了政策措施：

节能减排方面。2010年，法国开始禁用传统的白炽灯；政府将逐渐增加能源消耗中可再生能源的比重，预计到2020年，法国可再生能源产量将能够替换2000万吨的石油消耗。为了减少排放，法国政府考虑增设“气候—能源税”，即二氧化碳排放税，同时降低对企业劳动力的税收，以保证企业的市场竞争力，并对符合环保标准的绿色产品减收增值税。

交通运输领域。为了鼓励公众购买节能型新车，法国政府将提供一定数额的优惠补贴，同时对旧车征收保险附加费以促进汽车更新换代，并对重型载重汽车按里程课征环保税，大力兴建轨道交通；预计到2020年，法国将完善国内高铁网络，新增高铁里程达2000公里，除特殊情况需要外，原则上不再审批新建公路项目；由各级地方政府自行决定是否增收市政交通费，以倡导公众绿色出行；预计到2020年，力争将航空产业的能源消耗与尾气排放量减半。

传统农业领域。法国政府倡导发展绿色农业，对于农药、化肥的使用以及转基因技术的应用极为谨慎，要求在2017年以前将农产品的农药使用量减半，尽量提高绿色农业面积占总种植面积的比重，争取到2020年时此比重能够达到

20%；对于转基因技术，法国有关方面成立了一个转基因作物专家工作组，在专家工作组做出决定之前，暂停转基因作物的商业种植。

住房建设领域。法国政府要求从2010年起，减低所有新建住房的能源消耗；国家还决心在25年内对所有旧房进行改造，最大幅度地降低能耗，建设节能环保型住宅。

（3）德国的环保产业

德国是全球保护生态环境做得最好的国家之一，联邦政府早就提出了环境政策的三项原则，即：预防为主，对肇事者追究责任，政府与企业、公民合作，共同保护环境。这些年来，德国在保持空气清洁、防噪音、保护水域和海洋、保护自然生态环境、垃圾及废料处理和土地保护等方面都处于全球领先水平。在此基础上，德国社会民主党又提出“生态现代化的施政纲领”，并把它作为未来社会的发展目标和重要标志。德国政府于1991年和1996年分别制定了《包装条例》和《循环经济和废物管理法》，把循环经济的思想从包装问题渗透到所有生产部门，取得了明显的效果。德国环保技术和产品在国际上处于领先水平，年出口额约占德国出口总额的18%，环保产业已经开始成为德国新的经济增长点。

德国政府很早就注意到了化石燃料对环境污染的危害，从20世纪70年代就开始大力推广各种可再生能源，这一方面减少了德国对国外能源的依赖，另一方面也解决了国内的环境污染问题，并且奠定了其环保产业世界领先的地位。新世纪以来，原油价格高位震荡，发达国家能源压力增大，德国政府更加注重水能、太阳能、风能、潮汐能、生物能等可再生能源的开发和利用，努力提高可再生能源在电力供应中的比重。2004年8月，德国政府颁布实施了《可再生能源法》，其主要目的就是增加整个电力供应中可再生能源的比重，预计到2020年，此比重将至少提高至20%。同时，对于可再生能源的发电技术，德国政府极为重视，想尽一切办法降低成本，以实现经济效益。

1999年，德国颁布实施了生态税的改革方案，其目的是为了实现能源的集约化利用，防止气候与环境受到危害，同时增加公众的参与度。此次改革主要是以附加“燃油税”的方式，课征“生态税”。具体而言则是通过征收额外的税收，减少化石能源消耗的负外部性，将环境治理成本内部化，即实行污染者付费的原则。为了争取民众支持，德国将大部分生态税用于补充职工养老金，既改善了企业员工的退休待遇，赢得了民心，又降低了企业养老金费率，减轻了企业的负担，有助于增加就业，还可以达到节能减排的目的。

7.2.3.2 欧洲发展环保产业的政策措施

欧洲国家崇尚自由竞争的市场经济，主张运用经济杠杆克服环境污染问题，相应的管理经验极为丰富。欧洲各国的环境政策与法规体现出在传统的基础上不断创新和完善的新特点，也体现了世界上先进的政策管理与技术水平。

（1）严格环保法规。欧洲各个发达国家制定的环保标准都非常严格，在此，我们以法国为例进行分析。1996 年 12 月 30 日，法国颁布实施了《空气和合理使用能源法》，该法律的出台主要致力于提高能源利用效率，大致包括如下几方面内容：首先，要求符合规定的地区必须安装空气质量检测设备，并出台具体的地区空气质量计划，当空气存在污染时，应及时向公众公布，采取积极的措施控制污染的进一步扩大。其次，为解决空气污染问题，各个地区必须出台相关城市交通规划，控制机动车的数量及颁布机动车尾气排放标准。最后，考虑到公众的健康、环境的保持，应该对化石能源和可再生能源分别计税，税率在综合各个因素的基础上再行确定。

（2）推行环境税。欧洲是市场经济理论的发源地，欧洲各国比较推崇自由竞争的市场机制对经济问题的自动调节能力，认为只有经济手段才是解决环境问题的最佳办法，而税收杠杆则是经常使用的有效经济手段。近年来，为解决环境污染，比利时、荷兰、卢森堡等国相继通过开征环境税的办法来增加排污成本，抑制企业和个人的排污行为，收到了良好的效果。英、法、意、德等国纷纷效仿，在欧盟内部也引起广泛讨论。实际上，荷兰多年以前就已经开征环境税，效果良好，环境税已经成为荷兰环境保护的主要资金来源。环境税的实质是污染者付费机制，在一定程度上有助于培育公众节能减排的环保理念，又能筹集一些财政资金用于环境保护，是一举两得的办法。此外，荷兰还综合运用了环保项目的贷款补贴、抵押金制度等多种经济手段，均获得了令人满意的效果。相比之下，德国实施的政策是“社会市场经济”，即为了保障社会的公平正义，注重发挥政府的二次分配作用，采用高税收、高福利的机制，在环境保护领域，依法课征较高的环境税及相关收费，所筹资金大多用于建设和管理城市环境基础设施。

（3）注重降低环境成本。在采取经济手段治理环境问题的同时，欧洲各国还主张通过核算环境成本来促使企业节能减排。因为迄今为止，环境保护成本并没有引起足够的重视，在传统的成本账目中也不包括环境保护成本。为此，德国专门发布了《环境成本账手册》，致力于把各种以环境保护为目标的成本整合起来，指导企业的实践。该成本账手册对各项环境成本做了通俗易懂的说明，从环保的视角进一步完善了传统的企业成本账目，具体方法主要包括流程成本账、成本核算点账以及总成本核算等方式，并在此基础上提出了企业相关组织设计的建议。环境成本核算使过去不被重视的成本显性化，使企业充分意识到了环保问题对自身盈利能力的影响。为进一步追求利润，企业必须降低环保成本，客观上减少了污染环境行为的发生，有利于环保产业的发展。

通过综合运用上述措施，欧洲的环境污染得到了控制，自然环境也得以改善，无论是废水、废气，还是固体废弃物的排放均有所减少，人居环境令人满意，政策效果显著。但新的时期往往出现新的问题，环境保护方面也是如此。随着经济社会的不断发展，自然资源持续消耗，不可避免地会对环境造成影响，同时现代化生活方式已经形成习惯，工业品在公众生活中的应用日益广泛，涵盖衣食住行的各个方面，这都会对环境造成一定程度的破坏，要求我们必须寻求一种更加灵活、可持续的方式来保护环境。事实证明，只有让环保理念深入人心，让每个人都有一份责任感，反对过度工业化，推崇绿色生活方式才能从根本上解决环境污染问题。

总的来看，欧洲各国，尤其是德国和荷兰等国家的环保产业运行机制更多倾向于市场引导。欧洲是市场经济理论的发源地，欧洲各国比较推崇自由竞争的市场机制对经济问题的自动调节能力，主张运用经济杠杆克服环境污染问题，而建立在庇古税理论基础上的税收杠杆则是经常使用的有效经济手段。通过开征环境税的办法来增加排污成本，抑制企业和个人的排污行为。环境税的实质是污染者付费机制，既有助于培育公众节能减排的环保理念，又能筹集一些财政资金用于环境保护，是一举两得的办法。因此，欧洲各国主张减少环保产业的政府管制，增加市场主导的运行机制，并据此制定了专门的环保产业发展规划。目前，这些政策已经初见成效。欧洲各国的环保政策各有特点，有很多方面值得我们借鉴。我国环保产业的发展起步较晚，20 世纪六七十年代，我国才开始注意开发环保技术，解决工业中的污染问题。同欧美国家相比，我国环保产业无论是技术研发还是管理经验都处于落后地位，因此，我们应本着后发原则，努力汲取一切人类文明成果，积极引进吸收外国的先进技术和管理经验，出台适合我国国情的环保产业政策，构建市场机制、完善法律法规，扩大环保科技投入，争取环保产业的飞跃式发展。

7.2 北京市节能环保产业发展及其对环境压力影响的实证分析

7.2.1 北京市节能环保产业发展的基础状况

近年来，在国家深入推动节能减排、大力发展循环经济和建设资源节约型、环境友好型社会等政策的驱动下，全社会节能环保意识进一步增强。北京市节能环保产业呈现以节能环保关键技术和产品研发为支撑，以节能环保工程集成服务为主的综合性新兴产业，北京市已经成为我国节能环保产业资源的主要集聚地之一。

产业规模达到千亿以上。据不完全统计，2011 年，北京市节能环保领域的企事业单位数量超过 2000 家，从业人数超过 5 万人，主营业务收入约 1800 亿元，约占全国节能环保产业产值规模的10%。据测算，节能环保产业增加值占全市GDP比重约为2%，节能环保产业已经成为本市经济发展重要的新的增长点。其中，节能技术和装备收入约700亿元，污水处理行业收入约600亿元，大气污染治理行业收入近130亿元，资源综合利用行业收入约70亿元，其他综合性行业收入约300亿元。

产业创新资源全国领先。北京市拥有国家部委直属节能环保科研机构43家，节能环保类国家重点实验室42个。全市26所"985"和"211"高校均设立了节能减排和环境保护相关专业，节能环保相关科研机构和实验室超过300个，其中，与企业合作共建节能环保科研院所103家。中关村高新技术企业中从事节能环保的企业约占10%，全市企业自主建立节能环保研究院所达56家。

关键技术研发取得重大突破。据统计，2011年北京市节能环保专利申请数量近1800件，专利授权数约1200件，其中发明专利约占40%。形成和应用一批创新成果，水泥厂纯低温余热余压发电、LED400W聚光灯、高能镍碳超级电容器、SCR脱硝等节能环保技术和工艺达到国际领先水平。"3H"制膜工艺、BGB高速高温微生物处理装置、微生物提取生物乙醇等技术产品填补了国内空白。餐厨垃圾生化处理、MBR（膜生物反应器）、墙体内外保温工法等引领了国家标准。

总部型企业发展优势凸显。依托北京市丰富的资本、技术资源与大企业总部资源，北京市节能环保产业的总部型企业优势突出，总部型企业收入占产业总收入75%左右，已经形成了技术研发、投资建设和综合运营服务为一体的发展模式。北京市集聚了一批面向全国投资发展的总部企业，既有中国节能环保集团、神华（国华）电力研究院等大型综合性企业集团，也有北控水务、首创股份、威立雅、苏伊士等污水处理领域专业优势突出的国内外行业龙头企业，以及恩菲工程、中科通用等垃圾处理行业领先企业。

创新创业活力显著提升。"十一五"以来，通过创业孵化、合资合作、大企业节能环保业务专业化剥离等方式，北京市快速推动了一批节能环保企业的发展，涌现了神雾热能、碧水源等一批自主创业成长的典型企业。全市拥有国家备案节能服务公司329家，备案公司总数居全国首位。具有甲级环境工程设计的单位11家、环境工程专业施工承包一级资质单位24家、甲级环评资质单位45家、环境污染治理设施运营资质单位近400家，数量居全国首位。

近年来，虽然北京市节能环保产业发展取得了一定成绩，但面对广阔的市场空间，处于快速成长阶段的节能环保产业，还有一些问题有待解决。一是龙头企业辐射带动作用需要充分发挥。节能环保企业规模仍然偏小，结构存在明显的"小而散"现象，缺乏辐射带动性强的平台型企业集团，中小企业的创新活力与成长潜力尚未充分激发。二是技术创新成果的产业化规模化应用仍然不足。以企业为主体的节能环保技术创新体系不完善，诸多节能环保新技术、新产品尚停留在实验和示范阶段，技术和产品应用成本高，节能环保设备的性能、效率及技术水平均有待提高，集成创新能力还需加强。三是市场需求仍然过度依赖政府投资拉动。资源性产品价格改革和环保收费政策尚未到位，公共设施运营的市场化服务模式还没有有效建立，企业自主节能减排的积极性尚未充分调动。四是政策和服务环境尚未建立。节能环保法规和标准体系不健全，节能环保产业公共服务平台尚未建立，企业的融资渠道和融资方式有待优化完善，产业发展和业态培育缺乏针对性的有效引导政策。

7.2.2 北京市环保产业发展影响环境压力的实证分析

7.2.2.1 相关研究

当前国内外理论界对于影响环境压力的因素研究还较为分散，较多夹杂在对贸易的环境总效应问题的研究中。最早对环境压力的影响因素进行分析的是 Grossman 和 Kruger（1991），他们通过贸易政策对于生态环境影响的研究，发现环境压力主要受经济规模、经济结构和生产技术三种因素的影响，其中技术因素是关键因素。

之后，Reppelin—Hill（1998）通过分析全世界近 30 个国家的钢铁工业样本，得出绿色技术在自由贸易度高的国家扩散更快。Taylor（1994）和 Suri（1998）等学者通过研究证明国际贸易可以影响到 EKC 曲线的形状。国际贸易能够使高污染企业从发达国家转移到发展中国家，而将污染转嫁给发展中国家，从而使发达国家环境质量变好，出现“环境倾销”问题。曲如晓和马建平（2009）将政府变量引入环境效应分解模型，认为由于结构效应较不确定，政府抗逆效应较为有限，增进技术效应成为贸易与环境实现相容的关键环节。罗堃（2007）以我国燃料及矿产品、钢铁、化工等污染密集型工业为例，分析发现进口和出口均降低排污强度，产生正向技术效应（减少污染为正）。

Torras 和 Boyce（1998）等学者认为一个国家如果在经济起步阶段政府就采取相应的利于环境改善的政策，其环境库茨涅茨曲线将会变得更加扁平，其拐点也会较早到来。Jaffe（2001）指出，政府所指定的环境保护政策可以对生产中的有利于环境压力降低的技术进步形成鼓励或限制作用，能够比较明显地影响绿色技术的进步路径，而绿色技术进步可以显著地降低人类生产活动所造成的环境压力。Magnani（2001）通过对政府的环保政策和收入手段等的研究来分析环境库茨涅茨曲线的实现手段，他认为政府为环境所做出的努力是环境库茨涅茨曲线呈“倒 U”型的重要前提。

上述的研究表明环境压力除主要受经济规模、经济结构和技术水平影响决定外，对外贸易、政府对环境的监管等也会对环境压力造成一定的影响。

7.2.2.2 变量的选取和计量经济模型的建立

根据前面的介绍和分析可知，环境压力主要受结构效应、技术效应、规模效应、政府监管和外贸等因素影响。鉴于节能环保产业对于结构效应和技术效应的作用，我们可以建立如下环境压力函数：

环境压力 = F（经济规模、节能环保产业发展水平、政府监管力度、国际贸易）

由于当前中国节能环保产业尚属于发展的初级阶段，加上节能环保产业与国民经济各部门相互渗透、相互联系的关系，现有研究尚缺乏精确的相关产业数据。鉴于节能环保产业对环境压力的影响主要通过两条途径表现出来：一条是通过提高能源利用效率，起到节约能源的效果；另一条是通过治理污染排放，起到减少污染排放的效果。本研究在分析北京市节能环保产业同环境压力之间的关系时，用北京市单位 GDP 能耗强度和环保产业三废治理投入来作为节能环保产业发展水平的代理变量，环境压力用我国三废排放量来代替，政府监管力度用政府对企业排污征收的排污费来代替。于是环境压力函数可用下式表示：

环境压力 = F（经济规模、能耗强度、环保投资、排污费、国际贸易）

在模型具体形式上，早期研究采用了多种方法来估计收入、政府政策等因素与污染之间的联系，一般共性的处理方法是将 GRP 和其他变量进行对数处理①。为了直接比较各个影响因素的作用力，我们采用模型的具体形式为双对数回归模型②。具体如（7.1）式：

$$LnEs_t = \beta_0 + \beta_1 LnEi_t + \beta_2 LnEa_t + \beta_3 LnWi_t + \beta_4 LnTrade_t + \beta_5 LnWfee_t + \mu_t \tag{7.1}$$

式中，Es_t 表示第 t 期环境压力（environment stress）状况

Ei_t 表示第 t 期能耗强度（energy intensity）状况

Ea_t 表示第 t 期经济规模（economic aggregate）

Wi_t 表示第 t 期废物治理投资（waste investment）

$Wfee_t$ 表示第 t 期政府对企业排污所征收的费用

$Trade_t$ 表示第 t 期进出口总额

μ_t 为残差项

7.2.2.3 变量计算与数据选取

本研究在进行实证分析时所有的变量都选取 1990 - 2011 年的数据。

---

① 范金，胡汉辉。环境 Kuznets 曲线研究及应用［J］，数学的实践与认识，2002，32（6）：944 - 950

② 赵海艘等。环境污染影响因素的经济计 t 分析——以江苏为例［J］，环境保护，2006（2）：P43 - 49

（1）经济规模。经济规模常常以经济产出进行衡量，如GNP，GDP、工业总产值、国民收入或它们的人均量。在模型中，用以1990年不变价格计算工业总产值（giov）表示。数据来源于《北京市统计年鉴》（2012）。

（2）环保投资水平。环保投资的范围很广，概括起来有三个方面：城市环境基础设施建设投资、老工业污染源污染治理投资、新建项目“三同时”环保投资。由于本研究环境压力采用三废排放作为解释变量，因此在衡量环保投资水平时采用三废投资作为解释变量。鉴于环境保护投资数据的可收集性，文中选取废水、废气和固废治理资金反映企业防治污染投入（wi）力度，以1990不变价格做调整得到废水防治投入（wwi）、废气防治投入（wgi）和固废防治投入（wsi）数据。数据来源于《中国统计年鉴》和《中国环境年鉴》相关各期。

（3）能耗强度。本研究将能耗强度（Ei）作为节能环保产业节能子领域发展水平的解释变量，用各年工业能耗（以所耗标准煤来衡量）总量除以按1990年不变价格计算后的工业总产值得到。数据来自《中国统计年鉴》（2012）。

（4）货物和服务净流出。本研究以按1990年不变价格计算的货物和服务净流出总额作为衡量进出口贸易（trade）的解释变量。数据来自于《北京市统计年鉴》（2012）。

（5）排污费用。政府为消除企业排放污染负外部性的影响而对企业征收的排污费用（fee），本研究以按1990年不变价格计算的排污费入库收入作为解释变量。（数据来自北京市环境保护局的历年《北京市环境状况公报》）。

（6）环境压力。环境压力是指人类生产活动对于自然资本的影响，主要受规模效应、结构效应和技术效应的影响。由于自然资本包括的范围太广难以有效的衡量，为研究需要，本研究将人们生产活动对于环境所造成的压力具体化为人们生产生活中所造成的工业废水排放量（wwv）、工业废气排放量（wgv）、工业固体废弃物排放量（wsv），其中工业废气采用工业二氧化硫排放量。（数据来自于《北京市统计年鉴》相关各期）。

7.2.2.4 模型计量估计结果

（1）工业废水排污量的回归结果

经Eveiws软件对模型进行拟合后可得如下回归结果：

表7.1 工业废水排污量（wwv）的回归结果

变量	系数	标准误差	t统计量	p值
C	6.221051	0.872961	3.156762	0.0036
Lnwwi	-0.551661	0.165532	-4.176853	0.0001

续表

变量	系数	标准误差	t 统计量	p 值
Lngiov	0. 154321	0. 173529	3. 057213	0. 0071
LnEi	0. 144835	0. 163244	10. 823311	0. 0000
Lnfee	-0. 316954	0. 226785	-4. 237612	0. 0004
Lntrade	-0. 261021	0. 310754	-2. 483258	0. 0239

R - squared	0. 999710	Mean dependent var	6. 3542927
Adjusted R - squared	0. 988621	S. D. dependent var	0. 1732512
S. E. of regression	0. 012736	Akaike info criterion	-6. 2975
Sum squared resid	0. 000341	Schwarz criterion	-5. 14235
Log likelihood	38. 5964	Hannan - Quinn criter.	-4. 26109
F - statistic	382. 5695	Durbin - Watson stat	1. 926235

由回归结果可以看出，在0. 05 的显著性水平上，常数项和解释变量均通过 t 检验，模型拟合良好，调整的 R - squared 为 0. 988621，接近 1。我们可以得到公式（7. 2）所表示的回归模型：

$$Lnwwv_t = 6.22 - 0.55Lnwwi_t + 0.15Lngiov_t + 0.14LnEi_t - 0.31Lnwfee_t - 0.26Lntrade_t \quad (7.2)$$

从（7. 2）方程式的回归系数上看，Lnwwi、Lnfee 和 Lntrade 在方程中的系数为负，表明三者同 Lnwwv 负相关，即污水治理投入、排污费和净出口贸易总额三者数量的增加会带来环境压力的下降；而 Lngiov 和 LnEi 同 Lnwwv 正相关，即工业总产值和能耗强度数值的增大会导致环境压力的增加。由于能耗强度同节能环保产业的发展是负相关的，节能环保产业的发展会降低能耗强度，因此，节能环保产业同环境压力是负相关的。从数值大小上看，北京市污水治理投入的增加对环境压力的降低效果最明显，排污费的增加和对外贸易的增加效果次之，能耗强度的降低对降低环境压力效果最小。由于北京市节能环保产业对环境压力的影响主要从环保投入和能耗强度两个方面体现出来，所以从对污水排放量的回归结果来看，北京市节能环保产业的发展可以导致环境压力降低，并且效果明显。

（2）工业废气排放量的回归结果。

表 7.2　工业废气排污量（wgv）的回归结果

变量	系数	标准误差	t 统计量	p 值
C	4.728566	6.769447	14.506821	0.000000
Lnwgi	-3.543212	0.456872	-3.456384	0.020009
Lngiov	1.986351	0.798364	5.326120	0.00006
LnEi	1.312345	1.594721	6.785432	0.00006
Lnfee	-0.895649	0.810362	-4.196653	0.00101
Lntrade	-0.598352	0.754326	-3.578611	0.00563

R - squared	0.999034	Mean dependent var	14.63335
Adjusted R - squared	0.981012	S. D. dependent var	0.753241
S. E. of regression	0.350126	Akaike info criterion	0.401285
Sum squared resid	0.334623	Schwarz criterion	0.467351
Log likelihood	2.425671	Hannan - Quinn criter.	0.345821
F - statistic	28.32151	Durbin - Watson stat	1.984657

从对工业废气的回归结果可以看出，在 0.05 的显著性水平上，常数项和解释变量均通过 t 检验，模型拟合良好，调整的 R - squared 为 0.981012，接近 1。可以得到以下回归模型：

$$Lnwgv_t = 4.73 - 3.54Lnwgi_t + 1.99Lngiov_t + 1.31LnEi_t - 0.90Lnwfee_t - 0.60Lntrade_t \quad (7.3)$$

从系数上看，Lnwgi、Lnfee 和 Lntrade 在方程中的系数为负，表明三者同 Lnwgv 负相关，即污水治理投入、排污费和净出口贸易总额三者数量的增加会带来环境压力的下降；而 Lngiov 和 LnEi 同 Lnwgv 正相关，即工业总产值和能耗强度数值的增大会导致环境压力的增加。由于能耗强度同节能环保产业的发展水平是负相关的，因此，节能环保产业同环境压力是负相关的。从对环境压力的作用效果来看，加大固体废弃物治理投入对于降低环境压力效果最明显，降低能耗强度次之，对外贸易作用效果最小。由于节能环保产业在该模型中对环境压力产生影响是通过能耗强度和环境治理投入，且使两者发生作用的，结合回归得到的方程式我们看到，节能环保产业的发展能有效地降低环境压力。

（3）工业固体废弃物排放量的回归结果

从表 7.3 对工业固体废弃物的回归结果来看，在 0.05 的显著性水平上，常数项和解释变量均通过 t 检验，模型拟合良好，R - squared 为 0.989675，接近 1。可以得到以下回归模型：

$$Lnwsv_t = 12.36 - 0.076Lnwsi_t + 1.09Lngiov_t + 0.34LnEi_t - 0.41Lnwfeet - 0.19Lntradet \tag{7.4}$$

表 7.3　工业固体废弃物排放量（wsv）的回归结果

变量	系数	标准误差	t 统计量	p 值
C	12.356211	1.523654	13.568321	0.00000
Lnwsi	-0.075821	0.079832	-3.385436	0.00600
Lngiov	1.086759	0.291435	10.578931	0.00000
LnEi	0.337624	0.097231	4.568932	0.00070
Lnfee	-0.408391	0.139582	-4.512283	0.00060
Lntrade	-0.193152	0.28151	-3.256674	0.00590

R - squared	0.998236	Mean dependent var	-6.13541
Adjusted R - squared	0.989675	S. D. dependent var	0.41758
S. E. of regression	0.031958	Akaike info criterion	-3.18563
Sum squared resid	0.003235	Schwarz criterion	-3.65430
Log likelihood	32.83642	Hannan - Quinn criter.	-4.37832
F - statistic	679.1678	Durbin - Watson stat	1.96549

从系数上看，Lnwsi、Lnfee 和 Lntrade 在方程中的系数为负，表明三者同 Lnwsvt 负相关，即这三者数量的增加会带来环境压力的下降；而 Lngiov 和 LnEi 同 Lnwsvt 正相关，即这两者数值的增大会导致环境压力的增加，由于能耗强度同节能环保产业的发展水平是负相关的，因此，节能环保产业同环境压力是负相关的。从数值上看，与废水和废气回归结果不同的是，废弃物治理投入虽然能降低环境压力，但其效果不是很明显，相对而言降低能耗强度、增加排污费和进出口贸易增加效果较明显一些。由于节能环保产业对环境压力的效果表现为能耗强度和环境投资的总和，因此从工业固体废弃物的回归结果来看，节能环保产业的发展有利于降低环境压力，但效果上没有对工业废水和废气那样明显。

从以上的分析可以得出以下主要结论：环境压力受经济规模、能耗强度、环保投入水平、政府监管力度及对外贸易水平等因素的影响。其中，经济规模和能耗强度同环境压力是正相关的，经济规模的扩大会导致环境压力的增加，这主要是由北京市当前的发展阶段决定的，北京市依然处于环境库茨涅茨曲线拐点左侧，经济规模的扩大必然会加大环境压力。能耗强度代表节能环保产业的节能子领域的发展水平，能耗强度增高会导致环境压力增加，能耗强度越低往往代表节能环保产业的发展水平越高，因此从能耗强度来看，节能环保产业的发展水平同环境压力负相关。环保投入水平、政府监管力度及对外贸易水平是降低环境压力的主要手段，三者都与环境压力具有负相关性，增强环保投入、加强政府监管力度和扩大对外贸易额都有利于降低环境压力。由于节能环保产业对环境压力的效果表现为能耗强度和环境投资的总和，因此，从模拟结果不难看出，北京市节能环保产业发展对水平同环境压力负相关，并且相对于排污费和进出口贸易而言，节能环保产业发展对降低环境压力的效果最为明显，即北京市节能环保产业的发展会明显导致环境压力的降低，从而促使经济增长路径向可持续增长路径靠拢。

综上所述，北京市要在未来继续保持经济较快的持续增长，就需要在产业结构高级化的质量上进一步提升，以提高要素使用效率，突破环境约束。如此看来，大力发展节能环保产业显然是一个主要的突破口。

8. 环境约束下北京市实现经济可持续增长的战略选择

北京市当前正处在工业化后期阶段，但是经济增长方式仍然没有完全摆脱“粗放型”的特征。人口密度大、生态环境脆弱、资源相对不足、经济对外依存度高，迫切需要北京市走出一条可持续增长的道路。要实现北京市经济可持续的稳定增长，环境资源的承载能力已成为制约经济增长的“瓶颈”，而大力发展节能环保产业无疑是突破这个“瓶颈”制约的关键。同时，北京市作为首善之区，在保持经济持续稳定增长的同时，建设资源节约型、环境友好型城市更是政府追求的首要目标。因此，根据北京市实际情况和发展首都经济的要求，深化对节能环保产业的认识，促进首都节能环保产业的发展，具有重要的实践意义。本章将首先阐述绿色经济背景下北京市发展节能环保产业的必要性；其次论述北京市发展节能环保产业的阶段判断和路径，并在上一章的基础上证明节能环保产业运营机制对于提升北京市节能环保产业发展水平，促进经济实现可持续增长具有重要作用；最后，针对决定产业发展水平的产业运营机制提出针对北京市实际的创新设计。

8.1 发展节能环保产业是北京市实现经济可持续增长的必然选择

8.1.1 绿色经济潮流与北京市的选择

针对当前日益严重的全球环境问题，发达国家纷纷提出“绿色经济”的发展战略。“绿色经济”一词源自英国环境经济学家皮尔斯于 1989 年出版的《绿色经济蓝图》一书。皮尔斯认为经济发展必须是自然环境和人类可以承受的，不能因盲目追求生产增长而造成社会分裂和生态危机，不会因为自然资源耗竭而使经济无法持续发展，主张从社会及其生态条件出发，建立一种“可承受的经济”。在绿色经济模式下，环保技术、清洁生产工艺等众多有益于环境的技术被转化为生产力，通过有益于环境或与环境无对抗的经济行为，实现经济的可持续增长。绿色经济的本质是以生态、经济协调发展为核心的可持续发展经济，是以维护人类生存环境，合理保护资源、能源以及有益于人体健康为特征的经济发展方式，是一种平衡式经济。[①] 从本质上说，“绿色经济”是人类对既有经济增长方式的自我否定和反思，是20世纪提出的循环经济（circulareconomy）和生态经济（ecologicaleconomy）理论的一次精炼和升华，根本目标在于改变18世纪以来以化石能源为基础的“高消耗、高污染工业化”的经济增长方式，实现基于人类可持续发展基础之上的经济增长方式、生活方式的转型和思想观念的转变，被视为继现代工业文明之后的新的文明形态。

绿色经济与经济可持续增长之间的关系是途径与目的的关系。通过发展绿色经济可以缓和经济增长与生态环境之间的矛盾，最终平衡两者之间的关系达到经济的可持续增长。所以，发展绿色经济是途径，最终的目标是要达到人类与环境的和谐共存，实现经济的可持续增长。

尽管从总体发展趋势判断，在环境约束下，人类将最终走上绿色经济的发展道路，但是对个别国家，尤其是发展中国家而言，还是会存在两种选择：一是继续加快推进高消耗、高污染工业化，在达到发达国家的经济发展水平后再推进绿色经济；二是从现在就开始转型，直接走绿色工业化道路。前一条发展道路，有经验可循，技术成熟，风险小，但可能丧失未来难得的发展机遇。其后果不可避免地引起资源环境的冲突。相反，选择后一条发展道路，先行者尽管有可能享受到发展绿色经济的“垄断租”，但这是一条没有经验可循的新路，因而隐藏着巨大的风险。

对于作为中国最发达地区之一的北京市而言，在日益激烈的市场竞争中，要实现可持续增长，必须率先实现经济转型。从内部可持续发展来看，北京市如果继续走高消耗、高污染工业化的道路，必将极大地依赖电力能源等基础设施的保障，而按照一般经验，这类基础设施投资规模大、建设周期长、使用期限也长，极易在技术基础和社会基础设施层面形成“锁定”效应或“路径依赖”，最终只能面临越来越严峻的环境约束，丧失发展机遇。

不仅在投资领域如此，在消费领域亦是如此。如果不改变高消耗、高污染的生活方式，以汽车、住房为代表的耐用消费品也可能形成“锁定”，未来的转型会付出更大的代价（庄贵阳，2005）。从发展机遇来看，绿色经济被认为是继两次工业革命、信息革命、生物技术革命之后，第五次改变世界经济的革命浪潮。在信息革命中，北京市抓住了机遇实现了较快速的发展，而今绿色经济则是北京市加快发展，建设世界城市的历史性机遇。可以说，发展绿色经济是北京市应对

① 张叶，张国云．绿色经济［M］北京：中国林业出版社，2006：12.

环境危机、气候危机的必然选择。

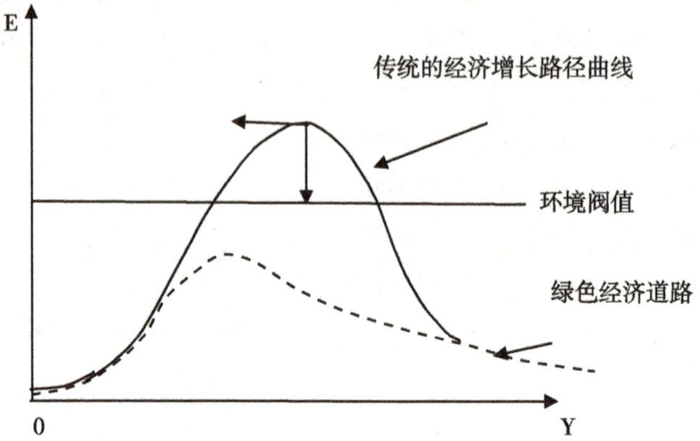

图 8.1　传统经济增长路径与绿色经济增长路径的选择

8.1.2 大力发展节能环保产业是北京市实现绿色经济发展的核心

北京市雾霾天气的连续出现、水资源的短缺以及工业废水、废渣排放量的不断增加，加剧了北京市发展绿色经济的迫切性。而北京市实现绿色经济道路的核心在于节能环保产业的发展程度。确切地说，“绿色经济”是对一种经济运作模式的理论表述，而要真正建立绿色经济这种运作方式，还需要相应的技术载体。绿色经济的技术载体就是环境保护技术或称环境无害化技术或节能环保技术。由于节能环保产业为绿色经济产业体系的建立提供物质基础和技术保障，节能环保产业的发展程度也就成了实现绿色经济道路的关键所在。

从近些年的实践来看，北京市绿色经济的发展和所制定的节能减排目标的实现，很大程度上得益于节能环保产业发挥的支撑作用。由于节能环保产业同北京市各经济部门之间存在着密切的联动作用，因此节能环保产业的发展可以极大地带动其他产业的发展。节能环保产业具有的正外部性特征也使其具有抢占市场能力强、承担社会责任大的特点，具备广阔的发展空间，是促进消费、稳定出口的重要结合点。随着人民生活水平的提高，节能环保产业具有十分巨大的市场空间。从长期来看，发展节能环保产业有利于提升北京市的经济竞争力。一方面全球新一轮绿色经济如火如荼；另一方面，节能环保产业存在着由发达国家向发展中国家转移的趋势，北京市也面临着前所未有的发展机遇和挑战。绿色经济的自身特点和节能环保产业的广阔发展前景决定了大力发展节能环保产业是北京市实现绿色经济道路的核心和关键所在。

8.2 北京市节能环保产业发展的阶段判断及路径分析

8.2.1 北京市节能环保产业发展的阶段判断

尽管当前北京市节能环保产业的发展面临着前所未有的机遇，近年来北京市节能环保产业也确实取得了很大的发展。然而与国际先进城市相比，北京市节能环保产业起步比较晚，技术水平比较低。由此，北京市节能环保产业的发展是一个渐进的过程，不可能一蹴而就。

由于节能环保产业具有公益性和经济性的特征，决定了其发展具有对政府规制和市场驱动的双重依赖。可以说政府规制和市场驱动是节能环保产业发展的两个最重要的驱动因素，然而这两个因素在不同阶段对节能环保产业的驱动程度是不一致的。在节能环保产业发展的初始阶段，由于产业规模比较小，市场机制还不完善，人们对于环境保护的意识也比较淡薄，同时环境产权也未界定清晰，企业往往不愿意投入到节能环保产品的生产中来，产业的发展只能依靠政府投资和政府推动，这个时期政府规制是推动产业发展的主导力量。而随着节能环保产业的发展和市场机制的日益健全，产业的经济效益逐渐得到体现，节能环保产品逐渐成为市场的主流消费趋势，环境产权的界定也日益清楚，这时企业在追求利益动机的驱使下会逐渐参与到节能环保产品的生产中来，市场也就成为驱动节能环保产业发展的主要力量。

根据节能环保产业发展驱动因素的阶段性和已有的历史经验判断，北京市节能环保产业的发展将经历两个发展阶段：第一个阶段是政府主导阶段，该阶段是对前沿节能环保技术的引进、模仿阶段，也包括对西方发达国家节能环保政策机制的模仿与创新，这一阶段主要特征是产业运营主要由政府主导，私人参与程度不高，同时能源利用效率会不断提高，生产和消费的环境影响逐渐减小，与国家先进城市之间的节能环保技术差距将逐渐缩小，对传统高消耗、高污染生产方式的节能环保化改造的收益将不断降低，但是高消耗、高排放的生产方式依然占据主导地位；第二阶段是市场机制主导产业发展阶段，随着节能环保产业的不断发展和市场化程度的不断加强，北京市的节能环保产业将通过持续不断地对节能环保技术研发的投资迎来全面的技术革新。北京市届时要力争成为国内乃至国际节能环保技术的发源地，引领中国绿色技术和绿色产业的发展，实现低消耗、低排放的生产方式和绿色产业对传统高消耗、高排放的生产方式和传统产业的完全替代，并最终摆脱环境资源对节能环保产业的约束作用。

8.2.2 北京市节能环保产业发展的路径分析

从北京市节能环保产业的现状来看，依然处于第一阶段。如何促使北京市节能环保产业的发展尽快实现由第一阶段向第二阶段的过渡呢？这就必须从节能环保产业发展的四类驱动因素：运营机制、技术、生产要素（自然资本、物质资本和人力资本）和外部环境着手。在发展绿色经济新背景下，研究这些因素相互之间的关系，研究这些因素对节能环保产业及其他产业影响的作用机制，把握关键环节、找准着力点。在四类因素中，运营机制创新是最重要的驱动力量。节能环保产业的运营机制，是指节能环保产业的立项、投资、建设、运营、管理较为固定的方式和方法。

节能环保产业运营机制是实现节能环保产业功能的规则性动态体现，也是决定产业发展水平的决定性因素。当前国内外主要有两种节能环保产业运营机制：一种是政府主营模式，主要是指产业的立项、投资、运营和管理主要由政府等公共部门负责；另一种是市场化模式，即节能环保产业中的利益各方按市场规律和市场机制从事经济活动，市场在节能环保产业的日常营运中起主导性作用。北京市的节能环保产业运营机制是在计划经济体制下形成的，这种机制使北京市节能环保产业的发展过多地依靠了政府规制。这种产业运营机制在取得了很大成效的同时，其运营效率与社会期望和经济社会发展的要求相比，依然存在很大的差距。对北京市而言，节能环保产业运营机制创新就是摆脱传统的依靠政府规制发展节能环保产业的落后模式，通过产业运营机制创新，建立以市场为主的、以政府为辅的新型节能环保产业运作模式。①

运营机制的创新会影响技术、生产要素和外部环境的变化发展。节能环保产业运营机制的创新会通过市场化的运营机制促使各类生产要素向节能环保领域集聚，促进产业结构升级，促进能源消费结构逐渐向绿色、低碳方向发展。同时节能环保产业运营机制的创新还会诱导企业选择节能环保的生产技术，加大对节能环保技术研发的投资，最终带来节能环保技术革命性变化。节能环保产业运营机制的创新还会促进产业外部环境的变化，通过建立市场化的运营机制会促使国外的节能环保企业到国内投资发展，也会使国内的企业更多地参与到国际市场竞争中去。总之，节能环保产业运营机制的创新会促进有利于产业发展的制度创新、技术创新与要素流动，有利于北京市节能环保产业的发展。运营机制创新是促进北京市节能环保产业发展，顺利地完成产业发展水平由第一阶段向第二阶段过渡的关键所在。

北京市的节能环保产业发展途径就是要通过节能环保产业运营机制的创新，

---

① 段永亮．我国节能环保产业运营机制创新研究［J］，安徽农业科学，2010：27

把北京市当前以政府规制为主的产业运营机制转变为市场化的产业运营机制，推动制度和技术创新，引导土地、资本、人口（人力资本）等生产要素向节能环保技术研发和扩散领域集聚，向节能环保产业集聚，最终实现节能环保技术的不断提高和节能环保产业的不断发展，而节能环保技术的提高和节能环保产业的发展又会提高自然资本的利用效率、减少生产生活中的污染排放，实现资源环境约束下可持续的经济增长，如图 8. 2 所示。

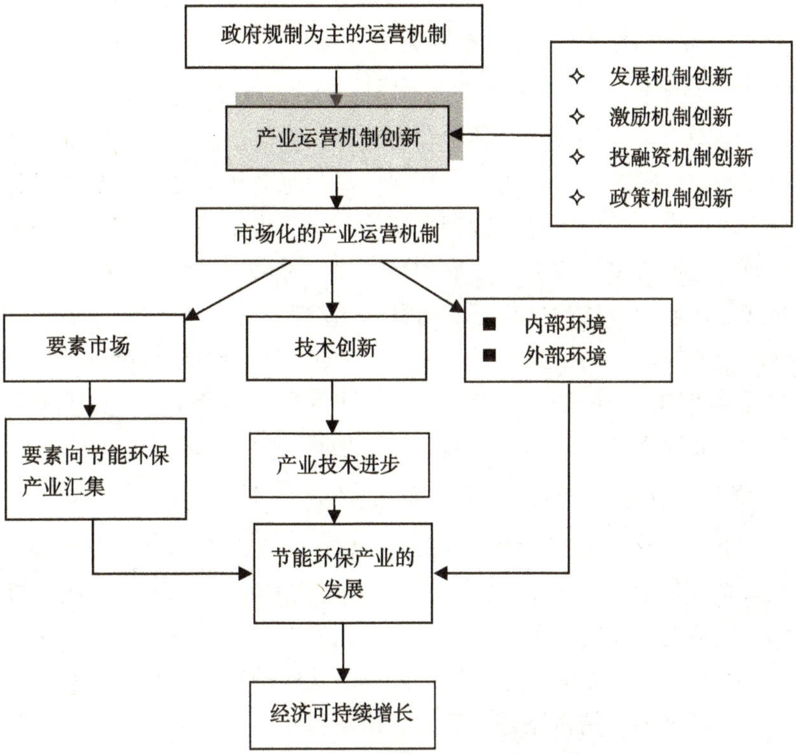

图 8. 2　我国节能环保产业的发展路径

8. 3 北京市节能环保产业运营机制创新研究

从前面我们对北京市节能环保产业发展阶段和发展路径的分析可知，创新节能环保产业运营机制是推动节能环保产业技术创新，引导土地、资本、人口（人力资本）等生产要素向节能环保技术研发和扩散领域集聚，最终实现节能环保技术的不断提高和节能环保产业的不断发展的关键所在。因此，如何推动北京市节能环保产业运营机制的创新，成为当前推动节能环保产业实现跨越性发展的首要工作。

8.3.1 北京市当前的节能环保产业运营机制分析

当前国内外节能环保产业的运营机制主要有两种：一种是政府规制主导的政府主营化运营模式；另一种是建立在市场机制基础上的市场化运营机制。本研究对北京市节能环保产业运营机制的分析是站在两个视角下进行的。首先是从政府视角对在节能环保产业运营发展过程中起重要作用的政府规制进行分析，其次是从市场化视角对节能环保产业的投融资机制进行分析。

8.3.1.1 节能环保产业运营中的政府规制

所谓“政府规制”，是指在市场机制下，由于存在市场失灵，政府为改善和矫正市场机制而干预市场经济主体活动的行为。由于节能环保产业是具有正外部性的特殊产业，使得我们一直把节能环保产品与服务作为公共物品来对待，产业的发展也是由政府主导，再加上计划经济体制下思维方式的影响，使得北京市节能环保产业的发展过多地依靠了政府规制，而这种以政府为主导的产业运行机制使得节能环保产业市场化程度低下，公众参与度低，投资渠道单一，严重限制了节能环保产业的发展。为了改变这种局面，北京市必须建立与市场经济体制相适应的新的运营机制，使节能环保产业由政府主导转为市场主导，由专业治理代替点源治理，由政府等公共部门负责转为以市场经济手段调控为主。

8.3.1.2 节能环保产业运营中的投融资机制

北京市节能环保产业的投融资机制经历了从“投资体制”到“融资体制”再到“投融资体制”的三阶段演变过程。当前北京市节能环保产业的投融资体制虽然相比以前的体制有了很大的进步，但还存在融资渠道单一、资金的来源主要依靠公共财政投入和企业自筹、缺乏经济利益驱动机制等弊端。究其原因，主要有两个：一是因为市场机制还不成熟，市场机制还未完全贯穿到企业日常生产运营之中；二是由于计划经济惯性思维，政府对企业管的过多，权责不明确。

节能环保产业的健康发展需要政策、市场、投入、技术和意识这五个环节协同发展才能实现。通过上面的分析我们可以看到，在这五个环节中，“市场”已经成为北京市发展节能环保产业最薄弱的环节。依据“木桶理论”：一只由多块长短不一的木板组成的水桶，其容积由最短的木板决定，“市场”已成为发展北京市节能环保产业的短板，市场化水平较低已经成为发展北京市节能环保产业急需解决的一个问题。只有摆脱传统的依靠政府规制发展节能环保产业的落后模式，通过产业运营机制创新，建立以市场为主的、以政府为辅的新型环保产业运作模式，才能解决目前所面临的问题，从而促进北京市节能环保产业的健康发展。

8.3.2 节能环保产业运营机制创新的目标和内容

8.3.2.1 北京市节能环保产业运营机制创新的目标

要进行节能环保产业运营机制创新，首先需要明确产业体制创新的目标及方向。按照北京市在“十二五”规划中关于发展新兴产业的指导思想，节能环保产业运营机制创新的目标旨在发挥市场机制在能源节约和环境保护中对资源的基础性配置作用，其关键是提高节能环保产业的市场运营效率，促进节能环保产业形成良性的市场竞争。具体而言，节能环保产业运营机制创新的目标是：充分发挥市场机制在节能环保产业立项、投资及运营管理等环节的基础性作用，通过建立成熟的市场运营机制，逐步实现项目立项科学化、资金来源多元化、经营管理规范化，为经济社会的可持续发展提供足够的节能环保产品和服务。

8.3.2.2 节能环保产业运营机制创新的内容

既然节能环保产业市场化是北京市经济转型时期的必然选择，就需要我们尽快建立与北京市经济社会发展相适应的节能环保产业运营机制。从概念上来讲，市场化的节能环保产业运营机制实际上是产业运行过程中一系列经济关系的动态化协同过程。图8.3分别从微观、中观和宏观三个层面揭示了节能环保产业运营机制，有助于比较清晰地理解这一问题。

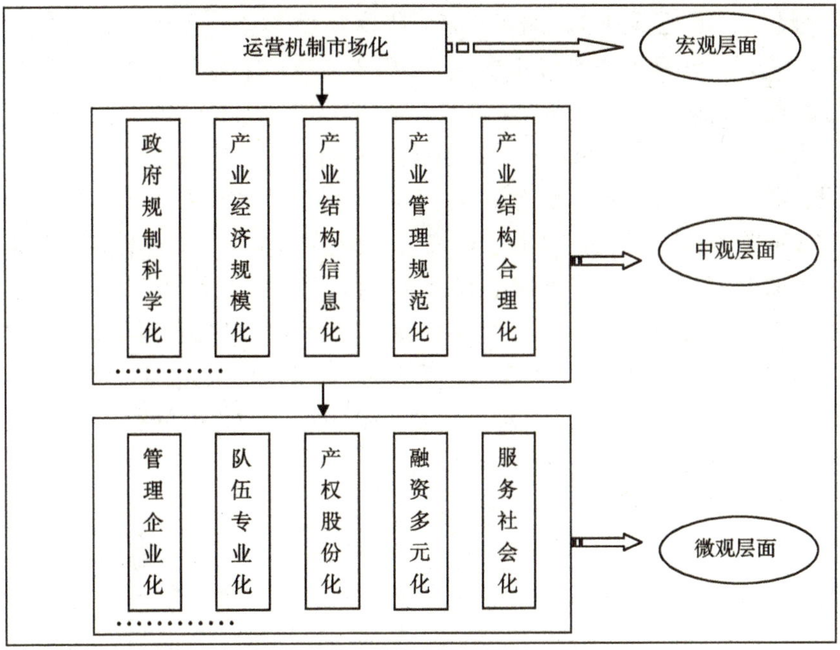

图8.3　节能环保产业运营机制图示

下面本研究将重点从五个方面阐述节能环保产业运营机制创新的具体内容。

（1）建立市场化的经济运行机制。由于当前北京市节能环保市场还不成熟，市场运行过程中还存在诸如市场秩序混乱、市场主体运营不规范等问题，严重地影响了市场主体的优胜劣汰，不利于节能环保产业技术进步和产品质量的提高，这就要求我们必须大力加速节能环保市场运行机制的建设，建立以市场需求为牵引、以技术推动为动力的新型的节能环保产业经济运行机制，保证市场公平、有序地运营。

（2）促进节能环保产业的规模化发展。虽然北京市节能环保产业近些年有了很大发展，但由于政府政策扶持不到位、缺乏统一的发展规划和产业布局，在进一步发展的过程中，面临着产业总体规模较小，行业离散度较大的尴尬局面。鉴于此，北京市政府应加强相关部门对节能环保产业发展的组织领导，建立各部门参与的产业发展联席会议制度，明确北京市节能环保产业的发展思路与方向，研究、制订、协调北京市节能环保产业发展规划，并将产业发展规划同北京市“十二五”规划衔接起来。建立规范的节能环保产业市场，整合节能环保产业链，在制定节能环保产业政策时以充分调动节能环保企业市场积极性为指导思想，利用减免税收、补贴、降低用地成本、奖励技术创新等措施对节能环保产业进行鼓励和支持，积极引导社会资金向节能环保产业转移，引导中小型企业向专业化、集约化方向发展，利用控股或参股的产权整合形式将处于不同产业环节的企业整合起来，推动企业实现规模经营和规模效益。

（3）选准节能环保产业的发展方向。由于北京市节能环保产业出现比较晚，其产业发展一直缺乏规划性和方向性。而节能环保产业由于综合性比较强，往往涉及多个部门、产业，如果没有确定的规划和方向，其结果往往是到处开花、重复建设，导致产业的发展缺乏竞争力。因此我们应该根据北京市环境污染状况、能源要素禀赋等因素确定正确的产业发展方向。在选择节能环保产业发展方向时，应采取全面发展、重点突破、有所为有所不为的策略，要有前瞻性、科学性。突破点应由现在的能源节约和环境治理方面逐渐向开发可再生新能源和生态保护等方向转变。另外，在发展节能环保产业时，应该根据北京市的特点和发展状况确定发展方向，如针对生活耗能较大、城市化带来的生活污水和固体废弃物作为主要污染源的特点，应该重点发展生活节能、公共环境设备生产以及节能环保技术研究等节能环保产业。

（4）促进产业融合和结构合理化。产业融合主要指新兴产业促使两种或多种传统产业融为一体，并逐步形成新的产业形式。产业融合的基本特征在于新兴产业与传统产业之间的相互融合、渗透，新兴产业技术对于传统产业的产业升级与技术改造。在发展过程中，节能环保产业应充分利用产业融合手段，通过节能环保产业对传统产业部门的渗透、融合、优化等手段实现节能环保产业与其他产业部门的融合，促使节能环保产业得到快速发展。产业结构合理化是指利用当前北京市进行经济结构调整的有利时机，整合节能环保产业链，引导中小型企业向专业化、集约化方向发展，实现节能环保产业的技术改造和产业升级。北京市政府应该通过政策引导一些产业如化工、冶炼等产能过剩、高资源消耗的夕阳产业向节能环保产业等新兴产业转化，提高节能环保产业技术升级和社会服务化程度；实行专业化分工，促进产业技术升级和产品换代，努力追赶国际先进水平。此外，还应加强“产学研”结合，积极促进优势企业与科研机构进行联合，加快节能环保科技成果转化。建立节能环保产业技术市场，规范节能环保技术的市场交易，带动节能环保产业整体发展。尽可能引进国外先进技术，提高北京市节能环保产业的技术层次，同时也要坚持自主开发与引进国外先进技术相结合，推动相应设备与产品的国产化，形成以自主技术为主导，以先进技术为支撑的综合研发体系。

（5）建立完善的投融资机制。过去由于北京市尚未建立完善的投融资机制，融资渠道过于单一，资金的来源主要依靠公共财政投入和企业自筹，缺乏经济利益驱动机制，不利于国内外的社会资金进入节能环保产业，这一方面导致节能环保产业发展缺乏足够的资金支持，面临巨大的“资金缺口”，限制了企业技术升级和扩大规模。另一方面也使国内大量的社会闲置资金找不到投资方向，金融机构的资金也无法进入，导致节能环保产业发展出现严重滞后的局面，不能满足经济转型和环境保护的要求。这就需要我们加快节能环保产业投融资体制改革和制度创新，拓宽融资渠道，通过金融机构贷款、企业债券融资、股权融资等方式，吸引更多的社会资金投入到节能环保领域中来。鼓励节能环保企业之间以各种形式进行资产重组和资本运营，加快节能环保企业的资本扩张。利用境外上市与国际金融组织的优惠贷款等方式，积极吸引国外资本投资到节能环保领域，扩大直接利用外资的规模和范围，真正做到投资多元化、融资社会化，尽快建立适合于北京市节能环保产业的投融资机制。

8.3.3 北京市节能环保产业运营机制创新设计

在对北京市节能环保产业运营机制创新内容研究的基础上，本研究从四个方面提出运营机制的创新设计。

8.3.3.1 北京市节能环保产业发展机制设计

过去北京市节能环保产业的发展过多地依赖于政府规制，产业运行方式缺乏市场化机制，对此，我们对节能环保产业发展机制进行了再设计。通过再设计可以摒弃传统的依靠政府主导节能环保产业发展的落后模式，将政府在发展节能环保产业的问题上的角色由“经营者”变为“守夜人”，改变其“错位”和“缺位”问题，并结合北京市经济社会发展的需要，引入市场化的节能环保产业运营机制，努力使市场机制成为发展北京市节能环保产业的主导性力量。

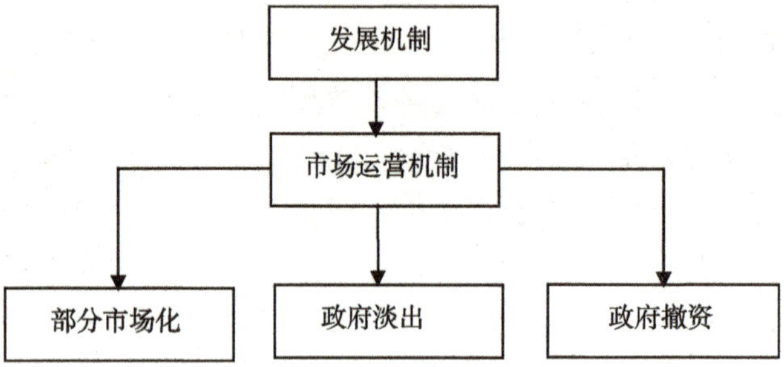

图 8.4　节能环保产业市场化机制设计

节能环保产业市场化就是改变过去产业发展过多地依靠政府规制，市场机制难以发挥作用的落后局面，在遵循客观经济规律的基础上，建立适合北京市现实情况的能源节约和环境保护的调控体系，探求适合北京市节能环保产业发展的市场化模式，充分发挥政府对能源节约和环境保护方面的作用，利用市场机制全面推动北京市节能环保产业的发展。对节能环保产业的市场化可以通过不同的途径及形式来实现。依据发达国家经验，公有资产及公共服务活动的市场化可以通过部分市场化、政府撤资及政府淡出三种方式实现，其关系如图 8.4 所示。

部分市场化又称委托授权，是实现市场化的最为常用的方式，该方式要求政府在市场化过程中充分发挥其“守夜人”的职责，解决其在节能环保产业领域的“失位”及“错位”问题，积极而持续地介入到能源节约和环境保护中去，把节能环保产品及服务的日常生产委托给具有更高效率的民营部门。部分市场化一般可以通过特许经营、转包、承包制、代建制管理等形式加以实现。政府淡出是指针对政府在节能环保产业的“越位”问题，在某些领域逐渐实现政府的退出，由私营经济填补其空缺。政府淡出是一种渐进化行为，是根据当前北京市节能环保领域民营化力量还不是很强大而采取的符合实际情况的市场化形式。政府淡出形式主要有降低准入门槛、放松管制和政府逐步撤资等，其实现程度主要依赖于政府的创新行为和民营力量的发展状况。政府撤资是指政府从节能环保产业生产领域的直接退出。与部分市场化相比，政府撤资意味着将生产经营交给效率更高的民营部门，不同的是，撤资是一次性工作。政府撤资主要方式有公开出售、破产清算、无偿赠予等。

8.3.3.2 北京市节能环保产业投融资机制设计

节能环保产业因具有正外部性特征，其既有私有物品的性质，又具有公共物品的特征。对于其私有的成分，可以利用市场的方式自然而然地解决；但对于其公共的部分，在投资的时候应当采取特殊的方式。只有这样，才能有效地推动这个具有“双重性”特征的产业健康、持续地发展。这就要求，在进行节能环保产业公共部分投资的过程中，尤其是在“市场失灵”的状况下，应当加强政府的引导、监督作用，履行自己的职能，以吸引私有资金进入这一领域，来解决节能环保产业投资不足的局面，和有效地推动节能环保产业向健康、有序、稳定、持续的方向发展。在这方面，政府具体的行为有：应当加强管理、引导，保证企业节能环保产业发展的质量；同时，政府应当制定切实可行的、有利于企业发展节能环保产业的法律法规、减税、补贴等政策，以鼓励更多的企业走向节能环保的领域，促使北京市节能环保产业蓬勃发展。这就要求我们必须结合当前的经济实际，对其模式进行创新，建立以市场手段为主的、以政府扶持为辅、新型的、立体式的、多元化的投融资模式。投融资机制的创新可以通过建设产业发展财政体系、拓宽资本市场融资渠道、推进 BOT 项目融资方式等措施加以实现。

（1）建设产业发展财政体系。建设产业发展财政体系是指通过对政府财政体系的改革与创新，建立节能环保产业发展财政体系，并把其锻造成公共财政链条中的主导环节，让这个主导环节牵引其他环节一道来解决社会经济发展中的能源节约和环境保护问题。具体可通过建立健全节能环保财政体系转移支付制度、建立健全节能环保资金监管机制和建立对节能环保产业的财税支持体系来实现。

（2）税费政策。可以通过设立新的税种（如环境治理税或资源开采税）以筹集资金，用于建立国家和省两级专项生态和节能环保基金。使用上，主要采取周转金和有偿使用方式以及招标、政府采购等形式，重点投向纳入国家和地方政府专项规划的建设项目和工程，以及用于大幅度提高城镇居民交纳垃圾、污水等处理费后的部分补贴。在具体操作上，可以分阶段将现行各级地方政府收取的针对各类企业交纳的污染排放费和城镇居民污水、垃圾处理费用以及相应的罚款收入等逐步过渡到由费改税。

（3）BOT（Build Operate and Transfer）。即“建设 - 经营 - 移交”是政府特许经营制度与项目融资制度相结合的产物，是利用市场机制筹集资金，投资于公益性设施的一种融资方式。采用 BOT 等项目融资方式，把节能环保产业作为一项经济活动，可以在政府转让特许经营权的基础上，利用吸纳国外和民间资金用于节能环保产业建设，这种市场化的融资和经营方式，拓宽了资金来源，解决了节能环保产业财政投入不足的问题。同 BOT 相近的项目融资模式还有 TOT 以及 BOO 等项目融资模式。

（4）拓宽资本市场的融资渠道。它是指通过对股票市场、债券市场以及国际融资市场融资渠道的拓宽，完善北京市的资本市场建设，解决其发展滞后的问题。

此外，还可以通过建立产业信托基金、建立产业发展政策性银行以及发行节能环保彩票等投融资方式的创新来完善和发展北京市节能环保产业的投融资机制。

8.3.3.3 北京市节能环保产业激励机制设计

（1）激励机制。激励（motivation）是指影响人们的内在需求或动机，从而加强、引导和维持行为的活动或过程。激励机制可有效地调动企业的积极性和能动性，激励企业提供更多的产品或服务，对于现阶段北京市节能环保产业的发展起着至关重要的作用。节能环保产业的发展，需要政府、企业和全社会人的共同努力。由于企业是节能环保产业发展的主力军，能否有效地调动企业的积极性和能动性，对于节能环保产业发展至关重要。这就要求政府应当出台更多有利于环保企业发展的政策和方针，通过补助资金、减免税收、费收以及给予补助等措施，利用这种机制，激励企业积极地参与节能环保产业的发展。由于节能环保产业具有正外部性特征，就要求政府更应该广开渠道，多制定有利于企业、适合企业投融资于节能环保产业的政策、措施和方针。这会给企业提供投融资行为的动力，使他们乐于投融资于节能环保产业，从而为产业的发展提供充足的动力。

（2）节能环保产业激励机制设计的内容。激励机制可以分为经济激励和政策激励两种，激励机制更多表现在经济激励方面。经济激励机制可以由环境税、责任制、许可证、政府采购等经济手段构成。环境税是对能源消耗高、环境污染大的企业通过收税或罚款等手段来提高其生产成本，并对节能环保企业进行减免税收或补贴等措施来促使高能源消耗、高环境污染的企业走到节能环保道路上来。责任制是通过对产业主体确定一个社会可接受的行为基准的方式来规范其市场生产行为，如果企业超过该基准，则必然受到譬如罚款等经济处罚。所谓许可证就是由监管部门对高能源消耗企业和高环境污染企业发放可交易的“能源消耗许可证”和“污染许可证”，通过许可证的市场交易可以促使高消耗高污染企业改变其生产行为，从而促进节能环保产业的发展。政府采购是政府经常使用的经济激励政策，当政府将节能环保企业的产品或服务列为采购对象时，通常意味着，在市场经济中具有良好的节能和环保行为的企业能占领政府采购市场，而行为不好的企业可能会丧失该市场，这样就会促使相关企业采取措施改变其市场行为。经济激励机制从生产者的经济利益出发，利用经济手段引导其做出行为选择，从而促进节能环保产业的发展。

除经济激励手段外，在激励机制方面，还可以采取其他的方法，如政府可以通过出台节能环保技术发展计划来激励企业发展节能环保技术，从而促进企业的技术进步；对于利用风能、太阳能等新能源发电以及利用垃圾处理发电的，如果单机容量达到一定程度（如1000千瓦），并符合电网并网条件的，可优先安排其并网；对于节能环保企业实行优惠电价；对节能环保企业在购买土地、城市配套建设等方面给予政策支持等。

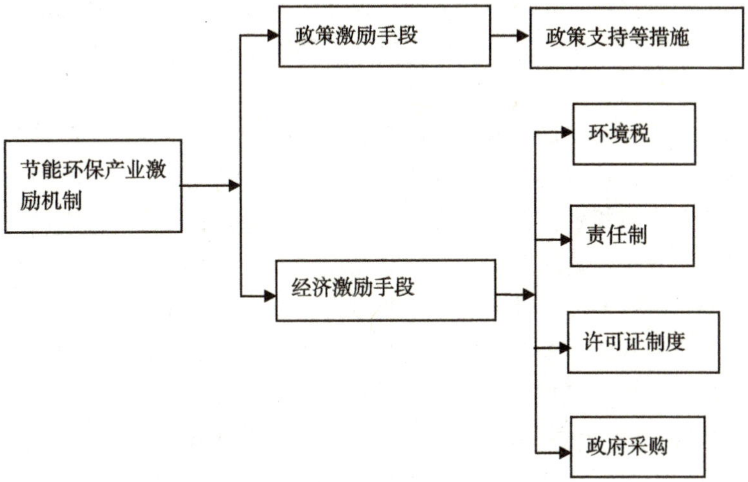

图 8.6　节能环保产业激励机制设计

8.3.3.4 北京市节能环保产业政策机制设计

北京市目前的节能环保产业政策主要是计划经济条件下的产物，且大部分分散于不同的政策之中，造成实施过程中，政策主要停留在文字和口头上，难以保证各种政策贯穿于始终。近些年来，随着国家对于环境保护的重视，政府出台了一系列产业政策，但是仍然未形成一套行之有效的产业发展政策机制。从节能环保产业政策的导向特性看，制定政策的重点应侧重于间接政策，并辅助于各种行之有效的直接政策，逐步建立起适合市场机制的节能环保产业及市场发展的政策机制。以下将从四个方面进行论述：

（1）环境税、费政策。环境税是国家为了保护环境与资源而凭借其主权权力对一切开发、利用环境资源的单位和个人，按照其开发、利用自然资源的程度或污染破坏环境资源的程度征收的税种，主要有开发、利用自然资源行为税和有污染的产品税。其重要功能在于调节人们开发、利用、破坏或者污染环境资源的程度，筹集环境保护基金。根据北京市能源耗费和环境污染的现状，借鉴国际先进城市成功征收环境税的经验，应该迅速在北京市开征环境税。在收费方面，必须执行资源开采收费、排污收费与治污收费制度，合理制定收费标准，通过收费起到影响当事人环境行为的作用。

（2）鼓励节能环保产业产品进出口的政策、措施。当前国际节能环保产品市场容量在6000 亿美元左右，节能环保企业进入国际市场，参与国际竞争，是节能环保产业提升竞争力的需要。① 明确制定开拓国际环境市场的具体措施，是进入国际环境市场的关键。此外，我市还应借鉴发达国家的经验，采取制定出口战略、环境交往与环境贸易结合、政府援助项目带动节能环保产品出口等手段，推动节能环保产业面向国际市场发展，在节能环保产业领域主动开展国际经济合作。首先，同世界先进城市合作，学习这些城市推动节能环保产业发展的经验，借鉴其环境管理的经济手段。其次，逐步有秩序地开放北京市节能环保产业市场，吸引国外优秀节能环保生产企业来京投资，鼓励外商将先进节能环保技术转移到北京市，将节能环保知识扩散到北京市。再次，为北京市节能环保企业进入国际市场，在国外进行直接投资创造条件，争取使一部分优势企业尽快走出去。最后，考虑到节能环保产业自身的发展特点，在国际经济合作时注意让企业占领产业制高点，例如多做环境工程，多出口成套设备，把环境工程设计、环境服务作为重点等。

（3）加强和完善生态补偿机制。生态补偿是由生态建设的特殊性、环境保护的迫切性决定的，也是企业布局调整、产业结构升级过程中协调利益关系的需要。环境保护需要补偿机制，需要以补偿为纽带，以利益为中心，建立利益驱动机制、激励机制和协调机制。人们参与生态环境建设的积极性，要通过完善的利益机制才能维持；生态环境建设能力与技术的提高，要以补偿资金不断注入作为基础。没有利益驱动和资金保障，必然会导致生态环境建设活动的失败，即使是已经兴建或投入运营的生态环境工程项目也会陷入困境。北京市具有影响的密云、门头沟、怀柔等生态涵养区的生态补偿政策的制定和实施，标志着北京市在生态补偿方面迈出了巨大的一步。

（4）充分利用财政补助制度。在北京市节能环保产业规模小、资金少、技术相对落后的情况下，建立财政补助制度对于促进节能环保产业发展有着极为重要的意义。北京市已经规定对有利环境资源的基础建设和开发活动给予财政、税收的支持优惠。在这方面，我们可以充分利用世贸组织《补贴与反补贴协议》中将与环境保护有关的补贴列为不可申诉的补贴的条款来发展北京市的节能环保产业。借鉴国外经验，建立节能环保产业发展创新基金，鼓励企业技术进步，设立节能环保银行为节能环保企业提供低息贷款等，提高节能环保产业在外向型节能环保产品、节能环保设备环境认证和高新节能环保技术国有化等方面的发展水平。

① 中国节能环保网．2010 节能减排产业报告：新兴能源产业现状．http：// www. ceee. com. cn /html /2011 -2 -9/ news22534. html.

参考文献

[1] Aghion, P Howitt. Endogenous Growth Theory [M]. Massachusetts: MIT Press, 1998.

[2] Aldaba, Cororaton B. Trade Liberalization and pollution: Evidence from the philippines [R]. PIDS Discussion Paper Series 2001, 2001.

[3] Baker E, Shittu. Uncertainty and endogenous technical change in climate policy models [J]. Energy Economics, 2008, 30: 2817 -2828.

[4] Barney G O. The global 2000 report to the Present of the U. S. [M] NewYork: pegamon press, 1980.

[5] Beckerman M. In defense of economic growth [M]. London: Jonathan Cape, 1974.

[6] Beckerman. Economic growth and the environment: whose growth? Whose Environment? [J]. London: World Development, 20 (4).

[7] Bernstam M. The wealth of nations and the environment [M]. London: Institute for Economic Affairs, 1991.

[8] Bovenberg A, Smulders. augmenting technological change journal of public Economics [J], Environmental Quality and Pollution, 1995, 57 (3)

[9] Cleveland C J, M. Ruth. When, where and by how much do biophsical limits constrain the economic process? A survey of Nieholas Geogrescu Roegen, contribution to ecological economics [J]. Ecological Eeonomics, 1997, 22: 401 -416.

[10] Cole H S D, Freeman C, Jhaoda M, Pvaitt K. Thinking about the future: a Critique of the limits to growth [M]. London: Sussex University Press, 1973.

[11] Cole, R. J. R. Elliott and P. Cz Fredriksson. Endogenous Pollution Havens: Does FDI Influence Environmental Regulations? [J]. the Scandinavian Journal of Economics. 2006, 108 (1): 157 -178.

[12] Daly H E. Steady - state economics: the economics of biophysical equilibrium and moral growth [M]. SanFrancisco: Freeman, 1977.

[13] Daly H. Toward some operational principles of sustainability development [J]. Ecological Economics, 1990, VOI. 2.

[14] Duehin F, G. M. Lange. The future of the environment: ecological economics and Technological change [M]. Newyork: Oxford University Press, 1994.

[15] EIA. Energy information administration, international energy annual [R], International Energy Outlook 2006, 2007.

[16] Fischer C, Parry I W, Pizer W. A. Instrument choice for environmental protection when technological innovation is endogenous [J]. Journal of Environmental Economics and Management, 2003, 45 (3): 523 -545.

[17] Geogreseu – Roegen N. The entropy law and the economic Process [M]. Cambridge: Havard University Press, 1971.

[18] Geogreseu – Roegen. Energy and economic myths: institutional and analytical economic essays [M]. Newyork: Pegramon Press, 1976.

[19] Goldin A. Economic Policies for sustainable development [M]. London: Cambridge University Press. 1995.

[20] Grossman G M. and A. B kreuger, 1993. Environmental Impacts of a North American Free Trade Agreement [M]. MA: MIT Press.

[21] Holtz – Eakin D, Selden T. Stoking the fires? CO_2 emissions and economic growth [J]. NBER working paper, 1992.

[22] Hueting R. New scarcity and economic growth: more welfare through less Production? [M]. Amsterdam: NorthHolland, 1980.

[23] Jaffe. A. Economic growth and Environmental Quality [J]. Principle of Environmental and Resource Economics, 2000.

[24] Janssen. Environmental Responsibility and Policy in a Input – Output Model [J]. Economic Systems Research, March 2006, 18 (1): 61 -84.

[25] K. U. Raol, N. Kishore. A review of technology diffusion models with special reference to renewable energy technologies [J]. Renewable and Sustainable Energy Reviews, 2010, 14: 1070 -1078.

[26] Krueger. Economic growth and the environment [J]. Quarterly ournal of Eeonomies, 1995.

[27] Kumar, E M. Diffusion of Innovations [M]. New York: Free Press, 1995.

[28] Lecomber R. Economic growth versus the environment [M]. London: Macmillan, 1975.

[29] Lucas R E. On the Mechanics of Economic Development [J]. Journal of Monetary Economics, vol. 22, 1989.

[30] Lydia Iuger, R. Schwarze. A matter of option – How ecological and neoclassical environmental economists and think about sustainability and economics [J]. Ecological Economics 2009: 594 -604.

[31] Macneil. Introduction to Modern Economic Growth [M]. forthcoming, 2007.

[32] Malthus T. An essay on the principles of political economy: consideredwith a view to their political application [M]. Newyork: Augustus M. Kelley clifton. 1974.

[33] Myrdal G. Against the stream: critical essays on economics [M]. London: Macmillan, 1974.

[34] Nordhaus W D. World dynamics: measurement withoutd ata [J]. Economic Jounral, 1973, 83 (11): 56 -83.

[35] Nordhaus W. D. Critical Assumption in The Stern Review on Climate Change [J]. Science,

2007, 13 (7): 201 -202.

[36] Opschoor J B, Weterings R. Environmental utilization space and referenc evalus for performance evaluation [J]. Milieu, 1994.

[37] Panayotou T. Empirical tests and policy analysis of environmental degradation at different stages of economic development [R], World Employment Programm Research Working Paper WEP 2 -22/WP 238, January, International Labour Office, Geneva, 1993.

[38] Pearce D W, Turner R K. Economics of natural resources and the environment in the third world [M]. NewYork: Havrester Wheatsheaf, 1990

[39] pearce D, Barbier A. Makrandya. Sustainable development: economics and the environ - - ment in the third world [J]. EdwardElgar, 1990.

[40] Pethig R. Pollution, wellfare, and Environmental Policy in the Theory of Comparative Advantage [J]. Journal of Environmental Economics and Management, 1976, 2: 160 - 169.

[41] Pontus, Lennart. Energy, the Environment, and Technological Change [J], NBER Working Paper No. 14832, April 2009.

[42] Popp, D. Induced innovation and energy prices [J]. American Economic Review, 2002, 92: 160 - 180.

[43] Porter, Michael E. and van de Linde, Toward a New Conception of the Environment competitiveness relationship [J]. Journal of Economic Perspectives, 1995, 9: 97 - 118.

[44] R. Hoekstra, M. Janssen. Environmental Responsibility and Policy in a Two country Dynamic Input - Output Model [J]. Economic Systems Research, 2006, 18 (1): 61 -84.

[45] R. Kemp, M. Volpi. The diffusion of clean technologies: a review with suggestions for future diffusion analysis [J]. Journal of Cleaner Production, 2008.

[46] Radestsky M. Economic growth and environment [J]. World Bank discussion paper, No. 159, 1992.

[47] Rebelo, S. Long - Run Policy Analysis and Long Run Growth [J]. Journal of Political Economy, 1991, 99 (3): 500 -521.

[48] Reppelin - Hill. Economic growth, trade and energy: Implication for the environmental Kuznets curve [J]. Ecological Economics, 1997, 25: 195 -208.

[49] Ricardo D. The principles of political economy and taxation [M]. London: J. M. Dent &Son, 1973.

[50] Romer P M. Increasing Returns and Long Run Growth [M], Journal of Political Economy, vol. 94, 1986.

[51] Romer, P M. Endogenous technical change [J]. Journal of Political Economy, 1990, 98: 71 - 102.

[52] Ronald D . Our energy future - creating a low carbon economy [J]. UK Energy White Paper, 2003.

[53] Rosenberg, N. Inside the Black Box: Technology and Economics [M]. Cambridge: Cam-

bridge University Press, 1982.

[54] Ruslana R P . Assessing Climate Change Impacts: A Dynamic CGE Modeling for Israel. Draft, Climate Change Modelling and Policies Programme, Fondazione Eni Enrico Mattei, http: // www. feem. it Castello, 5252 – I – 30123Venezia, Italy, 2008.

[55] Sander M, de Bruyn. Economc growth and the environment: an empirical analysis [M]. Netherlands: Kluwer Aecademic Publishers, 2006.

[56] Shama A. Energy conservation in US buildings, solving the high potential/low adoption paradox from a behavioral perspective [J]. Energy Policy, 1983, 11: 148 – 168.

[57] Siebert H . Nature as a lift support system: renewable resource and environmental disruption [J] Jounral of Economies, 1982 (42): 133 – 142.

[58] Simon J. L. The economics of Population growth [M]. New Jersey: Prineeton University Press, 1977.

[59] Simon J. L. The ultimate resource [M]. NewJersey: Princeton University Press, 1981.

[60] Smulders A, de Nood. The impact of energy conservation on technology and economic growth [J]. Resource and Energy Economics, 2003, 25 (1): 59 – 79.

[61] Solow. Innovation and Growth in the Global Economy [M]. MA: MIT Press, 1991.

[62] Stern D. Explaining changes in global sulfur emissions: an econometric decomposition approach [J]. Ecological Economics, 2002, 42: 201 – 220.

[63] Stern N. Key Elements of a Global Deal on Climate Change [J]. The London School of Economics and Political Science (LSE), April 30, 2008.

[64] Stiglittz. Dynamic Games of Environmental Policy in a Global Economy: Taxes versus Quotas [J]. Review of International Economics, 2007, 15 (3): 592 – 611.

[65] Talukdar D, Meisner C. Does the private sector help or hurt the environment? Evidence from carbon dioxide pollution in developing countries [J]. World Development 2001, 29 (5): 827 – 840.

[66] ThurowL. The zero – sum society: distribution and the possibilities for economic change [M]. Newyork: BasicBooks, 1980.

[67] Torras M. and J. K. Boyce. Income, inequality, and pollution: A reassessment of the environmental Kuznets curve [J]. Ecological Economics, 1998, 25 (2): 147 – 160.

[68] Trefler D. Trade Liberalization and the Theory of Endogenous Protection: An Econo – – metric Study of U. S. Import Policy [J]. Journal of Political Economy 1993, 101: 138 – 160.

[69] van Zon A, Yetkiner H. An endogenous growth model with embodied Energy saving technical change [J]. Resource and Energy Economics, 2002. 25 (1): 81 – 103.

[70] Verbeke T, clercq. Environmental quality and economic growth [R]. UG Econ. &Bus. Admin. Working Paper. No. 2002/128.

[71] Vincent J. Testing for Environmental Kuznets Curves within a developing country [J]. Environment and Developmental Economics, 1997, 2 (4): 417 – 433.

[72] W. D. Nordhaus, E. C. Kokkelenberg. Nature's numbers: expanding the national economic

accounts to include the environment [M]. Newyork: National Academy Press. 1999.

[73] Wang Can Chen, Jiving, Zou. Decomposition of energy - related CO_2 emission in China: 1957 - 2000 [J]. Energy, 2005, 30: 73 - 83.

[74] Wang, Hua, David Wheeler. Endogenous Enforcement and Effectiveness of China's Pollution Levy System [R]. World Bank Development Research Group Working Paper, 2000, 2336.

[75] World bank. World development report, 1992 [M]. New York, Oxford University Press, 1992.

[76] Xu X. Do stringent environmental regulations reduce the international Competitive - - ness of environmentally sensitivegoods? Aglobal perspective [J]. World Dev. 1999, 27 (7): 1215 - 1226.

[77] Yang Fan, Lan - Cui Liu, Gang Wu, Hsien - Tang Tsai, Yi - Ming Wei. Changes in carbon intensity in China: Empirical findings from 1980 - 2003 [J], Ecological Economics, 2007, 62: 683 - 691.

[78] 蔡昉，王阳，王美艳．经济发展方式转变与节能减排内在动力［J］．经济研究，2008，1：4 - 11.

[79] 蔡宁，吴刚．满足最优经济增长条件的环保投资择优标准［J］．环境科学学报，1998 (5)：526 - 532.

[80] 曾光辉．经济增长与环保产业：基于面板数据的联立方程估计［J］．世界经济，2006，11：48 - 59.

[81] 陈冬．新型工业化理论与实证分析［M］．北京：社会科学文献出版社．2006.

[82] 陈华文，刘康兵．经济增长与环境质量：关于环境库兹涅茨曲线的经验分析［J］．复旦学报，2004（2）：87 - 94.

[83] 陈妙红，邹欣庆，刘安麟．连云港市大气、水环境污染经济损失初步估算［J］．中国人口、资源与环境，2004（2）.

[84] 陈士杰．杭州市大气污染对人体健康危害的经济损失研究［J］．中国公共卫生，1999 (4)：316 - 317.

[85] 陈艳莹．污染治理的规模收益与环境库兹涅茨曲线［J］．预测，2002（5）：46 - 49.

[86] 陈燕武．中国环境水污染的经济损失分析［J］．华侨大学学报（哲学社会科学版），1999（增刊）：119 - 123.

[87] 戴星翼．走向绿色的发展［M］．上海：复旦大学出版社，1998：3.

[88] 丹尼斯·米都斯：增长的极限［M］．长春：吉林人民出版社，1997.

[89] 段永亮．我国节能环保产业运营机制创新研究［J］．安徽农业科学 2010（27）.

[90] 范金．可持续发展下的最优经济增长［M］．北京：经济管理出版社，2002：85 - 97.

[91] 冯之流．论循环经济［J］．福州大学学报（哲学社会科学版），2005（2）：5 - 13.

[92] 顾海波，中国环境技术扩散的法律激励和机制探析［J］．科技进步与对策，2005，8：70.

[93] 郭红燕，韩立岩，贸易自由化对我国环境的影响——基于我国工业行业数据的分析［J］．国际贸易，2008，3：5 - 12.

[94] 何建坤．发展低碳经济关键在于低碳技术创新［J］．绿叶．2009，1：46－50.
[95] 赫尔曼·戴利．超越增长：可持续发展的经济学［M］．上海：上海译文出版社，2001：205－216.
[96] 赫尔曼·戴利．可持续增长：一个不可能性定理［M］．北京：商务印书馆，2001：300－308.
[97] 胡初枝，黄贤金，钟太洋，谭丹．中国碳排放特征及其动态演进分析［J］．中国人口、资源与环境．2008，18（3）：23－27.
[98] 胡宗义，李峰．经济增长方式转变的评价指标体系研究［J］．湖南大学学报（社会科学版）2002，16（1）.
[99] 黄莹，王良健，李桂峰，蒋荻．基于空间面板模型的我国环境库兹涅茨曲线的实证分析［J］．南方经济，2009，10：59－69.
[100] 解振华．国家环境安全战略［M］．北京：中国环境科学出版社，2006：62－79.
[101] 李德水．建立绿色国民经济核算体系［J］．中国经济周刊，2006（21）：11.
[102] 李刚．基于PanelData和SEA的环境Kuznets曲线分析——与马树才、李国柱两位先生探讨［J］．统计研究，2007，5：54－59.
[103] 李瑾．环境政策诱导下的技术扩散效应研究［J］．当代财经，2008，7：18－24.
[104] 李义，王建荣．陕西省生态环境与经济发展相关性分析［J］．统计与决策，2006（6）：35.
[105] 李周，包晓斌．中国环境库兹涅茨曲线估计［J］．科技导报，2002（4）：57－59.
[106] 林群慧、金时．新环境问题研究［M］．北京：中国环境科学出版社，2005.
[107] 林毅夫．发展战略、自生能力和经济收敛．北大中国经济研究中心讨论稿，No. C2001010，2001年11月30日．
[108] 刘思华．创建中园特色的可持续发展经济学［J］．中南财经大学学报，1999，4.
[109] 刘哲培等．可持续发展理论与中国21世纪议程［M］．北京：气象出版社，2001：12－14.
[110] 卢莉．北京市节能环保产业发展大趋势［J］．投资北京市，2010：26.
[112] 卢忠宝．环境约束下中国经济可持续增长研究［D］．华中科技大学博士学位论文．2010：97.
[113] 陆虹．中国环境问题与经济发展的关系分析［J］．财经研究，2000（10）：53－59.
[114] 罗伯特·艾尔斯．转折点：增长范式的终结［M］．上海：上海译文出版社，2001：236－239.
[115] 罗默．高级宏观经济学［M］．北京：商务印书馆，1999：328.
[116] 马利民，王海建．耗竭性资源约束之下的R&D内生经济增长模型［J］．预测，2001，20（4）.
[117] 彭善枝．环境技术与自然资源的可持续利用［J］．经济评论，2001，2.
[118] 彭水军，赖明勇，包群．环境、贸易与经济增长［M］．上海：上海三联书店，2006：171－200.
[119] 蒲勇健．经济增长方式转变中的产业结构调整与产业政策［M］．华文出版社，2000.

[120] 曲格平．中国环境问题及对策［M］．北京：中国环境科学出版社，1989：90－94.

[121] 沈满红，许云华．一种新型的环境库兹涅茨曲线［J］．浙江社会科学，2000（4）：53－57.

[122] 沈满宏．环境经济手段研究［J］北京：中国环境科学出版社，2001（8）

[123] 宋涛，郑挺国，佟连军．基于面板协整的环境库茨涅兹曲线的检验与分析［J］．中国环境科学，2007，27（4）：572－576.

[124] 唐奈勒·梅多斯，丹尼斯·梅多斯．超越极限：正视全球性崩溃，展望可持续的未来［M］．上海：上海译文出版社，2001：240－242.

[125] 田立新等．经济增长条件下环境库兹涅茨曲线方案的改进［J］．2004（5）：75－79.

[126] 托马斯．增长的质量［M］．北京：中国财政经济出版社，2001：78－82.

[127] 王茂军，张学霞．中国区域可持续发展水平的时空分异初探［J］．中国人口资源与环境，2001（2）：80－85.

[128] 王小鲁，樊纲．中国经济增长的可持续性［M］．北京：经济科学出版社，2000.

[129] 张连城．中国经济增长路径与经济周期研究［M］．北京：中国经济出版社，2012.

[130] 吴忠标，陈劲．环境管理与可持续发展［M］．北京：中国环境科学出版社，2006.

[131] 谢贤政等．经济增长与工业环境污染之间关系计量分析［J］．安徽大学学报，2003（9）：144－153.

[132] 薛占海．经济可持续增长的内在动力研究［J］．当代经济，2008，4：7－25.

[133] 阎兆万．论产业环保化及其实现机制［D］．北京交通大学，产业经济学，2008.

[134] 茵明杰．产业经济学［M］．上海：上海财经大学出版社，2005：338.

[135] 于博，黎永亮，迟春浩．考虑能源耗竭、污染治理的经济持续增长内生模型［J］．科学管理研究，2001（19）.

[136] 张永胜．刍议能源问题与金融危机的关系［J］．产业观察，2009，18：107－108.

[137] 林毅夫，苏剑．论我国经济增长方式的转换［J］．管理世界，2007（10）.

[138] 宗北礼．转型经济增长方式及影响因素的实证研究（D）．山东大学．2006.

[139] 钟贤宾．对经济增长方式及其转变的理性思考［J］．学术月刊，1996（8）.

[140] 周振华．我国现阶段经济增长方式转变的战略定位［J］．经济研究，1996（10）.

[141] 魏礼群．积极推进经济增长方式转变［J］．经济改革与发展，1996（1）.

[142] 周叔莲．关于经济增长方式的几个问题［J］．经济工作者学习资料，1996（28－29）.

[143] 李宝元．经济增长方式理论辨析［J］．生产力研究，1997（4）.

[144] 陈英．关于经济增长方式转变若干问题思考［J］．当代经济研究，1997（2）.

[145] 王振江，蔡啸虎，李万春．经济增长方式类型划分［J］．上海大学学报，1997（1）.

[146] 李京文，张守一．数量经济学的新发展［D］．社会科学文献出版社．1991.

[147] 杨飞虎．中国经济增长因素分析［J］．经济问题探索，2010（9）.

[148] 陈琳．改革以来中国经济增长因素的分析及测算［J］．经济经纬，2008（3）.

[149] 刘树成，张连城，张平．中国经济增长与经济周期［M］．北京：中国经济出版社．2010，2011.